本书获 2015 年度教育部人文社会科学研究青年基金项目资助，项目名称：美术史视野中秦汉时代的"天下"观。项目批准号：15YJC760066

图像·历史·艺术丛书

王者无外 天下一家

美术史视野中秦皇汉武时代"天下"观

刘晓达 著

文物出版社

图书在版编目（CIP）数据

王者无外天下一家：美术史视野中秦皇汉武时代"天下"观／刘晓达著．—北京：文物出版社，2018.5

ISBN 978 – 7 – 5010 – 5380 – 3

Ⅰ.①王… Ⅱ.①刘… Ⅲ.①美术史－研究－中国－秦汉时代 ②世界观－研究－中国－秦汉时代 Ⅳ.①J120.93 ②B232.5

中国版本图书馆 CIP 数据核字（2017）第 275938 号

图像·历史·艺术丛书

王者无外　天下一家
——美术史视野中秦皇汉武时代"天下"观

著　　者　刘晓达
封面设计　周小玮
责任印制　陈　杰
责任编辑　宋　丹
出版发行　文物出版社
地　　址　北京市东直门内北小街 2 号楼
　　　　　邮政编码：100007
　　　　　http：//www.wenwu.com
　　　　　E – mail：web@ wenwu.com

印　　刷　北京京都六环印刷厂
经　　销　新华书店
版　　次　2018 年 5 月第 1 版第 1 次印刷
开　　本　880×1230　1/32
印　　张　9.75
书　　号　ISBN 978 – 7 – 5010 – 5380 – 3
定　　价　68.00 元

作者简介

刘晓达，1982 年生，现为广东第二师范学院美术学院副教授。2004 年 7 月毕业于广州美术学院美术史系，获学士学位。2007 年 6 月毕业于广州美术学院美术史系，获硕士学位。2013 年 6 月毕业于中央美术学院人文学院，获博士学位。研究方向为秦汉美术史，已发表论文四十余篇。2002 年 11 月获广州美术学院"杨永芳学术论文"奖学金，2007 年 6 月获广州美术学院"方林学术论文"奖学金。2008 年 8 月获"河南省文化艺术论文"一等奖。2015 年 6 月获"第四届全国素质教育优秀教学科研论文"一等奖。2016 年 6 月获"第四届广东省期刊优秀作品"三等奖。

内容简介

　　作为在中国传统历史文化语境中衍生的词汇与概念，"天下"观念在商周时代初具雏形，并在东周晚期至秦汉时代华夏意识渐趋增强与皇权社会逐步构建的过程中，被赋予了"天子统治万民"式的政治与文化意义。本书将研讨的主题放置在东周晚期至西汉中期政治与社会转型的宽广背景中，采取历时性的写作方式，系统分析从秦始皇至汉武帝时代，皇帝在臣僚、工匠的协助下如何通过形式多样的视觉艺术，去建构与呈现"天下"观念。

　　就秦始皇时代来说，始皇既可以通过对都城的建构借以塑造沟通天地轴心的中心与威仪观念，也可以在广袤的帝国疆土上通过放置立石，营造行宫、直道、驰道、长城以展现对天下世界的控驭。同时在秦始皇陵墓中，我们也可以看到通过设置一些表现形式特殊的"场景"，如K0007陪葬坑来显示对想象中的"天下"世界进行部分呈现与占有的观念。作者进一步认为汉初诸帝对"天下"观念也有认知，他们也曾经在官僚、工匠的协助下通过塑造一些视觉艺术形式对这种思想展现了某种关注。随着汉武帝的即位，情况又发生了某些变化。本书接着又研讨了

武帝如何借营造上林苑来呈现其对"天下"观念的思考。在分析武帝营造上林苑的若干观念动机后，作者认为武帝对上林苑的几处关键"景观"如昆明池、建章宫太液池的历时性营建，在某种程度上也展现出他借此呈现"天下一家"、"普天之下"式的思想意识。

需要特别指出的是，本书也同时注意到在秦始皇至汉武帝时期，一些来自地方上反映宇宙观的祭祀图像也为帝王所利用，并进而被转化为用以展现在皇权社会中，帝王统治合法性与道德性观念的历史进程。此外，位于帝国边域的南越王国也可借一些视觉艺术形式来隐晦地表达其对国家、天下等政治观念的想象与觊觎。凡此种种都显示出这一时期对"天下"观念的图像表现带有某种多元化、立体化与地域化的特征。视觉图像在这一形塑过程中也具有独特的价值意义，它在某种程度上也展现出秦汉帝国的国家形象。而在此一时期衍生的对"天下"观念进行视觉表现的若干"格套"也对其后的中国古代皇家美术创作产生了一定影响。这也促使我们更为深入地思考早期中国时代视觉艺术与政治、宗教、思维之间的交相互动。

总　序

文化遗产与文化审美双学科博士导师　葛承雍

从原始岩画到汉画像石，从宗教雕塑到佛寺壁画，从墓室壁画到传世书画，从青铜器物到玉器牙雕，从纺织珍品到漆器家具，从陶瓷器皿到琉璃珐琅，从玉器精品到金银制品，从殿堂建筑到民居艺术……，这些文物不仅是艺术长廊中的稀世珍品，也折射反映时代变迁和社会发展动态，因而带领世人走进瑰丽璀璨的历史殿堂。其不只是一部文物史、艺术史，也是一部社会史、人类史。

近年随着神州大地上考古发掘新出土了无数珍宝，图像的艺术史作为一种传统历史和文化遗产的汇合，也在中华学术界重新振兴起来，拉近了艺术考古与文物图像的距离，促使人文科学研究焕发出新的生命活力。

一

从转换历史角度看，一张张文物图片虽然只是史海粒尘，从中却可以窥见凝缩为图像后承载的意义，从信赖文字的记言叙事走进图像的传情达意，图文互动阐释进一步加强了历史的追踪与解读。图像叙事更为直接真实，即使选材受到限制，也会因直观性而妙趣横生。因而我们惊讶甚至惊叹，图像史料挽救了正统史学的困境，化解了许多学人的心绪焦虑，救赎了萎缩的学科生机，有着艺术历史独特的价值。

图像史料是历史现象的最佳解说者，因为它能将用文字难以描述的事物、人物清晰展现，避免或减少因理解歧义而造成的不解、误解及错解。一幅幅历史图像可以使读者一目了然，不仅能为历史作证，而且使许多文字无法延伸的历史场景被拉近了距离，似乎能感到其体温、苦难、悲怆，也能感到当时人们的欢乐、喜悦、狂放。图像带来的历史细部和生动震撼，会让历史从僵硬的文献史料中走出来，成为我们认识历史一个新的起点。

文物作为图像史料，在历史叙事中一直占有重要地位。虽然"碎片化"的零散文物，不可能建立一个首尾贯穿的历史图景，文物图像只能证明历史的多样性，或成为历史脉络的证据，也具有极高地审美艺术价值，例如汉代画像石中神兽与羽人讲述着当时政治形态的神化历史；南北朝宗教中的地狱与魔鬼的图像很容易使人联想到社会战乱与动荡恐惧的历史；唐代昭陵六骏让人感受到的是李世民勇敢与突厥视死如归的葬俗。如此种种艺术作品，再次说明文物图像也担负着传递人们如何生活的物质文化和社会行为的证据，当时的画家就是扮演着史家的职责，用绘画作品记录下令人回味的景观。

二

从艺术审美看，文物图像作为古代遗存的艺术精品，能流传至今的在当年或许就是艺术，才能吸引后世体味美学的精神享受。这就启迪我们认识到目前的读图时代、影像时代发展趋势，无论是文物图像还是艺术影像，都会映衬出黑白文字的相对苍白与容量局限，上万文字的描述可能比不上一件文物或一幅图像的生动再现。

一本历史著作除了要通过各种资料还原当时古人的精神世

界，再加入具体形象的文物图片，从而使全书不仅浓缩生动，而且有了独特的视角与鲜明的细节。特别是一些首次公布的文物图像，不仅显现出要挖掘历史的分量，更透露出审美大潮带来的心灵激荡。正如人们所说"唐人走马打球，宋人钓鱼赏花"，表现的艺术主题随着时代也有变化。

作为一种艺术载体，文物图像是一个时代文化的记载。我国古代向有"左图右史"的传统，但受书写载体和印制技术所限，二十四史却未能收图入史。通过图像，以图明史、以图正史、以图补史，不仅可以为印证史实提供直观证据，也可以形象地展示当时的艺术风貌，补充僵化文字史料所不能替代的特殊作用，有益于重构古人的生活空间，丰富研究的史料和途径，提高美学审视的眼界以及借鉴参照的思维。图像虽然不能证明历史发展的前因后果，也不能像枯燥的文字去进行结论性阐述，但是图像足以令人们在强烈的感性印象之后，再去理性思考历史真相的分量。

历史图像作为物质文化和社会行为的见证，可充当一种艺术史料或者历史珍档。其风姿绰约却有着历史叙述的能力，可以直观地道破文献无法单独负荷的历史重量，足以勾勒出无数文献无法描述的人间世态，也可能带来一种崭新的研究视角。

三

一个世纪来，许多文物图像展现的历史图景，不断引起国内外学术界关注，不仅借助比以前更广阔的视野，更具穿透力的视线，来展现他们对艺术和历史的理解，而且往往能从这些艺术细节中寻找出另类的历史。

学者们将图像视作符号语言，分析图像内所呈现的文化模式，已是目前一种研究曲径，甚至被人们称为"人世镜像，社会百态"；"行文写春秋，图像感天地"。图像史料进入历史学、考古学、艺术史、美学家等专业研究的眼底，尽管是一些零散碎片，但从微观角度入手而复原历史的宏观视野，因而被一些学者高度评价为开启图文互动的新纪元。

用历史的图像叙事，用文物图像映证编年史，文物图像与历史文献携手，共同道出诸多典籍无法用文字道尽的事件，展现出细腻又趣味的历史活剧，所以人们迫切渴望珍贵的图像能从考古发掘中不断面世，以便探讨沉匿隐秘的历史，追求更为真实的原貌。然而，要把图像史料解读成为历史证据绝非易事。真理踏错一步就是谬误，要防止人们随意推理想象，无限放大离奇的故事，所以图像也常常会成为一柄双刃剑，有着可能判断失误，也可能伤害原创作品的风险，因为图文互动的阐释和细节的分析，都有赖于作者依据历史文献的功底，合理地鉴别诠释。

面对由文物实体转化为图像史料的趋势，我们鼓励学林高手和年轻学者独具慧眼，揭示真相、唤醒灵魂，期盼他们在文物图像中缀合还原古人的生活场景。更感谢他们贡献出一部部新颖、鲜活的历史艺术著作，既要摆脱那种炒剩饭式的应景之作，而且要使人们产生共鸣和思考，令广大读者换一种眼光看世界，重新审视令人眼花缭乱的历史。

2012年是文物出版社建立55周年的纪念日子，长期以来从事艺术历史图书出版的编辑都非常重视文物图像的搜集还原、推陈出新，因此决定推出"图像·历史·艺术"学术丛书，目的是为更多的读者涵养胸襟、陶冶性灵提供园地，也欢迎广大学者将成熟的精品力作推向世界，拓展与提升学术的品位，让历史借助图像的书写获得新的魅力，这也是我们大家共同的愿望。

2012年12月28日于北京

序

中央美术学院人文学院教授、博士生导师

晓达的这本书，是在博士论文的基础上修改完成的。读者可能首先会注意到副标题中"美术史"这三个字，并产生一种疑问：这是不是一个美术史的题目？这是个无法回避的问题，晓达已在书中正面作了解答。我忝列师位，虽没有必要越俎代庖，但却有义务回顾一下当时与晓达讨论其论文选题时的一些思考，冀于阅读有裨。

如果我们减去一字，将"天下"改为"天"，讨论秦汉艺术中关于"天"的认识与表达，大概不会有人质疑选题是否超出美术史研究的范畴（实际上，已经有多项美术史研究成果涉及这个题目）。我们很容易联想到许多与"天"有关的画面，如马王堆墓"非衣"帛画上部的天界图像、墓葬中所见的天象图、画像石上的风雨雷电诸神、表现天命的祥瑞图等等。虽然在很多情况下"天"也是一个相当抽象的概念，但至少这些例子可以被划归为"绘画"这一美术的重要类型。

在汉代画像石题记中，那些斧凿雕刻的近乎平面的图像即被称作"画"，然而，我们将这些材料纳入近代以来作为学科的美术史学框架中，主要还是由于其形态与中国后世的绘画，以及西方传统"美术"（fine arts）中的 painting 比较接近。这种归类有其合理性的一面。例如，可以由此建立起一种艺术形式和技术演变的历史；限定在某一范围内，也可以将具体的材料与特定的历史背景建立有机的关联（如秦汉艺术中"天"的表现问题）。但是，一种常见的情况是，研究者往往不假思索地套用在其他文化背景中产生的概念，而较少考虑这些概念在不同历史阶段和文化语境中的差别。更典型的例子是，有研究者将花鸟画的历史追溯到庙底沟彩陶纹样，将卷轴画的起步定位在长沙出土的战国帛画，还有多家博物馆的"雕塑馆"将陶俑和佛像陈列于一室……简单地说，我们关于早期美术史研究对象的选择和理解，所依据的多是事物外在的形态，而在很大程度上忽略了这些材料在功能上的差异。

　　我十多年来所指导的硕、博士研究生，论文常常选择研究汉代到唐代的考古材料。在这个时段内，找到一些与后世"美术作品"形态相近的遗存并不难。但是，我们也必须意识到，这些考古材料的大多数并不是基于艺术目的而创作的，尽管它们也诉诸艺术的形式。如果将时间点再前移，所出现的问题就更为明显。例如，我们几乎找不到商代到西周时期像样的绘画作品，有些青铜器也难以确定是工艺美术还是雕塑作品。前几年，我曾与学生们坐下来，认真讨论商周美术史研究的对象是什么。我们认识到，不加限定和修正地按照近代传入中国的关于"美术"的分类系统和语汇研究早期中国，无异于胶柱鼓瑟、缘木求鱼。这样的问题，可能在后期中国美术史的研究，乃至其他相关学科中同样存在。

　　基于这样的认识，我们开始考虑另一种可能性：除了根据事物的形态选择研究对象，是否有可能将美术史看作一种研究方法和切入角度？如果我们承认美术史是一个学科，那么美术史研究者就必须具备不同于其他学科的独有的"技艺"，如对于图像形式的敏感、对于视觉语言的分析能力等等。材料本身并不能自发地构成叙事，我们要尽可能运用各种"技艺"让材料发出声音，以重建过去的故事。这种努力的目标既在于更为深入地讨论传统的课题，也在于以美术史的眼光不断拓展出新领域，以逐步更新中国早期美术史问题库、分类方式、术语和相应的材料系统。为了避免这种努力成为空中楼阁，一个可行的办法是，在相关学科已经取得足够成果的领域，尝试从美术史的角度出发，对问题和材料重新加以思考，如能得其一二，便是一种收获。

晓达的论文题目便是在这类讨论的基础上选择的。他原来的计划是研究汉代画像石中对于空间的表现，这当然是一个有意义的题目，我也相信他有把握做好。晓达在本科阶段就做过陕北汉代画像石的初步研究。硕士阶段又在李公明和李清泉二位教授的指导下继续研习陕北汉代画像石，有着相当不错的基础。但是，我不建议他做重复性的研究，而希望他沿着"空间"这个概念，找到一个新的"空间"。毫无疑问，最大的"空间"，便是"天下"。对于大一统的中国来说，"天下"的基本形态便是在秦皇汉武时期确立的。所以，他做这个题目，在时段上也无须做大的调整。晓达性情沉稳，他在原有的基础上，拿这样一个题目向前大胆迈一步，也许对日后的发展有好处。

"天下"不只是经验性、物理性的事物，在更多的时候，它是一种理想。然而，对于"天下"的想象往往诉诸一些抽象的模型或数字，成为一种可以重复与描述的概念。再进一步，这个概念会通过一些特定的方式表达出来，诸如城址、墓葬、宫室、道路、长城、祭祀场所、器物以及其他包含有人工因素的景观，都会留有这一概念的印记。至少在最后一个层面上，"天下"转化为一种物质的、造型的、空间的、视觉的形态，成为美术史研究可以捕捉的对象。"天下"的概念还与中国古代特有的政治心态与文化地理相关，研究者可以基于特定的历史背景，对各种遗存提出新的解释。换言之，我们经常采用的美术史研究的两种切入方式，即视觉分析和原境研究，都可以在这一课题中找到用武之地。

这种选择当然也要面临各种困难。正如晓达所谈到的，这原本是历史学界所关心的课题，也要面对大量的考古材料，需要下工夫补充历史学和考古学的知识。此外，美术史学界涉及这一课题的成果极为零散，相关方法论的讨论也比较有限，这就需要同时对于美术史的方法论进行梳理与反思。我认为这些挑战对于一位博士研究生的训练来说是有益的，甚至是必须面对的。

晓达着眼于东周至秦汉，特别是从秦始皇至汉武帝时代这一中国政治与社会结构转型的关键时段，分析在皇帝个人意志的推动下，形式多样的物质和视觉手段如何建构、呈现带有强烈皇权特色的"天下"观念；一些地方性知识和图像如何被利用和转化为帝王展现其统治合法性的工具；位于帝国边域的南越王国如何在宫署、墓葬中表达其对国家、天下的想象；从多个角度显示出建筑、器物和图像在形塑"天下"观过程中的独特意义，也在某种程度上说明了在这一时期"天下"到底是怎样一种可以被感知的"形象"。论文最后归纳了秦始皇至汉武帝时代"天下"观念的若干呈现方式，认为这些方式是后世皇家美术创作最初的"模本"，这也是一个值得进一步思考的方面。这些讨论，可以促使我们深入思考中国早期艺术与政治、思想、宗教之间的复杂关系。

总之，对于美术史的研究而言，这是一个试验性的新题目。在我看来，晓达在有限的时间内已尽了最大的努力。至于其得失，则应由诸位读者来评判。无论得到什么样的反馈，对于一位年轻学者而言，都是十分重要的。

我期待着晓达再接再厉，不断取得新的成绩。

2017 年 2 月 11 日

目　录

壹　本书选题的确立与意义

一　周、秦转型与皇权建构

　　呈现在观者面前的是两件器物，分别是西周成王时期制作的何尊和秦始皇时代制作的铜诏版（图 1 - 1、1 - 2）。对于何尊，位于该器物底部的"宅兹中或（国）"铭文历来为研究西周政治制度的学者们重视。而对于铜诏版，其上镌刻的"廿六年，皇帝尽并兼天下诸侯，黔首大安，立号为皇帝"等文字也向我们传递了这一时代重要的政治信息。这两件器物虽然其材质、技艺、形式风格截然不同，但都向我们展现了带有鲜明时代特征的政治观念。何尊不仅呈现出西周营建东都成周（洛阳），并希冀立国于天下中心"中国"的政治意识，同时也能够使我们回想起周代封地建国式的宗法制度。秦诏版则又能使我们回味起秦汉时代"道术为天下裂，天子统治万民"式的皇权秩序建构。它们在某种意义上也是周、秦这两个具有迥然不同的政体与社会结构特征的缩影。本书的研讨也即从这一"转型"谈起。

　　众所周知，公元前 221 年秦王朝统一六国，标志着东周以后开始的由商周"王国时代"逐渐转型为秦汉"帝国时代"的长

图 1 – 1　何尊

（1963 年陕西省宝鸡市贾村出土，西周成王时期。采自中国青铜器全集编辑委员会：《中国青铜器全集（第 5 卷）》，文物出版社，1996 年，第 144 页，图152）

图 1 – 2　秦诏版（拓片）

（陕西省咸阳市长陵秦咸阳城遗址出土，秦始皇时期。采自中国美术全集编辑委员会：《中国美术全集·书法篆刻编 1·商周秦汉书法》，人民美术出版社，1987 年，第 50 页，图三三）

时段衍化过程由此进入到了关键时刻[1]。在这种政治与社会结构产生剧烈变动的时代下，如何建构帝王权威是这个时代皇帝们面临的核心问题。无论是统一文字、度量衡、货币，还是加强中央集权制的官僚系统、推广郡县制、出巡与封禅，抑或是修建皇陵、长城、开设直道与驰道，凡此种种都可看作开创"皇帝制度"的秦始皇致力营造空前的帝国而进行的系统创造。虽然由于秦始皇政治策略的缺失及后继者执政能力的低下，秦王朝在短短十余年时间里便灰飞烟灭。但是它遗留的诸多遗产却为随后的西汉王朝继承，并最终在汉武帝时期的政治、经济、外交、军事、思想、礼典、历法等政策推动下趋于完备。可以说，秦始

---

[1] 早在 20 世纪三四十年代，萧公权即指出东周以后，中国古代历史已经开始从"封建天下"逐步转型为"专制天下"。参阅萧公权：《中国政治思想史（第一册）》，辽宁教育出版社，1998 年，第 49 页。此外，自 20 世纪 50 年代末期以来，西嶋定生等学者也都已研讨过这个问题。参阅 [日] 西嶋定生：《中国古代帝国的形成与结构：二十等爵制研究》，武尚清译，国际文化出版公司，1992 年。[日] 西嶋定生：《中国古代统一国家的特质——皇帝统治之出现》，杜正胜主编《中国上古史论文选集》，台北华世出版社，1979 年，第 729～748 页。[日] 西嶋定生：《中国古代帝国形成论》、《东亚世界的形成》，高明士译，刘俊文主编《日本学者研究中国史论著选译（第二卷：专论）》，中华书局，1993 年，第 48～87、88～103 页（两篇论文原刊：《中国古代国家与东亚世界》，东京大学出版会，1983 年）。此外，杜正胜则用"编户齐民"四字界定了中国早期从封建城邦制度向传统专制国家制度转型的社会结构变迁特征。参阅杜正胜：《编户齐民——传统政治社会结构之形成》，台北联经出版事业公司，1990 年。近年来，雷戈提出这一时期也是从"天高皇帝远"到"天高皇帝近"皇权主义秩序的重要建构与转型时段。参阅雷戈：《秦汉之际的政治思想与皇权主义》，上海古籍出版社，2006 年，第 29～34 页。雷戈：《道术为天子合：后战国思想史论》，河北大学出版社，2008 年，第 1～72 页。另参阅 [以色列] 尤锐：《展望永恒帝国：战国时代的中国政治思想》，孙英刚译，王宇校，上海古籍出版社，2013 年。

皇至汉武帝时代是东周至西汉时期政治与社会转型的关键时段，同样也是东周至秦汉时期的历史"轴心"。尽管这一转型过程并不顺利。譬如鲁惟一指出："然而有迹象显示，皇权经过了好几十年仍然没有被接受为统治中国的标准方式。还有很多人不能领会皇权的威严或理解其难点。有些人则对前帝国时代的古王国抱有怀旧之情，并对旧王室的幸存者怀有忠诚感。"〔1〕王爱和也认为，在这一政治与社会转型的历史过程中，代表中央集权势力的皇帝、近臣集团与代表地方势力的各诸侯王、文士集团之间所进行的政治与文化角力过程也同样血雨腥风〔2〕。

　　伴随着秦汉帝国的创立，是随之而来的对皇权统治秩序与观念的认同、诠释等一系列认知思想观念的巨大变化。这也正如王健文指出的："帝国体制的建立，并不单只是政治体制的改变。而是思想意识、经济生产与分配方式、社会结构各方面整体的转化"，"一个新的时代出现，必然意味着异于过去的世界观的出现。政治体制上如此重大的改变，也必然意味着对权力正当性的重新诠释。"〔3〕而近年来，雷戈也认为该时期是一个战国诸子思想被皇权主义规范成大一统政治思想方式的时代，而皇权主义秩序也为这一时代的人们提供了一种最大限度的政治—思想共识边界。这自然就涉及有关思想秩序的重建问题。在此基础上，

---

〔1〕　［英］鲁惟一（Michael Loewe）：《汉代的信仰、神话和理性》，王浩译，北京大学出版社，2009 年，第 147 页。

〔2〕　Aihe, Wang, *Cosmology and Political Culture in Early China*, Cambridge, Cambridge University Press, 2000, pp. 173 – 209. 王爱和：《中国古代宇宙观与政治文化》，［美］金蕾、徐峰译，徐峰校，上海古籍出版社，2011 年，第 199～237 页。

〔3〕　王健文：《奉天承运——古代中国的"国家"概念及其正当性基础》，台北东大图书股份有限公司，1995 年，第 1、12 页。

不独皇权的正当性需要重新认知，对皇权合理性的阐释也值得进一步关注[1]。

客观地说，这种对皇权统治观念正当性或合理性的"诠释"当然会通过若干种不同的方式进行呈现，比如，政令、经济、军事、文字、思想、祭祀仪式、视觉艺术等。关于政令、经济、军事、文字、思想在秦汉帝国建构权力的正当性中所起的作用，由于之前已经由学术界反复论及，这里就不再复述[2]。对于秦汉时代国家祭祀仪式对维系政权统治的重要功能，近年来也有学者做了较为深入的研讨。比如王柏中就认为这一时期的国家祭祀礼仪行为即附加有强烈的政治理念，是国家上层建筑的重要组成部分。"从而不仅能够为统治者提供论证政权合法性的法理基础和行使统治权力的精神力量，还成为其维护统治秩序的'神道设

---

〔1〕 雷戈：《秦汉之际的政治思想与皇权主义》，上海古籍出版社，2006年，第9页。雷戈：《道术为天子合：后战国思想史论》，河北大学出版社，2008年，第36～43、186～187页。

〔2〕 参阅翦伯赞：《秦汉史》，北京大学出版社，1983年。吕思勉：《秦汉史》，上海古籍出版社，2005年。林剑鸣：《秦史稿》，上海人民出版社，1981年。林剑鸣：《秦汉史》，上海人民出版社，2003年。［英〕崔瑞德（Denis Twitchett）、鲁惟一（Michael Loewe）：《剑桥中国秦汉史：公元前221～公元220年》，杨品泉、张书生、陈高华、谢亮生、一山、索介然、胡志宏译，张书生、杨品泉校，中国社会科学出版社，1992年。田余庆：《秦汉魏晋史探微》，中华书局，2004年。陈苏镇：《汉代政治与〈春秋学〉》，中国广播电视出版社，2001年。陈苏镇：《春秋与汉道——两汉政治与政治文化研究》，中华书局，2011年。Mark Edward Lewis（陆威仪），*Sanctioned Violence in Early China*，Albany，State University of New York Press，1990. Mark Edward Lewis（陆威仪），*The Construction of Space In Early China*，Albany，State University of New York Press，2006. Mark Edward Lewis（陆威仪），*The Early Chinese Empires：Qin And Han*，Cambridge，Massachusetts，London，England，The Belknap Press Of Harvard University Press，2007.

教'"[1]。甘怀真也指出，在讨论秦汉时期皇帝制度被整合为一个政治系统时，宗教等意识形态所扮演的角色需要格外重视。他进而研讨了秦始皇统一六国至西汉中后期郊祀礼成立之间的这段历史时期中，皇帝制度是如何通过"天下"理论的建构，尤其是籍由祭祀制度，以建构在此之前所没有的君民结合的原理[2]。此外，雷闻也认为："秦和汉初的国家祭祀基本上是一种巫风浓厚的神祠宗教，国家努力的方向是整合先秦时期各个国家、各个地区的祭祀系统。以适应大一统帝国对于意识形态的统一要求。"[3]虽然完备的、带有儒教色彩的国家祭祀礼仪是在西汉中叶的元、成二帝之后才宣告完成，但从秦始皇统一中国到汉武帝开疆拓土时代，皇室集团事实上已经开始致力于通过整合各地区的祭祀系统，来适应大一统的政治与文化需要。因此这一时期的祭祀、封禅典礼虽然比较混杂而远未详备，但它们却暗示出皇帝借前者宣扬统治合法性的政治意图，以及对权力合理性的重新诠释[4]。

---

〔1〕王柏中：《神灵世界：秩序的构建与仪式的象征——两汉国家祭祀制度研究》，民族出版社，2005年，第290～291页。

〔2〕甘怀真：《皇权、礼仪与经典诠释——中国古代政治史研究》，台北喜玛拉雅研究发展基金会，台湾大学出版中心，2003年，第33～78页。甘怀真：《秦汉天下政体——以郊祀礼改革为中心》，《新史学》第16卷第4期，2005年，第17～19页。甘怀真：《"天下"概念成立的再探索》，北京大学中国古文献研究中心：《北京大学中国古文献研究中心集刊》，北京大学出版社，2010年第9辑，第333～349页。

〔3〕雷闻：《郊庙之外：隋唐国家祭祀与宗教》，生活·读书·新知三联书店，2009年，第2页。

〔4〕甘怀真：《皇权、礼仪与经典诠释——中国古代政治史研究》，台北喜玛拉雅研究发展基金会、台湾大学出版中心，2003年，第76页。

进一步，从美术史的学科视角出发，我认为通过视觉艺术形式来对东周至秦汉时期政治与社会结构转型过程中，皇权合法性与合理性的观念建构与呈现进行"诠释"，也应当成为当时可供统治者选择的必要手段。假设进一步缩小论题，我们可以敏锐地看到皇帝集团对"天下"观念的认知与视觉艺术形塑已构成了此时期对国家统治与皇权正当性、合理性展现的核心问题之一。下文的讨论即从回顾学界对早期中国"天下"观的研究展开。

二 早期中国"天下观"研究史略

简略说来，与在中国近代以后才大量出现的诸如"国家"、"国民"等新式政治语汇相比，"天下"一词是从中国古代独特的政治地理文化中衍生出的独有的空间概念[1]。众所周知，该词汇除在《诗经》、《尚书》中有个别出现外，在周代早中期文献中并不多见。但与此相关的"四方"、"四土"、"中"、"国"等方位观念事实上在商代卜辞中即有显现。"天下"词汇开始大量流行，并显示出对政治秩序观念建构的强烈关注则是在东周以后的事，并逐渐成为流行于政治话语里面的一个关键"词汇"[2]。一些学者也指出至秦汉时代，"天下"一词实指古代中国人对当时所认识世界的政治秩序之观念思考。亦即，它并不是单纯的对政治地理边界所做的界定，而是对自身所处"世界"

---

[1] 王汎森：《近代中国的史家与史学》，复旦大学出版社，2010 年，第 1~28 页（原刊《学术史与方法学的省思："中研院"历史语言研究所七十周年研讨会论文集》，台北"中研院"历史语言研究所，2000 年，第 125~146 页）。

[2] 游逸飞：《四方、天下、郡国——周、秦、汉天下观的变革与发展》，台湾大学文学院历史学系硕士学位论文，2009 年 7 月。

的政治秩序观念的心态呈现[1]。

历史学界对"天下"观问题的研究从 20 世纪初即已展开，并依次围绕对"天下"一词的意义界定、所指代的地理空间层次、所显现的政治文化秩序观念等若干方面来探讨。如在 20 世纪 20 年代，梁启超于 1922 年 11 月 28 日完成的《统一运动》一文中即对"天下"的意义和它指代的地理空间进行了初步界定，认为"应以中国为国家，以天下为世界"[2]。日本学者田崎仁义也在 1926 年提出相似观点[3]。20 世纪 30 年代后，顾颉刚、童书业对先秦晚期以来"天下"指代的地理空间问题进行了深入研讨，并分析了诸如海内、四海、四极、四方、九州等重要的地理概念的空间范围。这些研究也一直持续到了 20 世纪 60 年代[4]。在 20 世纪 30 年代末至 40 年代初，萧公权指出在东周以后中国古代历史开始从"封建天下"逐步转型为"专制天下"制度，并注意到无论封建主义还是专制主义，都与"天下"观念息息相关，但秦汉以后兴起的专制主义对"天下"的理解则更偏重

----

〔1〕 邢义田：《天下一家：中国人的天下观》，刘岱：《中国文化新论·根源篇·永恒的巨流》，生活·读书·新知三联书店，1991 年，第 425～478 页（原刊《中国文化新论·根源篇·永恒的巨流》，台北联经出版公司，1981 年，邢义田：《秦汉史论稿》，台北东大图书出版公司，1987 年，第 3～41 页）。邢义田：《从古代天下观看秦汉长城的象征意义》，《燕京学报》2002 年第 13 期（邢义田：《天下一家：皇帝、官僚与社会》，中华书局，2011 年，第 84～135 页）。

〔2〕 梁启超：《先秦政治思想史》，东方出版社，1996 年，第 197～201 页。

〔3〕 ［日］渡边信一郎：《中国古代的王权与天下秩序：从日中比较史的视角出发》，徐冲译，中华书局，2008 年，第 11～12 页。

〔4〕 顾颉刚、童书业：《汉代以前中国人的世界观与域外交通的故事》，童书业：《童书业历史地理论集》，中华书局，2008 年，第 480～510 页。童书业：《夷蛮戎狄与东西南北》，童书业：《童书业历史地理论集》，中华书局，2008 年，第 514～522 页。童书业：《春秋时人之〈天下〉观念》、《九洲》，童书业：《春秋左传研究》，中华书局，2008 年，第 524～526 页。

于文化上的大一统。即便夷狄入主中原，只要其去夷变夏，秉承华夏礼乐、儒学文化，则一样可以成为天下共主[1]。丁山虽未考察"天下"的地理边界概念，但也曾对与"天下"联系密切的"九州"概念有过研讨[2]。此外在1944年，胡厚宣也涉及对中国、四方、五方等地理边界和方位观问题的探讨[3]。稍后的陈梦家、郭沫若等学者在20世纪50年代中期也对这个问题进行了再探[4]。美国学者拉铁摩尔和列文森两人在20世纪四五十年代也对"天下"所指代的地理疆域问题进行了涉及。如拉铁摩尔就注意到长城作为界定古代中国"天下"边界的重要意义。他同时也进而研究了汉民族与游牧民族在这个边界内外的各自发

〔1〕 萧公权：《中国政治思想史》，辽宁教育出版社，1998年，第9~14页。

〔2〕 丁山：《九州通考》，丁山：《古代神话与民族》，商务印书馆，2005年，第454~489页（原刊《齐鲁学报》1940年第1期）。

〔3〕 胡厚宣：《论五方观念及"中国"称谓之起源》，胡厚宣：《甲骨学商史丛初集（第2册）》，齐鲁大学国学研究所，1944年，第383~390页。

〔4〕 陈梦家：《殷墟卜辞综述》，中华书局，1988年，第319~320页。郭沫若：《畿服》，郭沫若：《金文丛考》，人民出版社，1954年，第47~50页。近年对该问题的探寻可参阅李学勤：《商代的四风与四时》，《中州学刊》1985年第5期。张光直：《说殷代的"亚"形》，《中国青铜时代（二集）》，生活·读书·新知三联书店，1990年，第82~94页。张光直：《青铜挥麈》，上海文艺出版社，2000年，第358~365页。［美］艾兰：《龟之迷——商代神话、祭祀、艺术和宇宙观研究》，汪涛译，商务印书馆，2010年，第95~138页。［美］艾兰：《早期中国历史、思想与文化》，杨民等译，商务印书馆，2011年，第94~133页。［英］汪涛：《颜色与祭祀：中国古代文化中颜色涵义探幽》，郅晓娜译，上海古籍出版社，2013年，第191~208页。Aihe, Wang. *Cosmology and Political Culture in Early China*, Cambridge, Cambridge University Press, 2000, pp. 23 - 24（中文版参阅王爱和：《中国古代宇宙观与政治文化》，［美］金蕾、徐峰译，徐峰校，上海古籍出版社，2011年，第44~45页）。

展与形成的历史。列文森则对古代中国词汇中的"天下"所反映的价值观念问题进行了重新界定。认为古代中国语境中的"天下"即指世界[1]。钱穆在 1948 年就对早期中国城邦与长城做过初步分析，认为秦统一后把原有秦、赵、燕国筑造的长城连接成一片，可视作华夏与夷狄的明确分界[2]。他虽未对"天下"观进行明确分析，但日后被历史学界广泛研讨的华夷、内外等"天下"概念之下的子问题却已被初步研讨，值得特别重视。在同一时期前后，一些日本学者如安部健夫、山田统、平岗武夫等人也对"天下"所指代的地域问题进行过关注，但大体还是讨论古代中国"天下"指代的地理空间范围[3]。

进入 20 世纪 60 年代后，顾颉刚则对先秦以来与"天下"观联系密切的五服、九服制度及相关的政治与文化地理概念进行了详细考证，并注意到所谓"五服"、"九服"并非指纯粹的地理空间的层次观，而是指一种文化秩序上的空间层次建构，这一点值得特别注意。它也表明学界对"天下"的研讨已不再仅仅满足于界定"天下"的地理空间，而是注意到它所显现的政治与

---

〔1〕　[美] 拉铁摩尔（Owen Latti more）：《中国的亚洲内陆边疆》，唐晓峰译，江苏人民出版社，2005 年，第 302 ~ 349 页。[美] 列文森（Je-soph Levesen）：《儒教中国及其现代命运》，郑大华、任菁译，中国社会科学出版社，2000 年，第 83 ~ 84、86 页。

〔2〕　钱穆：《中国文化史导论》，商务印书馆，1994 年，第 56 ~ 60 页。

〔3〕　对上述日本学者研究古代中国"天下"观的学术史梳理，参阅李庆：《日本汉学史 3：转折与发展》，上海外语教育出版社，2004 年，第 203 ~ 206、238 ~ 239、715 ~ 721 页。姚大力：《中国历史上的民族关系与国家认同》，姚大力：《北方民族史十论》，广西师范大学出版社，2007 年，第 265 ~ 266 页（原刊《中国学术》2002 年第 4 辑）。游逸飞：《四方、天下、郡国——周、秦、汉天下观的变革与发展》，台湾大学文学院历史学系硕士学位论文，2009 年 7 月，第 17 ~ 22 页。[日] 渡边信一郎：《中国古代的王权与天下秩序：从日中比较史的视角出发》，徐冲译，中华书局，2008 年，第 9 ~ 16 页。

文化秩序观念[1]。其后，杨联陞在 1964 年讨论了与此观念相关的中国对外政策，其中就包含对诸如内外、华夷、羁縻等"天下"概念之下一些课题的研讨[2]。此外，余英时在 1967 年也借两汉时代汉胡贡纳关系的研究，对儒家"天下"秩序观念下的胡族归化问题进行了分析[3]。

进入 20 世纪 80 年代，学界对"天下"观念的研究日趋深化与多元，并更加侧重对其显现的政治、文化秩序观念的探究。如在 1981 年，邢义田除对商、周时期渐渐形成的诸如中、国、四方、四海、五服、九服等重要概念进行了细致地考证外，也同时重点讨论了周、秦、汉时期中国人对当时所理解"世界"的政治秩序观念与心态，并敏锐注意到周代以后对"天下"的认知已非殷商时期较为机械的方位或层次观念，而是建构了一种文化意义上的"天下"观念。而中国历朝历代的统治集团也往往会依据自身的统治实力，分别采取理想中的"天下"观（即"天下一家"）与现实中的"天下"观（即"内诸夏而外夷狄"）这两种政治策略[4]。而他对秦汉时期长城的后续研究则可看作为

〔1〕 顾颉刚：《畿服》、《职贡》，顾颉刚：《史林杂识初编》，中华书局，1963 年，第 1～25 页。
〔2〕 杨联陞：《国史探微》，新星出版社，2005 年，第 1～13 页。
〔3〕 余英时：《汉代贸易与扩张》，邬文玲等译，上海古籍出版社，2005 年。余英时：《汉代的对外关系》，收录［英］崔瑞德（Denis Twitch-ett）、鲁惟一（Michael Loewe）：《剑桥中国秦汉史——公元前 221 年～220 年》，中国社会科学院出版社，1992 年，第 406～413 页。
〔4〕 邢义田：《天下一家：中国人的天下观》，刘岱：《中国文化新论·根源篇·永恒的巨流》，生活·读书·新知三联书店，1991 年，第 425～478 页。另外在 1981 年，于省吾虽然并未讨论"天下"观问题，但他对商周以来"中国"一词起源的探讨也值得重视。参阅于省吾：《释中国》，胡晓明、傅杰：《释中国（第三卷）》，上海文艺出版社，1998 年，第 1515～1524 页（原刊《中华学术论文集》，中华书局，1981 年）。王尔敏：《"中国"名称溯源及其近代诠释》，（转下页注）

他对原有观点的继承与进一步发展[1]。因此我们可以看到，20世纪60年代以后，学界对此课题的研究尽管也存在对"天下"观念的有无、"天下"边界的空间范围等问题的研究[2]，但整体而言，已开始更为偏重于对它所呈现的政治与文化秩序观念的讨论。如西嶋定生在1983年即认为"文字、儒教、佛教、律令"四个要素共同构建了古代东亚汉文化圈。在秦汉时代，虽然所谓的"东亚世界"这一"天下体系"远未成熟，但实际上已经初步成型[3]。

进入20世纪90年代，也有很多学者继续对此课题进行了探索。比如在1995年，王健文就曾详细论证战国至秦汉政治与社会转型的关键时期，"国家"作为一个整体性概念和权力建构形式，如何赋予统治者以正当性的观念。而这样的'国家'概念及其正当性，又如何与现实的社会政治情境构成相互渗透的互动

王尔敏：《中国近代思想史论》，社会科学文献出版社，2003年，第370～386页。

[1] 邢义田：《从古代天下观看秦汉长城的象征意义》，《燕京学报》2002年新13期。

[2] 钱穆：《国与天下》，钱穆：《晚学盲言》，广西师范大学出版社，2004年，第172～175页。蒙文通：《略论〈山海经〉的写作时代与产生地域》，《古学甄微》，巴蜀书社，1999年，35～66页。蒙文通：《再论昆仑为天下之中》，《古地甄微》，巴蜀书社，1998年，第165～176页。冯友兰：《三松堂自序》，冯友兰：《冯友兰全集》，河南人民出版社，2001年，第238～239页。

[3] ［日］西嶋定生：《中国古代帝国形成论》、《东亚世界的形成》，高明士译，刘俊文：《日本学者研究中国史论著选译（第二卷）》，中华书局，1993年，第48～87页，第88～103页。韩国学者金翰奎，日本学者堀敏一、石上英一、村井章介等人对此也多有研究，并均把"天下"作为由中国与夷狄构成的无限世界、世界帝国、帝国型的国家类型来把握。参阅［日］渡边信一郎：《中国古代的王权与天下秩序——从日中比较史的视角出发》，徐冲译，中华书局，2008年，第13～14页。

关系。这些讨论就涉及到对此时代"天下"观念的解读[1]。在1996年，罗志田对与"天下"问题密切相关的五服制度进行了研讨。但他并不是单纯地讨论"五服"制度所呈现出的方位与空间层次观念，而是认为先秦以来形成的"天下"观特色是文化取向上的向心性国土观，即所谓的"详尽略远，重中央而轻边缘"式的政治与文化秩序心态。古代中国的"天下"观即由内外观念、中央四方论、夷夏之辨构成[2]。此外在1997年，王明珂虽未明确对"天下"观念进行分析，但他从历史人类学的角度，细致探索了新石器时代以来华夏边缘族群的形成与心态观，却在某种程度上为学界研究传统意义上的"天下"边界问题提供了重要的理论启示与视角[3]。在1998年，王树民也考证了"五服"概念在商周以来的意义流变，并对其显现的政治文化秩序问题进行了思考[4]。

近年来，另有学者对早期中国"天下"观问题进行过研究。如在2000年，王爱和在回顾学术界有关研究略史的基础上，对早期中国时代宇宙观和政治文化进行了解读，并注意到商周时期的统治集团如何利用营造中心，关注四方、四土的观念建构其政

〔1〕 王健文：《奉天承运——古代中国的"国家"概念及其正当性基础》，台北东大图书公司，1995年。王健文：《帝国秩序与族群想象——帝制中国初期的华夏意识》，（台北）《新史学》，第16卷第4期，2005年，第195~220页（该文另收录甘怀真：《东亚历史上的天下与中国概念》，台湾大学出版中心，2009年，第149~180页）。

〔2〕 罗志田：《先秦的五服制与古代的天下中国观》，《学人》第10辑，1996年，第367~400页。

〔3〕 王明珂：《华夏边缘：历史记忆与族群认同》，台北允晨文化实业股份公司，1997年（增订本参阅浙江人民出版社版本，2013年）。

〔4〕 王树民：《畿服说考略》，《文史》第44辑，中华书局，1998年，第59~69页。

治权威。同时她也分析了西汉初中期，代表中央的皇室与官僚集团如何利用五行等宇宙观念，与地方诸侯王、文士群体进行政治角力，用以建构"天下"、维系皇权统治的历史过程[1]。在2001年，王柯在对中国多民族国家形成的历时性研究中，也涉及对先秦至秦汉时期"天下"观形成与发展的讨论[2]。在2002年，姚大力对从"天下"观念到近代民族主义的"国家观"思想衍变历程进行了独到分析[3]。同年，以色列学者尤锐（Yuri Pines）初步对这个问题进行了富有新意的讨论，并认为春秋、战国时代"天下"疆界从未超出"周"之世界。这一时期的"天下"概念兼有政治与文化之双重属性。战国以后成熟的"天下"观念形成也有赖于各地区之经济、军事、移民等方面的交流。周秦之际人们对"天下"边界及以此显现的政治与文化秩序观念也具有一定的弹性原则[4]。

在2003~2005年，甘怀真研讨了从秦始皇统一六国到西汉晚期郊祀礼确立这一政治与文化转型时期，皇帝制度如何通过"天下"理论的建构，尤其是籍由祭祀制度，建构所谓君民结合的原理。他实际上讨论了秦至西汉时期国家祭祀礼仪与"天下"政体形成的关系问题，其独特的分析视角颇值得再

[1] Aihe, Wang. *Cosmology and Political Culture in Early China*, Cambridge, Cambridge University Press, 2000. 王爱和：《中国古代宇宙观与政治文化》，[美] 金蕾、徐峰译，徐峰校，上海古籍出版社，2011 年。

[2] 王柯：《民族与国家——中国多民族统一国家思想的系谱》，中国社会科学出版社，2001 年，第 1~83 页。

[3] 姚大力：《中国历史上的民族关系与国家认同》，姚大力：《北方民族史十论》，广西师范大学出版社，2007 年，第 265~266 页（原文收录《中国学术》2002 年第 4 辑）。

[4] [以色列] 尤锐（Yuri Pines），Changing views of tianxia in Pre-imperial discourse（《先秦论述里的天下观变迁》），*Oriens Extremus* 43（2002），pp. 101~116.

思[1]。需要注意的是，在2006年，葛兆光也通过研究中外地图及各类地理文献对内外、华夷、域外等"天下"观问题进行了分析。只不过他选取的材料主要限制在明清时期，然其思路仍具重要的参考意义[2]。在2006年，美国学者陆威仪注意到秦始皇将被征服的六国都城宫殿写放于咸阳北阪上，并将各国的美女、乐器放进这些宫殿等行为，可能与将咸阳附近塑造为一个缩微性帝国的企图息息相关，也标志着秦国完成了对列国的兼并，其观点值得注意[3]。同年，雷戈除了对春秋至秦汉之际"天下"所指代的地理边界进行界定外，也同时分析了与此相关的天下—帝国秩序的建构，并注意到从东周晚期至秦汉之际，所谓的"天下"观念与皇帝权力、大一统帝国等观念的密切关联。并进而认为这一时期国人建构天下观的基本出发点，一是为了突出中国皇帝在世界上的天下共主身份，二是为了凸显中国在天下的天朝大国地位[4]。同年，何新华也对商周秦汉以来天下—帝国秩序进行了关注。他认为："'天下观'是古代中国思想界利用空间概念建构出的一套世界秩序观。它具有鲜明的人文和政治含义，既体现了天下一家的高级旨趣，又显示了森严的尊卑等级特征。作为产

[1] 甘怀真：《皇权、礼仪与经典诠释——中国古代政治史研究》，台北财团法人喜玛拉雅研究发展基金会，2003年，第487～510页。甘怀真：《秦汉的"天下"政体：以郊祀礼改革作为中心》，《新史学》第1卷第4期，2005年，第13～56页。

[2] 葛兆光：《古代中国的思想、历史与宗教》，北京师范大学出版社，2006年，第48～70、71～87页。

[3] Mark Edward Lewis（陆威仪），*The Construction of Space In Early China*，Albany, State University of New York Press, 2006, p. 171. 另参阅［美］陆威仪：《早期中华帝国：秦与汉》，王兴亮译，中信出版集团，2016年，第90～91页。

[4] 雷戈：《秦汉之际的政治思想与皇权主义》，上海古籍出版社，2006年，第265～296页。

生于古代的、区域性的世界秩序观，对于改造当代民族国家体系虽有借鉴意义，但缺乏实际的可行性。"[1]在 2007 年，张文对早期中国时代的国家观与天下观问题进行了研究，其研讨的方法与与早期从事"天下"观研究的学者较为相似[2]。同年，李大龙则对"中国"与"天下"的关系进行了梳理，指出作为"天下"的核心，"中国"不仅指地域与文化概念，也具有强烈的政治涵义[3]。在 2008 年，高明士注意到"中国借德、礼、政、刑四要素的运用，而与天下万邦展开上举四项原理，天下秩序乃告完成。这个天下秩序从先秦到隋唐的摸索实施，而走向制度化，并已有一定的轨道可循。"其研究则更偏重讨论隋唐以后"天下"观念成熟时代的研究[4]。对此问题做过深刻关注的还有渡边信一郎。他回顾了日本学界对此问题的探究，同时也对早期中国时期"天下"所指涉的地理空间与政治秩序、结构观念做了深入了释读。并结合文献梳理重点区分了今文经学与古文经学这两个学派视角下，对"天下"所指代的地理边界、空间构成的两种不同理解。进而指出该观念背后显示的是一种对天下型"国制"的关注与建构[5]。在 2009 年，游逸飞在回顾学界对"天下"观研究的基础上，重点对周、秦、汉"天下"观念的变迁进行了深入考察，并区分了先秦至秦汉时期广义的"天下"观与狭义

---

〔1〕 何新华：《试析古代中国的天下观》，《东南亚研究》2006 年第 1 期。

〔2〕 张文：《论古代中国的国家观与天下观——边境与边界形成的历史坐标》，《中国边疆史地研究》第 17 卷第 3 期，2007 年，第 16 ~ 23 页。

〔3〕 李大龙：《"中国"与"天下"的重合：古代中国疆域形成的历史轨迹》，《中国边疆史地研究》第 17 卷第 3 期，2007 年，第 107 页。

〔4〕 高明士：《天下秩序与文化圈的探索——以东亚古代的政治与教育为中心》，上海古籍出版社，2008 年，第 5 页。

〔5〕 ［日］渡边信一郎：《中国古代的王权与天下秩序——从日中比较史的视角出发》，徐冲译，中华书局，2008 年，第 43 ~ 96 页。

的"天下"观两种政治秩序观念[1]，同一年，韩昇在其著作中也曾从华夏意识与夷狄观念之形成、大一统理论之构释等视角对东周至秦汉时期古代中国"天下观"之形成进行了论述，并进而分析了汉唐时期以中国为中心的东亚世界国际政治关系的最终确立与影响[2]。

在2010年，甘怀真主编的《东亚历史上的天下与中国概念》一书付梓。该书在2004年由台湾大学东亚文明研究中心所主办的"东亚历史上的权力与经典诠释"讨论会的基础上出版。收录了平势隆郎、甘怀真、王健文、曾蓝莹、葛兆光等人的研究论文。其中，平势隆郎主要对新石器时代晚期至秦始皇时代"天下"空间的形成过程问题进行深研，并重点研讨了汉字、册命等媒介对形成天下观念的直接推动作用。甘怀真则重新检讨了秦始皇—西汉中后期"郊祀礼"成立之间，皇帝制度如何凭借祭祀礼仪来建构"天下"意识，并提出了一个关键词汇"天下政体"。该词汇实际上蕴含了政治秩序与祭祀文化秩序的双重意义。另外，该书收录王建文先前发表的论文重点讨论了秦汉帝国初步成立之际，"天下定于一"的族群—文明—国家政治秩序观念，是如何由原有的封建城邦秩序的框架上被建构出来的。与其他学者的分析不同，他注意到秦汉帝国初创之时，各地政治精英借郡县制、选举制、儒家文化的普及这一动态化的形塑，而逐渐形成一元式的帝国、华夏意识。这也是此文最为精彩之处。此外曾蓝莹则从宇宙观、天文学的角度探讨了汉代人对"天下"与"中国"概念的理解，并注意到汉代的天文学在映射此时代的"天下"空间边界时所具有的矛盾。葛兆光则从对比中外地图绘制

---

[1] 游逸飞：《四方、天下、郡国——周、秦、汉天下观的变革与发展》，台湾大学文学院历史学系硕士学位论文，2009年7月。

[2] 韩昇：《东亚世界形成史论（增订版）》，中国方正出版社，2015年。

的构图、题材切入，进而分析以此显现的"天下"与"万国"概念以及与此相关的中心、华夷等观念是如何在地图上显示出来的[1]。在2005～2010年，甘怀真再次对商周时期的"天下"观问题进行了分析，并认为早期中国"天下"观念的形成，可能也和那一时代的王对"上帝"、"天帝"的祭祀有关。代表"王"通过祭祀天帝而维系政治与宗教权力的意义，具有浓厚的巫教、魔法色彩。他进一步认为初期"天下"概念中的空间，是居于上天的王者由上而下所看到的范畴。而这一研究直接丰富了我们对早期中国"天下"概念的认识，也促使我们思考"天下"观念与国家祭祀典礼之间的关联[2]。同年，唐晓峰则从历史地理学的角度对早期中国时代的"天下"观问题做了一定研讨[3]。在2010年，梁二平也对古代中国的"天下"观进行了解读。该书属于通俗性著作，涉及面颇广，对学界关于该论题的研究也颇有启发[4]。在2011年，葛兆光在新著中讨论的重心已不在早期中国，但有些重要的观点却值得特别注意。如作者曾认为：应该从中国历史文化内部的实际情况来研究诸如"民族"、"国家"等文化观念的形成，而不要只是照搬西方学者研究欧洲近代的案例而获得关于"中国"、"民族"等意识产生的认知理论。这种视角当然也会对研究提供了一个可供参考的着眼

---

〔1〕 甘怀真：《东亚历史上的天下与中国概念》，台湾大学出版中心，2009年。

〔2〕 甘怀真：《"天下"概念成立的再探索》，北京大学中国古文献研究中心：《北京大学中国古文献研究中心集刊》，北京大学出版社，2010年第9辑，第333～349页。

〔3〕 唐晓峰：《从混沌到秩序——中国上古地理思想史述论》，中华书局，2010年。

〔4〕 梁二平：《谁在世界的中央——古代中国的天下观》，花城出版社，2010年。

点^[1]。在 2012 年，李扬帆也注意到"天下"显现的政治与文化观念，但并不局限在早期中国时段。他认为中国历史与文化语境中的天下观，它所"强调与突出的正是世界观的政治性"。同时他也指出："'天下观'的本质是一种华夏文化中心论，其秩序是中国治下的和平。"在此基础上，他进一步认为狭义的天下观就是一种古代中国人对所处世界的政治秩序观念的认知。但广义的天下观也代表着一种天道—天理观念。这样一来，他对"天下"概念的界定就进一步上升到了儒家的哲学观念范畴^[2]。

学界在近年来对早期中国的国家观念、民族交往与互动的研究也值得注意。如狄宇宙在最近数十年来一直致力于从欧亚大陆南北关系的整体视角，去研究先秦至秦汉时期华夏民族与西北游牧民族之间的交流与互动，在分析秦汉时期的长城建筑时就曾认为：秦汉时期修建的长城不仅仅是防御的工事，同时也是华夏民族在他们所处的"天下"世界内，借此对北方游牧民族进攻的工具^[3]。王子今则注意到此时期"汉朝"的称谓其实并不仅仅是一种对汉朝政权的认知，它同时也显现出在战国至西汉中期政治与社会结构转型过程中"国家"意识的体现。虽然他并非专论"天下"概念，但其研讨也颇值得重视^[4]。许倬云在近年对"中国"概念的研究也同样应该注意。他在清整古代中国的历史与思想的前提下，提出中国其实是"一个不断变化的复杂共同体"，

〔1〕 葛兆光：《宅兹中国——重建有关〈中国〉的历史论述》，中华书局，2011 年，第 2~38 页。

〔2〕 李扬帆：《涌动的天下——中国世界观变迁史论（1500~1911）》，知识产权出版社，2012 年，第 2~3 页。

〔3〕 ［美］狄宇宙（Nicola Di Cosmo）：《古代中国与其强邻：东亚历史上游牧力量的兴起》，贺严、高书文译，中国社会科学出版社，2010 年，第 157~192 页。

〔4〕 王子今：《秦汉边疆与民族问题》，中国人民大学出版社，2011 年，第 391~405、406~420 页。

从而注意到了"中国"这一历史概念的弹性特征[1]。李零则从历史、地理、人文、思想等多个角度回溯了早期中国时代大一统国家、天下观念被慢慢形塑的历史进程[2]。最近，由《东方早报·上海书评》编辑部编选的《殊方未远：古代中国的疆域、民族与认同》论文集的付梓也可看做是学界对这个问题的最新认知[3]。

三　"天下"观：从历史学走向美术史与考古学

从某种意义上说，"天下"即是当时的中国人对他们所处世界的空间边界以及由此展现的政治文化秩序观念的认知，并广泛涉及对中心、四方、内外、华夷、异域等诸多问题的思考。它的理论建构核心即是在中国早期天地四方观念、华夏族群的中心观意识以及东周晚期周王统治秩序崩溃、皇权制度慢慢形成过程中，由理想中的天子占有万民并支配天下世界。如东周晚期出现的五服、九服的概念即是如此。这也正如甘怀真所言，天下是指天子支配的领域，这个领域也是一个文明与合理的空间，由天子守护。皇帝制度的正当性即建立在"天子支配天下"的理论上[4]。

"天下"观问题原本属于历史学的研究范畴，20世纪初期以来的学者依次对"天下"一词的意义界定、它所指代的地理空间层次、它所显现的政治与文化秩序观念等问题进行了系统而详实的探讨。较早的研究相对更偏重于对"天下"一词意义的探

---

〔1〕 许倬云：《说中国：一个不断变化的复杂共同体》，广西师范大学出版社，2015年。

〔2〕 李零：《我们的中国》，生活·读书·新知三联书店，2016年。

〔3〕 《东方早报·上海书评》编辑部：《殊方未远：古代中国的疆域、民族与认同》，中华书局，2016年。

〔4〕 甘怀真：《东亚历史上的天下与中国概念》，台湾大学出版中心，2009年，第26页。

寻和它所指代的地理空间层次的研讨。这些研究当然非常重要，但假如历史学家对该问题的思考仅仅涉及到以上层面的话，那么美术史、考古学等学科就不太可能进入到该领域的研究中。但正如我在上文已注意到的，在最近三四十年来，历史学界对该领域的讨论，事实上已经深入到对其显现的政治与文化秩序观念，以及由此展现的对皇权正当性与合理性的分析。这也就预示着美术史、考古学等邻近学科可以借形式多样的视觉艺术材料对该领域进行再研究，进而丰富、深化我们对该课题的认知。

这就涉及以下问题：从秦始皇到汉武帝时代前后，视觉艺术到底有没有显现出对"天下"观念的塑造？我们该如何去发现它们？这种视觉表现有没有一个历时性发展与变化过程？它到底在多大程度上丰富了当时的帝王、皇室集团对此观念的思考与建构？在那一时代，位于秦汉帝国边域的一些政治势力是否也通过视觉艺术的塑造，对这个问题进行过思考与觊觎？我们是否可以归纳出一些具体的秦皇汉武时代对"天下"观进行表现的视觉"格套"？这种表现"格套"对后世有什么影响？是否可以将其看作对现今历史学界研讨此课题的有力回馈，并初步寻求视觉艺术在其中显示的独特价值？

就这个选题而言，大多数的历史学家主要还是依靠文献对"天下"问题进行分析。除个别学者如拉铁摩尔、钱穆、邢义田、狄宇宙等人之外，他们似乎缺乏通过视觉艺术材料的解读来深入开拓该论题。传统的纯文献研究对于历史研究视角已日趋多元化，并越来越强调多学科综合的今天事实上是远远不够的。毕竟在东周至秦汉那个政治与社会结构呈剧烈变动的时代，一批形式新颖、具有深邃思想文化观念的视觉材料也伴随着这一历史情境产生。如高大巍峨的都城、皇家苑林、巨型雕塑、行宫、出巡立石、驰道与直道等与皇帝生前权力呈现息息相关的地上材料，以及在皇陵中掩埋的、出于某种政治目的而创造的"视觉"景观，甚至是伴随皇帝举行的国家祭礼而衍生的视觉图像其实都可以作为研究此课题的基本材料源。如果要对"天下"这一政治秩序观念进行更为深入和丰富的理解，这些以往并不为历史学界重视，但实际却反映了此时代思想文化观念的图像材料，就成为我们继续研讨该问题所必须加以注意的焦点。

正如前文已经指出的，一些学者已初步对长城做了分析，并认为它具有界定华夏与蛮夷边界、借此充作防御或进攻性工具的作用。邢义田更明确通过研讨秦汉时代的长城这一视觉建筑案例对其中显现的"天下"观问题进行了初步分析。此外，国内外的美术史学界对"天下"观问题虽然很少做明确钻研，但相关研究也值得注意。例如在1993年，巫鸿对自然山岳景观如何在构建皇权正当性、宣示对"天下"占有的有效性所起到的重要作用进行了初步讨论，认为通过在泰山、嵩山等为代表的五岳山川进行国家祭祀、封禅大典，皇帝借此构建了其对天下万民统治的合法性。其中涉及的有关中心、四方等政治空间的讨论即与"天下"观问题息息相关[1]。他对此问题的讨论也见于其他相关重要的论文[2]。

---

[1]　［美］巫鸿：《五岳的冲突：历史与政治的纪念碑》，郑岩、王睿：《礼仪中的美术：巫鸿中国古代美术史文编》，生活・读书・新知三联书店，2005年，第616~641页。

[2]　Wu Hung（巫鸿），*Monumentality in Early Chinese Art and Architecture*，Stanford，Stanford University Press，1995. pp. 115 – 121. 中译本见［美］巫鸿：《中国古代艺术与建筑中的纪念碑性》，李清泉、郑岩等译，上海人民出版社，2009年，第145~154页。［美］巫鸿：《图画"天"、"地"》，郑岩、王睿等：《礼仪中的美术——巫鸿中国古代美术史文编》，生活・读书・新知三联书店，2005年，第642~658页。［美］巫鸿：《说俑：一种视觉文化传统的开端》，李清泉译，郑岩、王睿等：《礼仪中的美术——巫鸿中国古代美术史文编》，生活・读书・新知三联书店，2005年，第587~615页。Wu Hung，*The Art of the Yellow Springs—Understanding Chinese Tombs*，Honolulu，University of Hawai'I Press，2010，pp. 102 – 122. ［美］巫鸿：《黄泉下的美术——宏观中国古代墓葬》，施杰译，生活・读书・新知三联书店，2010年，第107~127页。

在 1995 年，金维诺、罗世平对秦始皇至汉武帝时期祭祀与美术的关系进行了初步探索。这为进一步分析秦汉国家祭祀与天下观、皇权建构等概念的联系奠定了基础[1]。此外在 20 世纪 90 年代中期以后，罗森对秦汉时期艺术作品与宇宙观、皇权的联系进行了解读，这对于本课题的研究也有一定帮助[2]。稍后，雷德侯也提出与罗森较为相似的观点[3]。而在 2001 年，贺西林对汉代墓室壁画与宇宙观的分析，虽然其研讨问题与"天下"概念无关，但对探究秦汉时代宇宙观图像如何在一定情境下被转化为天下、皇权观念提供了一定的材料与理论思辨基础[4]。在 2009 年，曾蓝莹从宇宙观与天文学的角度探讨了汉代人对"天下"与"中国"概念的理解，并进而注意到汉代的天文分野之学在映射此时代的"中国、天下"等地域概念时具有的矛盾[5]。在 2011 年，曾蓝莹也对早期中国时代各类视觉材料显现的"天"之观念，和与之相关的方位、宇宙、仙界、符瑞、道德问题进行了探究。虽然她的研究重心并不在"天下"观，但我认为她对

〔1〕　金维诺、罗世平：《中国宗教美术史》，江西美术出版社，1995 年，第 15～16 页。

〔2〕　罗森（Jessica Rawson）：《中国古代的艺术与文化》，孙心菲等译，北京大学出版社，2002 年，第 1～12、348～293、394～418 页。罗森（Jessica Rawson）：《祖先与永恒：杰西卡·罗森中国考古艺术文集》，邓菲、黄洋、吴晓筠译，生活·读书·新知三联书店，2011 年，第 171～354 页。

〔3〕　[德] 雷德侯（Lothar Ledderose）：《万物——中国艺术中的模件化和规模化生产》，张总译，生活·读书·新知三联书店，2005 年，第 75～108 页。

〔4〕　贺西林：《古墓丹青：汉代墓室壁画的发现与研究》，陕西人民美术出版社，2001 年。

〔5〕　曾蓝莹：《星占、分野与疆界：从"五星出东方利中国"谈起》，甘怀真：《东亚历史上的天下与中国概念》，台湾大学出版中心，2009 年，第 181～215 页。

早期中国艺术中"天"的讨论仍具参考意义[1]。在2011年，郑岩对秦代阿房宫、西汉霍去病陵墓雕刻进行的理论思考也涉及到对天下、皇权等概念的分析，值得特别重视[2]。在2013年，我在博士学位论文中，从东周至秦汉这一长时段的政治与社会结构转型视角出发，初步分析了从秦始皇至汉武帝时代，皇帝在臣僚、工匠的协助下如何通过都城、行宫、陵墓、苑林、公共建筑等各类形式多样的视觉艺术，去建构与呈现带有强烈皇权建构特色的"天下"观念。而一些来自地方上反映宇宙观的图像又如何被帝王利用，并进而被转化为展现帝王统治合法性与道德性的历史进程。位于帝国边域的南越王国又如何借视觉艺术来隐晦地表达其对国家、天下等观念的思考与觊觎。我大体归纳了这一时期对"天下"观进行建构的若干视觉"格套"，并进而认为这些都显示出视觉图像在形塑"天下"观念过程中具有的价值。它从一个侧面也展现出秦汉帝国整体国家形象[3]。以上我引述的美术史方面的论著，有些并没有明确对该观念进行讨论，有些则已初步对此问题展开了有益探索。

　　考古学界近年来对该课题尤其是与"天下"密切相关的一些

〔1〕　Lillian Lan‑ying Tseng（曾蓝莹），*Picturing Heaven in Early China*，Cambrige（Massachusetts）and London，Harvard University，2011.

〔2〕　郑岩：《阿房宫：记忆与想象》，《美术研究》2011年第3期（收录郑岩：《从考古学到美术史——郑岩自选集》，上海人民出版社，2012年，第209～244页）。郑岩：《风格背后：西汉霍去病墓石刻新探》，《陕西历史博物馆馆刊》2011年，第18辑，第140～161页（收录《中国国家美术》2012年第3期；以及郑岩：《逝者的面具：汉唐墓葬艺术研究》，北京大学出版社，2013年）。

〔3〕　刘晓达：《秦始皇至汉武帝时代对"天下"观念的视觉艺术形塑》，中央美术学院人文学院博士学位论文，2013年。

重要概念也做过研究。如在 1987 年，严文明指出新石器时代晚叶，中国史前文化已出现多元一体式的"重瓣花朵式"结构[1]。在 1989 年，张光直指出在公元前 4000 年左右，伴随着经贸、战争、文化上的交相互动，"中国相互作用圈"正式形成[2]。类似的看法在夏鼐的研究中也有涉及[3]。在 20 世纪 90 年代以后，张光直、艾兰等学者在对商代"亚"字形墓葬和相关器物的研讨中就曾注意到以此显现的中心、四方等方位、政治观念[4]。而在 1999 年，苏秉琦也认为尧舜禹时代的晋南应该形成了最早的共识的"中国"概念，可能是"天下"的最早中心[5]。在 2009～2014 年，许宏认为河南偃师二里头文化或许代表了最早的具有广域主权国家的"中国"[6]。在 2010～2015 年，何驽结合山西襄汾陶寺文化出土的圭尺，对中、中正等方位观问题进行了探寻。同时认为早期中国"天下"观的雏形可能渊源自山西

〔1〕 严文明：《中国史前文化的统一性与多样性》，《文物》1987 年第 3 期。

〔2〕 张光直：《中国相互作用圈与文明的形成》，庆祝苏秉琦考古五十五年论文集编辑组：《庆祝苏秉琦考古五十五年论文集》，文物出版社，1989 年，第 1～23 页。

〔3〕 夏鼐：《中国文明的起源》，中华书局，2009 年，第 100 页。

〔4〕 张光直：《说殷代的"亚"形》，《中国青铜时代（二集）》，生活·读书·新知三联书店，1990 年，第 82～94 页。张光直：《青铜挥麈》，上海文艺出版社，2000 年，第 358～365 页。[美] 艾兰：《龟之迷——商代神话、祭祀、艺术和宇宙观研究》，汪涛译，商务印书馆，2010 年，第 95～138 页。[美] 艾兰：《早期中国历史、思想与文化》，杨民等译，商务印书馆，2011 年，第 94～133 页。

〔5〕 苏秉琦：《中国文明起源新探》，生活·读书·新知三联书店，1999 年，第 127 页。

〔6〕 许宏：《最早的中国》，科学出版社，2009 年。许宏：《何以中国：公元前 2000 年的中原图景》，生活·读书·新知三联书店，2014 年。

晋南地区的陶寺文化时期[1]。在 2012~2015 年，韩建业通过对考古材料的梳理，提出公元前 6000 年左右与公元前 4000 年左右分别是"早期中国"的萌芽期与形成期，深入分析了公元前 6000 年~公元前 2000 年前后早期"中国"文化圈的形塑历程。此研究可被视作对严文明、张光直、苏秉琦三位学者有关理论的深入拓展[2]。在 2016 年，李新伟从考古学的角度对新石器时代晚期"最初的中国"的概念、空间与共识的形成进行了理论思辨。认为这是界定中国文明形成的一个重要方面[3]。在 2016 年，张卫星在对秦始皇陵进行的考察中也曾涉及到对"天下"观的分析。他提出始皇陵空间结构所表现出的形式上的四方中心及衍生结构和多层环绕的中心结构，可能就是秦王朝新的天下模式的再现。这种推测值得重视，当然还需要再做深入论证[4]。其他考古学者虽并未明确将"天下观"及相关概念作为课题进行深入研究，但他们对先秦至秦汉时期都城与陵园的结构、布局的探究仍然对该课题具有一定的参考价值。这在笔者的博士学位论文中也曾有过详实的学术史回顾。限于出版字数限制这里就不

---

〔1〕 何驽：《"中"与"中国"的由来》，中国社会科学报，2010 年 5 月 18 日。何驽：《陶寺圭尺"中"与"中国"概念由来新探》，《三代考古（四）》，社会科学出版社，2011 年，第 85~119 页。何驽：《陶寺文化：中华文明之"中正"观缘起》，中国社会科学报，2014 年 11 月 5 日。何驽：《最初"中国"的考古学简析》，北京联合大学考古学研究中心：《早期中国研究（第 1 辑）》，文物出版社，2013 年，第 36~43 页。何驽：《陶寺考古初显尧舜时代的天下观》，中国社会科学报，2015 年 6 月 5 日。

〔2〕 韩建业：《庙底沟时代与"早期中国"》，《考古》2012 年第 3 期。韩建业：《早期中国：中国文化圈的形成和发展》，上海古籍出版社，2015 年。

〔3〕 李新伟：《最初的"中国"之考古学认定》，《考古》2016 年第 3 期。李新伟：《最初的中国：考古学证据及推想》，《读书》2016 年第 7 期。

〔4〕 张卫星：《礼仪与秩序：秦始皇帝陵研究》，科学出版社，2016 年。

再做复述[1]。

　　总之，虽然目前研究"天下"观问题的学者主要以历史学家居多，但美术史、考古学界也开始有学者对该课题及相关概念进行了颇多关注。显然，对此课题的研究在今后或许将逐步增多，并有可能成为国内外美术史与考古学界研究的"焦点"。

　　此外我认为从美术史的角度，这个选题在以下几个层面上，也颇值得再做深思：

　　其一，该选题直接涉及在东周晚期至西汉中期政治与社会转型的历史文化背景下，如何积极地挖掘与选取与该论题密切相关的图像材料，并进而有针对性地分析论文的主题。从研究方法上，此选题并非是直接对一件器物、一幅画面、一组墓葬的研究。相反，与历史学界将诸如酋邦、封建城邦、皇权主义、专制社会、民族国家等词汇作为研讨某一时代政治或社会文化现象的选题相似，该论题也依据从这一时代历史文化背景中衍生的核心词汇"天下"作为关键的认知线索，并通过对与该观念密切相关的美术考古与文献材料进行梳理分析，进而建构和呈现我们对该课题的理解。材料本身不会"说话"，它在特定的历史文化情境中所显现的文化意义、观念与价值，是需要研究学者运用比较适合的研究视角，去主动进行挖掘、分析与破解的。这就需要我们在充分熟悉有关的美术考古材料和文献的基础上，用较为敏锐的视角去挖掘能够作为分析、论证此课题的材料，而非要等到材料自己出现。

　　从某种程度上讲，材料当然是一切研究的基础。但是，那些散布在各处的材料本身并不能自然地构成一种叙事与论证关系。任何时期的材料都不一定能完整地为我们呈现这一时期的历史真

〔1〕　刘晓达：《秦始皇至汉武帝时代对"天下"观念的视觉艺术形塑》，中央美术学院人文学院博士学位论文，2013 年。

实。换句话说，现在所称的"历史"或许仅仅是完整历史中的一个组成部分甚至是"断片"而已。这就需要以问题的导向为中心，积极地寻求各种材料。在某种意义上，材料的发现和拓展，在很大程度上也是基于学者研究视角的改变。比如说，一位明清时期研习宋辽金元绘画史的学者对纯粹的卷轴画材料应该更感兴趣，但对同一时期的寺观壁画、墓室绘画则或许并不太关注，也未必能够将这些材料全部写进正统的绘画史中。然而在当代社会，同样是研究该领域的学者，可能会将该时期的卷轴画、寺观、墓葬壁画，甚至是工艺美术材料均放置在同等重要的位置进行综合探索。为什么会出现这个现象？原因就在于他们要解决的问题以及解决问题所要运用的方法、视角都已经发生巨大变化。因此在一定意义上，新问题和新方法产生于对具体材料的分析。反过来，这些问题和方法又时常能够成为我们发现新材料的工具。而相关的研究，即在这种主体与客体的对话过程中不断推进。这也是研究历史的魅力所在。

从这个意义上讲，无论是对传统材料的重新探寻、解读，还是对新材料的主动选择与分析，都直接关系到这个学科在特定历史时期内发展的新动向与创新意识。陈寅恪曾认为："一时代之学术，必有其新材料与新问题。取用此材料，以求研问题，则为此时代学术之新潮流。"[1]这里的"新"字固然是指以敦煌文书为代表的新发现材料及伴随而来的新问题之破解。但从另外一层意义上讲，运用新颖的研究视角对传统材料进行再解读，乃至探寻不为学者们关注的新材料也是美术史学界必须深思的

---

〔1〕 陈寅恪：《陈垣〈敦煌劫余录〉序》，《中央研究院历史语言研究所集刊》，1930年，第231页。另参阅王汎森：《近代中国的史家与史学》，复旦大学出版社，2010年，第142～183页。

问题，这也体现出美术史学科自身在近年来的不断"发展"。这种发展也是和问题意识之不断深化，研究材料之积极选取，叙述风格与研究视角之更迭，重要学术概念之相应建构等息息相关。因而，作者将在充分熟悉有关基本美术考古材料和文献的基础上，对本书主题进行深入分析。另外，本书要研讨的对象有些当然仍旧属于传统意义上的美术史材料，而有些可能会涉及非传统意义上的美术史材料。无论在问题意识、叙述方式，还是在研究视角上都会相应地产生一些适当的、合乎情理的新变化。

其二，本书也关切到如何运用更为合理的视角和方法去分析论文的主题。由于受传统画史撰述特征的影响，中国美术史写作与叙述方式自唐宋以后就渐渐形成了以绘画表现门类、题材和画家传记作为中心的叙述格套。进入民国以后，受西方文艺复兴以来美术史分类学撰述模式的影响，以绘画、建筑、雕塑、工艺美术等子概念，作为分类标识的"史料"选取和撰写"格套"意识在中国也逐渐趋向于定型，并进而成为引导学者进行研究、写作的入门之径。应该说，依据这一格套进行美术史写作的方式当然会使论文、著作的章节目次更为清晰。同时毫无疑问，这种书写美术史的方式也会解决一些重要的学术问题，并进而推动该学科的整体不断发展，这是值得我们继续尊重、提倡与实践的。但假如考虑到古代中国视觉艺术创作与展现过程中所呈现出的复杂性的话，这种以绘画、建筑、雕塑、工艺美术等概念作为分类标识的美术史史料选取和叙述、写作格套，就会显示出一些不太合理的问题，值得再思考。

举个例子，对于秦汉美术史而言，一些学者一般还是倾向于按照绘画、建筑、雕塑等分类学传统来进行探索。但我们应要看到秦汉美术的一个重要特点，就在于它创作过程与最终呈现的艺术效果比较复杂，并在创作空间、物理材质、使用功能等多个方面展现出不同的呈现特征。譬如，对于汉代陶俑、画像石、青铜雕塑而言，尽管我们在博物馆看到的是一件件陈列在展厅中的艺术品，但如果返回考古发掘现场或仔细阅读考古发掘报告，就会发现它们其实是作为陵墓、祠堂、茔域的一个组成部分存在的。如用传统的分类学视角去看待它们并仅对它们的构图、形式、色彩去进行分析，就可能出现"只见树木，不见树林"的问题。对这些材料在"原境"空间中反映出的丧葬、信仰等论题也就无从下手。对此，一些学者近年来讨论中国古代的青铜器、雕塑、墓室壁画、屏风画、佛教石窟雕塑与绘画的专文中已有研讨。他们同时也对诸如：美术史的"实物"、"原物"、"原境"，美术史与考古学的关系等问题进行过颇多思考[1]。

因而，如果单纯去分析这一时代某件绘画或雕塑作品的形式、风格，当然不会看到它们和"天下"观念的密切关系。但如果能够在研讨中更加侧重对艺术品原境的观察与分析，或许就能够注意到一些视觉作品所显现的特殊观念，毕竟"天下"观念乃是一种对政治文化秩序观念的空间性思

---

〔1〕　巫鸿：《绘画的历史物质性——日文版〈重屏：中国绘画的媒介与表现〉序》，中山大学艺术史研究中心：《艺术史研究（第六辑）》，中山大学出版社，2004 年，第 1～4 页。巫鸿：《图像的转译与美术的释读》，《读书》2006 年第 8 期。巫鸿：《实物的回归——美术的历史物质性》，《读书》2007 年第 5 期。Wu Hung, *The Art of the Yellow Springs——Understanding Chinese Tombs*, Honolulu, University of Hawai'I Press. 2010. pp. 7－16. （中译本参阅巫鸿：《黄泉下的美术——宏观中国古代墓葬》，生活·读书·新知三联书店，2010 年，第 1～12 页。）郑岩：《考古学提供的仅仅是材料吗?》，《美术研究》2007 年第 4 期。郑岩：《古代墓葬与中国美术史写作》，《文艺研究》2011 年第 1 期。刘晓达：《试论中国美术史研究"原境"观念的缺失》，《美术观察》2014 年第 7 期。刘晓达：《中国、美术、美术史、作品：对中国美术史学科若干基本概念的梳理》，《美术学报》2016 年第 3 期。

考。在传统性的对艺术品"原境"剥离的研究方式下，视觉形式所依存的"空间原境"是不太能够被特别注意的。但后者显示出的对作品的另一种"读法"恰恰是与更为深邃的思想观念密切相关的研究法则。如果放宽美术史研究视野，将美术考古材料还原到具体的历史文化情境与考古空间环境中，并注意在这种具有前后逻辑性与结构性关联的历史、空间情境下，作品的材质、形式、大小、体量、空间布局等一系列问题，以期求得在"同情的理解"基础上进行深研。那么，或许就会发现一些在过去不太被注意的认知"线索"。这一线索对于理解那一时代新兴的造型、视觉艺术形式与"天下"观念的联系将具有一定的启发意义。

其三，本书也将努力探寻这一时代前后衍生的视觉艺术在塑造"天下"观念时具有的独特价值，而并不单纯将其看作对某种既有政治概念、文本的被动表达。换言之，它并不仅仅将文献与视觉艺术进行刻板互证，而是希望努力探索作为一种具有独特认知与表现语言的视觉艺术，在建构与呈现这一时期"天下"观念时所产生的能动作用。中心、四方、五服、九服、华夷等天下观研究中的焦点问题虽然在先秦以来的各类文献及近人著作中多有研讨。但更应该看到：视觉艺术形式在表现这一观念过程中或许有其自身的独特表现方式，这与文献对此类概念的理论化思考又有不同。因此，这些原先并未被历史学界关注、但事实上在某种程度上却也反映出"天下"观念的图像是值得特别关注与分析的。这就需要借视觉形式与文本的分析，进一步丰富与深化对该词汇的理解，并努力探索与这一观念联系密切的视觉表现图式是如何塑造此观念。因此该研究也将作为对历史学界研讨此问题的一种回应与思考。

其四，从美术史学科自身发展的角度看，本书似乎也可以提供一个重要的机会，借此重新思考美术史选题、叙述、结构以及它所涉及的基本概念与分类系统。如果仅仅局限于传统美术史研究中的"绘画"、"雕塑""工艺美术"等基本术语和概念，这个学术问题将无法进行有效讨论。这就要求我们去探索有没有对应这一时代的造型、视觉文化传统，并在中国历史文化语境内部衍生出的学术"概念"[1]是否可以作为该论题的名称以及各章节中的二级学术概念[1]。同时，此课题也将促使我们考虑如何在近年来考古发掘出土的古人类遗迹、艺术文物越来越丰富的大背景

下，去重新建构"早期中国美术史"的形状与叙述框架问题。这就需要以"对研究材料的熟悉运用为前提，以学术问题解决为导向，通过对同一历史时段内不同材质的视觉艺术做'整体性'与'原境性'的复原与分析，以使这种解读与该时期重要的焦点问题，如国家起源、城市革命、皇权建构、天下观等做密切对接"。这样一来，这种"总体史"研究就不会仅局限在对单一的绘画、雕塑等视觉媒介的风格分析与思想文化的研究视野中，而能够以更加"原境"与"整体"性的认知视角，将视觉艺术放置在政治与社会结构呈剧烈转型的广阔历史背景中考察，进而注意到这些视觉材料是如何与国家起源、"天下"观、皇权专制等焦点问题建立起交相互动的影响，在此过程中又起到了哪些特有的价值与功能。

事实上，在早期中国的各类视觉艺术中，无论是陶器、玉器、青铜器，还是宗庙、宫殿，抑或是在广阔的空间中被放置的巨型雕塑"景观"，在它们所处的特定历史与考古空间场景中，

---

[1] 在这一点上，葛兆光已对一些学者运用在西方近代以后才衍生出的所谓"民族国家"概念，去分析近代亚洲国家政体变迁的做法进行了批评。参阅葛兆光：《宅兹中国——重建有关〈中国〉的历史论述》，中华书局，2011年，第2~38页。

都与那一时代的政治、礼仪、宗教等视觉形式以外的思潮息息相关。尤其是对于一些耗费了巨大的人力、物力、财力的贵重艺术品，其所呈现的信仰、礼俗文化意义更值得重视。这些形式表现各异的视觉材料，实际上也构成了具有中国思想文化特色的文明形态得以真正诞生的"核心元件"之一。对此，一些来自其他学科的学者已进行了有效探索。如张光直在对商周时期艺术、神话与祭祀的分析中，已充分注意到此时代青铜礼器和其上雕刻的各类动物纹样，在维系政治、祭祀权力与王权观念过程中具有的核心作用[1]。此外就艺术史而言，也有一些学者对视觉艺术在建构中国古代政治、礼仪、思想中的关键作用进行了深刻分析。比如，巫鸿在其著作 *Monumentality in Early Chinese Art and Architecture* 中即运用 Monumentality（"纪念碑性"）一词串联起在中国早期历史文化语境中衍生出的各类具有不同材质的视觉艺术，并将其与这一时代的政治权力、祭祀宗教、思想文化等多方面问题做较为紧密的"对接"[2]。我想上述著作所呈现的叙述方式，也从一个侧面显示出 20 世纪晚期以来，中国美术史写作在选题、视角、叙述、结构、史观上所呈现出的积极变化。

也许正是考虑到上述问题，本书试图在东周至秦汉时代这一政治与社会结构剧烈转型的长时段背景下，将研究视角集中在秦始皇至汉武帝时代前后这一百多年时间内，细致研讨在这一时代衍生出的多种视觉艺术，在皇帝政治观念与意志推动下，如何呈现出与皇权建构密切相关的"天下"观念。同时，本书也会进

---

〔1〕［美］张光直：《美术、神话与祭祀》，郭净译，辽宁教育出版社，2002 年。

〔2〕Wu Hung（巫鸿），*Monumentality in Early Chinese Art and Architecture*, Stanford, Stanford University Press, 1995.［美］巫鸿：《中国古代艺术与建筑中的纪念碑性》，李清泉、郑岩等译，上海人民出版社，2009 年。

一步关注在这一观念被不断建构的过程中，来自地方或边域的视觉材料如何借各种机缘参与、对抗、反馈了这一思维观念的构建。因而在具体写作中，作者将试图初步摆脱对单一绘画、雕塑作品概念的认知与分析，而采取更加"整体"与"原境"的观察视角，通过对有关视觉材料的整体解读，从若干层面去分析论证这一时代多种不同的视觉艺术表现，与反映皇权建构与国家形象展现的"天下"观念是如何建立起密切联系。从这个角度去看，本书固然要研讨秦皇汉武时代的视觉艺术形式所呈现的"天下"观念问题。但同时，也希冀能够借此初步尝试对"早期中国美术史写作"的选题、视角、叙述、结构、方法进行一次有意识的探寻。当然毫无疑问，此课题的研究也试图在交叉学科基础上获得多方面的学术训练，以作为本人在研学道路上的一次有益尝试。

四　材料选取与研究视角

1. 材料选取

在材料选取上，除了学界比较熟悉的在文史研究中都避不开的正史、地方志、文人笔记小说与诗文、金石、简牍、帛书等文献外，这一时期与皇权的构建紧密相关的若干组美术考古材料及重要文献对研究都具有着重要的意义。具体而言，从视觉艺术史的角度讲，可从几个方面来对该论题进行选取探讨：第一，皇帝生前对"天下"空间的视觉建构与表现；第二，皇帝死后的陵墓世界对"天下"空间的模拟与呈现；第三，中央与地方、边域对"天下"进行视觉建构所显现的交融与对抗。

第一，如果从皇帝生前对"天下"这一政治秩序观念的视觉表现去思考，那么可以注意到都城、皇家苑林、巨型雕塑、行宫、出巡立石、驰道与直道这些与皇权建构密切相关的图像是特别值得重视的。虽然这一时期陆续修建的都城咸阳、长安在历史的进程中已然毁灭，但是，随着 20 世纪初考古学家对这两处都城遗迹的系统调查、发掘，使得我们有机会对都城与都城苑林（如上林苑）的空间布局，其内的巨型雕塑与城市、苑林空间的关系以及由此显现的皇帝的政治意图等进行重新思考。咸阳与长安作为这一时期帝王建构其政治权力意志的标志，其各自的建城历史虽然并不局限于秦皇汉武时期，但是如果检索文献，并结合美术考古遗迹的探讨，就会发现在秦皇汉武时代对都城及都城周围苑林的构建，已经成为统治集团借此表达某种政治秩序观念与意图的视觉符号。它们和秦皇汉武时期频繁的、由各类视觉艺术广泛参与的出巡、封禅、祭祀等政治、宗教活动一起构成了那一时代最能显现统治者在生前借以建构"天下"这一政治文化空间观念的视觉材料。而这一时代的皇帝们对都城、都城外苑林的营造也并非孤立的历史现象。相反，它们的营建往往也伴随着一些视觉图像广泛参与的、皇帝在都城之外所进行的出巡、封禅、祭祀等政治、宗教活动。其中有些视觉材料遗迹尚存，有些虽然无存，但有关的文献资料却还比较丰富。这就使得我们有可能对这些材料展开复原式的讨论。这里可能涉及这一时代的皇帝如何通过视觉艺术，在都城及周围营造政治中心，彰显皇权，同时控制四方，借以宣示对整个帝国的控驭等与"天下"密切相关的理论问题。

　　第二，与都城、皇家苑林、巨型雕塑、行宫、出巡立石、驰道与直道等反映地上政治秩序空间观念相对应的，则是这一时期帝王陵墓中所呈现的对现实世界的模拟与政治观念信息。作者认为皇陵中的部分材料可能也与对"天下"观念的表现具有某种联系。秦始皇帝陵与汉阳陵等皇陵陪葬坑、从葬坑出土的各类陶俑、青铜车马、青铜水禽、模拟的自然景观等材料已提供了大量丰富的视觉图像。尤其是最近十几年来在始皇陵、汉阳陵等遗迹中新出土的一些重要的陪葬坑，由于其发掘时间相对较近，学界对这些陪葬坑的形制、空间布局和在其内发掘出的各类器物还没有进行很深入的研讨。因此，这些新出土材料也颇值得我们结合"原境"研究法再进行深入探寻。在一定程度上讲，这些在材质、题材、体量、形式各异的图像材料，在具体的考古空间内，或许也反映出帝王们要表达的某种政治观念与企图，同时也构成了解读那一时代皇帝借此对政治秩序与皇权观念进行建构的重要"道具"。在本书中，作者也将在前人有关研究的基础上，对其中所显现的政治秩序与视觉空间表现等问题加以详细论述。

第三，在秦始皇至汉武帝时代，中央与地方、边域对"天下"观进行视觉建构所产生的交融、对抗、互动问题也颇值得重视。比如战国晚期，在东方齐地颇为流行的八主祭祀（天、地、兵、阴、阳、日、月、四时）就涉及到对天、地、日、月等祭祀空间方位观的思考。这一带有明显祭祀空间观念的礼仪活动在秦至西汉中期也较为频繁地为秦始皇、汉武帝所利用，并成为皇帝参与其中的具有官方色彩的宗教祭祀典礼。考古学家在此地区发掘出土了一些零碎的视觉图像材料，一些学者也据此对其进行了一些研究。结合丰富的历史文献看，这里面或许也蕴含了在秦始皇至汉武帝时代，帝王通过视觉艺术形式广泛参与的"齐地八主"祭祀活动，来体现他们心目对某种政治观念的关切。它可能和这一历史时期统治集团推动的太一、后土等带有国家礼典性质的祭祀视觉活动，一起显示了来自地方的对天地、四方空间的祭祀意识，如何借统治者之手被转化为宣示其统治"天下"合法性的思考。

无独有偶，在20世纪80年代以来陆续发掘的广州南越王墓、南越王宫苑遗址中，也出土了一些有意味的材料。如南越王墓葬前室东耳室出土镌刻有"文帝九年乐府工造"铭文铜勾鑃，主墓室出土"文帝行玺"金印、带有"帝印"字样的玉印以及在南越国宫苑遗址之蓄池、曲流石渠遗迹中出土的大量带有"万岁"字样的瓦当等资料。如果结合南越王墓、南越宫苑遗址的形制、布局进行综合解读，就会发现：秦汉之际，岭南地区统治集团赵氏一方面积极吸收、接纳中原王朝一整套的皇室礼仪与丧葬文化传统，但另一方面也会在某种程度上对独立国家，甚至是"天下"等政治观念进行思考或觊觎。因此上述的那些带有明显政治色彩的器物、文字也值得注意。

随着本书写作的不断深入，与该课题息息相关的一些零碎但比较重要的美术考古材料，如这一时代帝王进行出巡、祭祀与封禅使用的石刻碑文、祭祀遗迹等视觉元素，秦始皇在统一六国后所开设之直道、驰道和所修建之长城，普通民众使用的式盘、铜镜、瓦当等与"天下"观念具有一定联系的"器物"等也都将进入到本书的研讨中。但在具体写作中，作者将不会采取材料罗列与铺陈的方式，而是在对这个专题进行细致分析与论述过程中，以对文献与美术考古材料的严谨考证、剪裁、分析为基础，并始终围绕"秦皇汉武时代的帝王如何借视觉艺术来建构与呈现'天下'观念"这一核心问题进行分析。这也是全书论述的核心。以上列举的所有基础资料均在作者博士学位论文里有过严谨的整理与综述，此不赘言[1]。

2. 研究视角与方法

（1）中、长时段

和历史学相似，中国美术史写作一般更习惯于以王朝更替作为时代划分的必要手段。这在从事断代美术史研究的学者著作中表现得尤为显著，如汉代画像石研究、唐代墓室壁画研究等等。这种划分当然有其存在的合理性。然而，这种粗略按照朝代变迁

壹 本书选题的确立与意义

---

〔1〕 参阅刘晓达：《秦始皇至汉武帝时代对"天下"观念的视觉艺术形塑》，中央美术学院人文学院博士学位论文，2013年。

次序来划分美术史时代的做法，对于解读某一王朝分期前后的历史、文化与艺术的延续性发展与观念变化，可能会造成一定的消极影响。比如，在某一王朝中晚期才出现的文化、艺术现象并不会随着这个王朝的消亡而归于沉寂。相反，伴随着新王朝的建立，它们可能会继续延续一段时间。因此，如果按照这种刻板的王朝兴衰分期模式来研讨这些文化艺术形态的话，对以上问题的讨论就会被人为的割裂。近年来，已有学者对这一刻板的历史分期法进行了反思[1]。就秦汉史研究而言，雷戈在参照法国年鉴学派提出"中时段"这一重要的历史学概念基础上，曾提出"后战国时代"这一思想史概念，并将战国结束至汉初文、景时期在社会、思想结构产生较大变化的七、八十年间纳入到他论述的时段序列中[2]。就目前看来，其后的汉武帝时代虽然已和秦始皇时代相距大概70余年，但秦始皇统治时期已经草创的具有鲜明皇权主义建构特征的政治、经济、军事、思想等诸多策略，在汉武帝时代前后却得以进一步确立、完备，很多问题也是在汉武帝时代才最终解决的。如杜正胜即认为这种以凸显皇帝权威，构建"编户齐民"式郡县制社会结构的最终定型当以汉武帝时代为下限[3]。此外，甘怀真在论述秦汉时期祭祀礼仪所显现的"天下"政体问题时，就将秦帝国的建立至西汉中后期，元、成二帝进行儒教化郊祀礼改革之前这一百多年时间整合在一起[4]。如按照法国年

----

〔1〕　张广达：《史家、史学与现代学术》，广西师范大学出版社，2008年，第57～133页。

〔2〕　雷戈：《秦汉之际的政治思想与皇权主义》，上海古籍出版社，2006年。雷戈：《道术为天子合：后战国思想史论》，河北大学出版社，2008年。

〔3〕　杜正胜：《编户齐民：传统政治社会结构之形成》，台北联经事业出版公司，1990年，第5～6页。

〔4〕　甘怀真：《秦汉天下政体——以郊祀礼改革为中心》，《新史学》第16卷第4期。

鉴学派的看法，这种划分其实属于研究一个社会结构时间，亦即中时段。以示和地理时间（长时段）、历史时间（短时段）加以区别。雷戈进一步指出：中时段的时间定位大体在百年左右，其伸缩尺度最好控制在 70～130 年左右[1]。这种界定也正好和秦帝国建立（公元前221年）到汉武帝去世（公元前87年）前后这 130 年左右的时段界定吻合。因此，本书在探索秦始皇至汉武帝时期对"天下"观的视觉表现时，也基本采纳上述学者的"中时段"划分。同时也会进一步致力于将以上研究放置在东周至秦汉政治与社会结构转型这一"长时段"的历史情境中。

（2）"原境"视角与综合"提取"法

前文曾指出：古代艺术品在创作时并非孤立存在，而是伴随着一整套与艺术品创造者或使用者联系密切的事件、礼仪、材质、空间、思潮等历史、考古情境同时出现，并被创作于一个具体的物质与时空场所中。它在具体的时空情境下可能又会与作者、赞助人、观众及其他媒介空间共同构成了独特的历史"场域"。如果要对这件艺术品进行客观研讨，也就不能忽视此艺术品的"原境"问题的反思。

对此，众多学者都曾做过颇多思考。比如汪荣祖就认为："历史世界属于精神世界，史家阐释个别历史事件或人物，也就必须要重建这些个体的最原始解释，理解的目的是深入内心，重新发现历史行动的意义。而理解的方法则是将人和事，放在影响个体的整体中去理解。"[2]李峰也将历史划分为历史记述与历史研究两类。他认为："就后者而言，历史学基本上是一门解释的

---

[1] 雷戈：《秦汉之际的政治思想与皇权主义》，上海古籍出版社，2006年，第2页。雷戈：《道术为天子合：后战国思想史论》，河北大学出版社，2008年，第37页。

[2] 汪荣祖：《史学九章》，生活·读书·新知三联书店，2006年，第187～188页。

学科。它是一个有关过去所发生的事情之间关系，以及诸多事情为何如此联系起来的一个解释系统。这种解释之所以能够存在，是因为历史的发展背后有一种逻辑的关系，而同一时间发生的事情之间有一个结构性的联系。由于这种逻辑性和结构性的存在，历史的发展有其可推测性或可预见性（这并不排除偶发事件的存在）。从另一个方面讲，个别的历史事件只有在整体的逻辑结构，也就是说历史的背景联系中才有意义。"[1]无独有偶，伊恩·霍德和司格特·哈特森在研讨考古出土器物与情境之关联时也同时认为："如果能知晓器物的'情境'的话，器物就不再是完全沉默的了。意义的线索隐藏在情境之中，对意义的阐释受制于对'情境'的阐释。"[2]巫鸿在 20 世纪 80 年代末期陆续提出，并早已为学术界普遍知晓的"中层研究（middle level analysis）"、"建筑与图像程序（architectural and pictorial program）"、"作品的历史与物质性"等"原境"法研究思想也值得特别注意[3]。这些思想虽不是研究美术史问题的唯一方法，但都可为这

---

〔1〕　李峰：《西周的政体——中国早期的官僚制度和国家》，吴敏娜、胡晓军、许景昭、侯昱昭译，生活·读书·新知三联书店，2010 年，中文版序第 1 页。

〔2〕　［美］伊恩·霍德（Ian Hodder）、司格特·哈特森（Scott Hutson）：《阅读过去》，徐坚译，岳麓书社，2005 年，第 4 页。

〔3〕　参阅 Wu Hung, *The Wu Liang Shrine：The Ideology of Early Chinese Pictorial Art*, Stanford, Stanford University Press, 1989, pp. 69 - 70. 巫鸿：《国外百年汉画研究之回顾》，《中原文物》1994 年第 1 期。［美］巫鸿：《敦煌 323 窟与道宣》，［美］胡素馨（Sarah E. Fraser）《佛教物质文化——"寺院财富与世俗供养"国际学术研讨会论文集》，上海书画出版社，2003 年，第 333 ~ 334 页。巫鸿：《美术史十议》，生活·读书·新知三联书店，2008 年。Wu Hung. *The Art of the Yellow Springs——Understanding Chinese Tombs*, Honolulu, University of Hawai'I Press, 2010, pp. 7 - 16. ［美］巫鸿：《黄泉下的美术——宏观中国古代墓葬》，施杰译，生活·读书·新知三联书店，2010 年，第 1 ~ 12 页。

个论题带来必要启示。

既然视觉艺术形式被创造于由各种不同的人物、事件、物质所建构的考古与视觉文化空间中，并和上述种种媒介发生着交相互动式的关联。那么在这个具体的历史时段内，仅仅对某一种视觉媒介进行关注，就不一定能够将这些思想、趣味或价值立体而完整地呈现出来。这就要求我们在观察某一时段内的视觉艺术现象时，能够结合文献，以"整体性与原境性"的视角，对这些视觉艺术材料进行复原与诠释。因此，在本书涉及到对这一时代都城、苑林、皇陵等美术考古遗迹的研究时，将特别注意研讨视觉艺术图像在历史与考古"原境"中的布局、材质、形式、色彩、尺寸、大小、空间放置位置等基本因素。

此外，考虑到秦皇汉武时代对"天下"观念的视觉表现有些时候在一个整体的空间中，是比较隐晦地杂糅在其他图像、思想之中的，如果直接对其分析就显得比较突兀。因此，本书也试图运用整体与原境性视角，对有关材料进行综合性扫描，并希冀在此基础上敏锐提取其中显现"天下"观念的图像表现形式。譬如：我们如要提取一件铁矿石材料中的铁元素，那么首先就要对这件铁矿石做一个整体的观察、分析，搞清楚哪些是杂质，哪些是铁元素。故而，本书有些章节的讨论即会采取这种方法对有关问题进行综合"提取"分析。

（3）与材料、问题相关的学术概念之提出

正如本书在前文指出的，如果局限于"绘画"、"雕塑"、"工艺美术"等传统的术语和概念，该选题将无法进行有效讨论。这就要求我们探索有没有在中国历史文化内部生成的学术"概念"，可以对应某一历史时期衍生的造型、视觉艺术语言。前文已经指出，在战国至秦汉中期这一政治与社会文化转型的关键时期，"天下"一词已经成为当时皇帝与官僚社会流行的关键词。它的重要意义在于显示了当时以皇帝、官僚等为代表的古代中国人对中心、四方、内外、华夷等观念的理解。而这种观念当然可以显示在理论性的文本建构中，但同时也可以由一些独特的视觉艺术形式加以呈现。换言之，这一在战国至秦汉时期渐渐盛行的关键性"政治词汇"，是可以和这一时代由皇室直接推动建构的新兴造型、视觉形式建立起某种内在的逻辑联系的。因此，本书在论述过程中也会广泛研讨在秦皇汉武时代，各类形式表现多样的视觉材料是如何建构或呈现了"天下"观念，并随之提出一些与之密切相关的学术概念，比如中心、四方、威仪、缩微景观、祥瑞图像等语汇作为本书论题的有力支撑。

　　（4）分层次推进与历时性研讨

　　本书采取分专题论述，每章所研讨的问题都能独立成篇。但由于该论题是放置在一个具体的历史演进时段下，因此，作者也将致力于促使本文每章节之间能够具有引导论题不断向前递进与深入的结构编排与论析特征。作者也希望将论题放置在历时性时段叙述框架下，即在东周至秦汉政治与社会结构转型的大背景下，研讨从秦始皇至汉武帝时代，每个历史时期的视觉艺术是如何建构或呈现了"天下"观念，在这一展现过程中有没有其他的思想观念被融入其中或与之关联。而在不同的时间、空间中被塑造的视觉形式又是如何凸显、建构与呈现"天下"观念的视觉特征与价值意义。因此，虽然本书各章节讨论的具体问题侧重多有不同，但它们都服务于同一个论述主题，即"秦皇汉武时代的视觉艺术如何展现以帝王为中心的'天下'观念"。由此，从相互衔接的结构编排来看，它又具有历时性论述与理论思辨的总体特征。

贰　秦始皇时代的"天下"观与视觉空间形塑

公元前221年秦的统一六国标志着中国自东周以来，列国相互攻伐倾轧时代的结束与秦汉帝国时代的开端。本书虽主要研讨秦始皇至汉武帝时代对"天下"观念的视觉艺术表现与观念呈现问题。但正如作者在绪言部分指出的，这一历史时段同时也可被看作中国自东周以后从"王国时代"到"帝国时代"政治与社会转型过程的一个组成部分。换句话说，它是在这一长时段的转型过程中最终呈现出的"历史形象"。因此在本章中，对此前一段时期内一些重要的政治、文化观念的重新检视，以及对与之伴随而来的视觉艺术形式的变化问题进行扼要分析，也应当被引入此研究视域中。同时，也将进一步地论述在此种变局中，统一六国后的秦王朝如何通过视觉艺术在广袤的帝国疆土上，对与皇权建构联系密切的"天下"观念进行建构与呈现的历史进程。

一　周秦之际的中心、威仪观与视觉展现

从某种程度上说，作为被卡尔·雅斯贝尔斯（Karl Jaspers）归类为"轴心时代"的春秋、战国时期虽然属于中国历史上最为混乱的分裂时代之一，但在这不断征伐、阴谋、权变、变革、流血的背后，也同时孕育着日后对中国政治与思想文化产生重大

影响的思维理念与视觉形态。如以长时段的历史视角看，从春秋、战国所谓"礼乐征伐自诸侯出"的王国分裂时期到秦汉所谓"天高皇帝近"的统一帝国时期，也正是中国古代皇权观念慢慢开始形成的转型期[1]。一些渊源自周代贵族文化传统、但在新的时代变局面前又具有别样意义的政治观念也在这一时期获得了新的意义诠释。譬如在这一时期，强调贵族容仪、威严，建构高下、等级秩序的"威仪观"思想，虽然最早是从西周贵族礼仪观念发展而来，但在政治与社会结构呈剧烈转型的春秋、战国时期，却也在某种程度上蕴含了凸显中心意识、体现新兴君主威严的思想理念[2]。它对于理解秦皇汉武时期对"天下"观念的视觉表现也有直接的参照意义。

对于"威仪观"，甘怀真曾有比较准确的界定："威仪观强调支配须借由统治者的身体为媒介。统治者作为理想的人格者，借由其身体的仪态，包含语言以及与仪态配合的器物（所谓礼器），以展示所谓威仪。威仪观也预设了只要支配者的身体能实践威仪的规范，被支配者自然会顺服其支配。此支配关系的预设之所以能成立，是因为人们相信可以藉由威仪的实践（包括身体仪态的表演与礼器的使用），而与宗教的神圣领域相联系，而此种宗教的力量可以保证支配体制。"[3]他通过援引《左传·襄公

[1] 雷戈：《秦汉之际的政治思想与皇权主义》，上海古籍出版社，2006年，第15～22页。

[2] 对于先秦时期"威仪观"的研究，参阅杜正胜：《从眉寿到长生——中国古代生命观念的转变》，《"中研院"历史语言研究所集刊》，1995年，第416～422页。甘怀真：《皇权、礼仪与经典诠释——中国古代政治史研究》，台北财团法人喜玛拉雅研究发展基金会，2003年，第15～16页。曹建墩：《先秦礼制探赜》，天津人民出版社，2010年，第226～238页。

[3] 甘怀真：《皇权、礼仪与经典诠释——中国古代政治史研究》，第15～16页。

三十一年》中北宫文子与卫侯之间的一段对话进一步说明了这个问题：

> 有威而可畏谓之威，有仪而可象谓之仪。君有君之威仪，其臣畏而爱之，则而象之，故能有其国家，令闻长世。臣有臣之威仪，其下畏而爱之，故能守其官职，保族宜家。顺是以下皆如是，是以上下能相固也……《周书》数文王之德，曰："大国畏其力，小国怀其德。"言畏而爱之也。《诗》云"不识不知，顺帝之则"……文王之行，至今为法，可谓象之。有威仪也。故君子在位可畏，施舍可爱，进退可度，周旋可则，容止可观，作事可法，德行可象，声气可乐，动作有文，言语有章，以临其下，谓之有威仪也。[1]

从以上甘怀真的论述及他援引的文献，可以看出以下几个层面的问题：其一，"威仪"效果的出现需要以理想中的统治者在一个特殊的礼仪空间场所，通过服饰、言行、举止等规范化的仪态作为其重要的表现焦点；其二，作为"威仪"展现焦点的统治者需凭借自身的仪态，以及一些重要的视觉媒介作为道具来强化这一"威仪"；其三，威仪观所呈现的思想实际上是一种尊卑、等级观念，并在言语、仪态、周旋、进退中呈现其个人的精神、气度与威严。尽管从理论层面上讲，在天子治下的各级贵族也需保有威仪，但建构"威仪观"的重要目的之一却是强调君主的威严性以及彰显君臣的等级秩序观念。

实际上，在东周至秦汉之际形成的有关展现理想君主"威仪"观念的史料很多，北宫文子与卫侯之间的这段对话也并非孤证。值得注意的是，在西汉中期以后逐渐成书、旨在宣扬春秋大一统观念的《春秋繁露》也同样讨论了有关威仪观的问题：

---

〔1〕 杨伯峻：《春秋左传注》，中华书局，1981 年，第 1193 ~ 1195 页。

天地之生万物也以养人，故其可适者以养身体，其可威者以为容服。礼之所为兴也。剑之在左，青龙之象也。刀之在右，白虎之象也。韍之在前，赤鸟之象也。冠之在首，玄武之象也。四者，人之盛饰也。夫能通古今，别然不然，乃能服此也。盖玄武者，貌之最严有威者也，其像在后，其服反居首，武之至而不用矣。圣人之所以超然，虽欲从之，末由也已。夫执介胄而后能拒敌者，故非圣人之所贵也，君子显之于服，而勇武者消其志于貌也矣。故文德为贵，而威武为下，此天下之所以永全也。[1]

这段文献虽未明言国君的威仪观，但却较为系统地注意到包括国君在内的贵族在特殊的空间中，通过各种仪态、舆服、修饰等视觉元素来展现威仪空间的可能。尤其是最后一句话所谓"故文德为贵，而威武为下，此天下所以永全也"很明显是针对统治者如何更为合理地建构威仪观以便控制"天下"而说的。而在西汉时期成书的《礼记·明堂位》中，则更为明确地勾画了理想的君主如何与臣僚、诸侯通过特定的空间、仪态甚至是道具来体现一种等级化的政治秩序威仪观念：

天子负斧依，南向而立。三公，中阿之前，北面，东上。诸侯之位，阼阶之东，西面，北上。诸伯之国，西阶之西，东面，北上。诸子之国，门东，北面，东上。诸男之国，门西，北面，东上。九夷之国，东门之外，西面，北上。八蛮之国，南门之外，北面，东上。六戎之国，西门之外，东面，南上。五狄之国，北门之外，南面，东上。九采之国，应门之外，北面，东上。四塞，世告至。此周公明堂

---

[1]　苏兴：《春秋繁露义证》，钟哲点校，中华书局，1992年，第151～154页。

之位也。明堂也者，明诸侯之尊卑也〔1〕。

在战国晚期以后逐渐成书的《荀子》、《吕氏春秋》、《淮南子》中，也同样存在对理想化的君主所处政治空间、场景及所展示威仪的视觉化描写。如《荀子·正论》中即言："天子者，势位至尊，无敌于天下。夫有谁与让矣？道德纯备，智惠甚明，南面而听天下，生民之属莫不振动服从以化顺之。"〔2〕而在《吕氏春秋》、《礼记·月令》、《淮南子》等文献中则更为系统化地探讨了君主在一年四季，甚至在每一季节中的每一个月该居住在用于宣示政令的殿堂中的哪间房屋中，要穿戴什么颜色的冕服，要吃什么样的食物，要带领大臣举行什么样的政治和礼仪活动。如《吕氏春秋·孟春季第一》即言："一曰：孟春之月……天子居青阳左个，乘鸾辂，驾苍龙，载青旗，衣青衣，服青玉，食麦与羊，其器疏以达……立春之日，天子亲率三公、九卿、诸侯、大夫，以迎春于东郊；还，乃赏公卿、诸侯、大夫于朝……"又，《淮南子·时则训》亦言："孟春之月……其位东方……天子衣青衣，乘苍龙，服苍玉，建青旗，食麦与羊，服八风水，爨其燧火……朝于青阳左个，以出春令。布德施惠，行庆赏，省徭赋。立春之日，天子亲率三公、九卿、大夫以迎岁于东郊……"〔3〕

---

〔1〕　［清］孙希旦：《礼记集解》，沈啸寰、王星贤点校，中华书局，1989年，第839～841页。

〔2〕　［清］王先谦：《荀子集解》，沈啸寰、王星贤点校，中华书局，1988年，第331页。

〔3〕　这方面的文献太多，在此不一一列举，请参阅许维遹：《吕氏春秋集释（上册）》，中国书店，1985年，第1～459页。［清］孙希旦：《礼记集解》，沈啸寰、王星贤点校，中华书局，1989年，第399～438、439～464、465～505页。刘文典：《淮南鸿烈集解（上册）》，冯逸、乔华点校，中华书局，1989年，第379～442页。

贰　秦始皇时代的"天下"观与视觉空间形塑

虽然有的学者认为自春秋以降，强调贵族容仪、等级的威仪观已经开始式微[1]。但却同样可以看到，从《左传》、《礼记》、《吕氏春秋》、《淮南子》、《春秋繁露》等东周晚期以后成书的文献多次记述"威仪观"等相关思想来看，面对传统的周王统治秩序已然崩溃，政治与社会秩序结构呈现"道术为天下裂、诸子皆王官、天高皇帝近"的新时代。当时的知识集团仍旧希望借传统威仪观的外壳来强调在新的时代情境中，如何建构理想型的君主权威观念，并希望借此形式重新建构以理想的君主为"中心"的君权、尊卑、高下、等级观念，用以呈现对君主威仪的诠释。这种对中心、威仪观念的强调尤其值得注意。

此外，正如一些学者已经反复指出的，在中国商周之际即已形成所谓四土、四方、四至与内服、外服的概念[2]。而周代以后一些文献中对天子统治"天下"空间层次所做更为明晰的界定，无论是《尚书·禹贡》中的所谓"五服"（甸服、侯服、绥服、要

---

〔1〕 曹建墩：《先秦礼制探赜》，天津人民出版社，2010 年，第 236～238 页。

〔2〕 胡厚宣：《论五方观念及"中国"称谓之起源》，胡厚宣：《甲骨学商史丛初集（第 2 册）》，齐鲁大学国学研究所，1944 年，第 383～390 页。陈梦家：《殷墟卜辞综述》，中华书局，1988 年，第 319～320 页。李学勤：《商代的四风与四时》，《中州学刊》1985 年第 5 期。邢义田：《天下一家——中国人的天下观》，刘岱主编：《中国文化新论·根源篇·永恒的巨流》，生活·读书·新知三联书店，1991 年，第 425～478 页。宋镇豪：《夏商社会生活史（上册）》，中国社会科学出版社，1994 年，第 32～42 页。邢义田：《从古代天下观看秦汉长城的象征意义》，《燕京学报》2002 年第 13 期。罗志田：《先秦的五服制与古代的天下中国观》，《学人》第 10 辑，1996 年，第 367～400 页。宋镇豪：《论商代的政治地理架构》，陈祖武主编、中国社会科学院历史研究所学刊编委会：《中国社会科学院历史研究所学刊（第 1 辑）》，社会科学文献出版社，2001 年，第 6～27 页。林欢：《晚商"疆域"中的点、面与块》，陈祖武主编、中国社会科学院历史研究所学刊编委会：《中国社会科学院历史研究所学刊（第 3 辑）》，商务印书馆，2004 年，第 67～83 页。

服、荒服），还是在《周礼·夏官》等文献中被慢慢丰富化了的所谓"九服"概念（或称九畿：王畿、侯服、甸服、男服、采服、卫服、蛮服、夷服、镇服、藩服），也都是以天子所处的都城王畿——这一他统治"天下"世界的"中心"，而构成其"天下"理论建构的前提条件的。失去了这个特定的"中心"，所谓的内外服、五服、九服就都没有了存在的意义和价值[1]。这也就是罗志田所称的中国自先秦以来就存在有所谓详近略远、向心性的国土观念[2]。而通过上述这些"规划"，与君主联系密切的周、秦时代的"士"也就大致为理想的君主"框定"出一种理论化的政治空间统治秩序。这一点也正如王健文所言："空间也是概念籍以实现的重要依据，人世间的权力结构，往往具体的呈现在空间格局之中。一方面空间是行使礼仪的场所，为了配合礼仪，空间的配置乃相应有了礼制的内涵。另一方面，空间格局本身就体现了权力结构。"[3]而从视觉艺术史的角度看，伴随着春秋、战国以后强调凸显君主权力与威仪等政治文化观念的新发展，也可以明显看出那一时代的各国君主所使用的建筑在视觉空间上的形式变化。

也就是从春秋晚期开始，一些高耸入云、装饰华美、体量巨大的高台等立体空间建筑开始被各国国君大量建造和使用[4]。

〔1〕 ［清］孙星衍：《尚书今古文注疏》，陈抗、盛冬铃点校，中华书局，1986年，第202~206页。［清］孙诒让：《周礼正义》，中华书局，1987年，第2292~2293、2684~2690页。［汉］郑玄注，［唐］贾公彦疏：《周礼注疏（中册）》，上海古籍出版社，2010年，第1104~1105页。

〔2〕 罗志田：《先秦的五服制与古代的天下中国观》，《学人》第10辑，1996年，第367~400页。

〔3〕 王健文：《奉天承运——古代中国的"国家"概念及其正当性基础》，台北东大图书股份有限公司，1995年，第20页。

〔4〕 参阅李如森：《先秦古城演变和汉长安城模式确立》，《北方文物》1994年第1期。Wu Hung（巫鸿），*Monumentality in Early Chinese Art and Architecture*，*Stanford*，Stanford University Press，1995.（转下页注）

正如杨鸿勋所认为的，高台建筑虽已在殷商时期已经出现，但那时候还只是略具雏形，和东周晚期大量营造的那些高耸入云、装饰华美、体量巨大的高台建筑不可同日而语。换言之，这些体量巨大、形式特殊的视觉形式在这之前的时代是较少建造的[1]。在这一由"王国时代"到"帝国时代"转型的关键时期，它本身也同时具有展现君主政治权力、威仪观念的职能。如文献记载宋平公、齐景公、卫灵公、晋灵公、楚灵王、燕昭王、吴王夫差等东周时期的诸侯国君都曾经不约而同的建造具有三维空间感的立体高台建筑[2]。而这些建筑也往往能够成为这些国君们进行重大外交活动，并借视觉空间炫耀武力、凸显政治威仪的绝佳场所。如《史记》就明确记载了战国晚期，秦昭王曾在渭水南岸的章台上威胁楚怀王就范的重要事件："楚王至，则闭武关，遂与西至咸阳。朝章台，如蕃臣，不与亢礼。"[3]同样，在战国中期辩士苏秦与楚威王的一段对话中，也体现了秦国君主借章台象征权力中心与君主威仪空间的意味："夫以楚之疆与王之贤，天下莫能当也。今乃欲西面而事秦，则诸侯则莫不西面而朝于章台之下矣。"[4]此外，贾谊在《新书》中也记述楚王在高大、华美的章华台宴请翟国的使节借此炫耀楚国国威的情节："翟王使使至楚，楚王欲夸之，故飨客于章华之台上，上者三休而乃至其上。楚王曰：'翟国亦有此台乎?'使者曰：'否。翟，窭国也，恶见此台也。翟王之自为室也，堂高三尺，壤陛三累，茅茨弗翦，采椽弗刮。且翟王犹以作之者大苦，居之者大佚，翟国恶见

---

pp. 102－104.（中译本见［美］巫鸿：《中国古代艺术与建筑中的纪念碑性》，李清泉、郑岩等译，上海人民出版社，2009 年，第132～133 页。）

〔1〕 杨鸿勋：《宫殿考古通论》，紫禁城出版社，2009 年，第60 页。

〔2〕 ［宋］李昉等：《太平御览》，中华书局，1960 年，第861～865 页。

〔3〕 ［汉］司马迁：《史记》，中华书局，1959 年，第1728 页。

〔4〕 ［汉］司马迁：《史记》，中华书局，1959 年，第2259 页。

此台也！'楚王愧。"[1]虽然经考古学家发掘、确认，在湖北潜江龙湾镇残存的楚章华台目前仅留存 1.5～3 米左右的夯土台遗迹[2]。从历史记述看，楚灵王宴请翟国使节最终结局也颇为扫兴与尴尬，但从中亦可看出发轫于春秋时期的"高台"形式做为展示诸侯国君主威仪、塑造国家政治话语权力的"道具"在周、秦之际的政治文化观念中所显现的重要象征意义。

与文献记载相对应的是，在考古发掘出土的这一时期各国都城遗迹中，我们也能够注意到在这些遗址的中心部位，也同样存在着高台建筑夯土遗存。比如，在由大、小两座城垣共同构成的齐国临淄都城遗址内，位于具有宫城性质的小城遗址北部偏西部，就存有被称作"桓公台"的 14 米夯土高台及附属建筑群遗迹。据考古报告显示：该遗址呈椭圆形，南北 86 米，高台遗址的台面虽然已失去原有外形，但仍然可以看出它由三层构成。南面缓坡，其余三面陡峭，东、北两面外侧 150 米由具备护卫性质的河沟环绕。桓公台周围则又分布大量的小型夯土基址。据发掘报告分析以桓公台为中心的建筑遗存应为齐国统治者居住的大型宫殿遗址。该遗迹也在某种程度上显示出东周以后的"高台"建筑所具有的展现权力、威仪中心的功能（图 2－1）[3]。

〔1〕 [汉] 贾谊：《新书》，阎振益、钟夏校注，中华书局，2000 年，第 284～285 页。

〔2〕 参阅《中国文物报》，2000 年 2 月 23 日。杨鸿勋：《"天下第一台"——楚灵王章华台的考古学初探》，收录杨鸿勋：《杨鸿勋建筑考古学论文集》，清华大学出版社，2008 年，第 171～175 页（该文另刊杨鸿勋：《宫殿考古通论》，紫禁城出版社，2009 年，第 143～151 页）。

〔3〕 山东省文管会：《山东临淄齐故城试掘简报》，《考古》1961 年第 6 期。群力：《临淄齐故城勘探纪要》，《文物》1972 年第 5 期。山东省文物考古研究所：《临淄齐故城》，文物出版社，2013 年。刘敦愿：《美术考古与古代文明》，人民美术出版社，2007 年，第 362～380 页。杜正胜：《古代社会与国家》，台北允晨文化实业股份有限公司，1992 年，第 628 页。

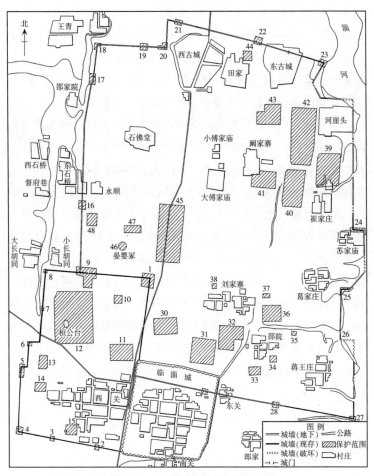

图 2 - 1　齐国临淄都城遗址平面图

（采自山东省文物考古研究所：《临淄齐故城》，文物出版社，2013 年，第 11 页，图四）

　　当然这一时代齐国统治者借高台建筑展示其政治权力的场所应该不止于此。如《晏子春秋》就详细记述了春秋晚期齐景公时频繁营造诸如大台、柏寝台等展现其个人政治欲望的高台式建筑[1]。而在河北易县燕下都故城遗迹的东城宫殿区中，考古学家也发掘出诸如武阳台、望景台、张公台、老姆台等高度在数十米左右的宫殿式高台建筑群。据考古报告显示，这些建筑遗址均坐落在由南向北的中轴线上。武阳台夯土台基是这组宫殿群的中心建筑。坐落在武阳台村西北角，高出地面约11米，分为上下两层，下层高约8.6米，近方形。上层向内收缩4～12米，高约2.4米。此夯土台附近还出土制作精美、考究的双龙饕餮纹半圆形瓦当、板瓦、筒瓦等材料，带有明显的燕国王室风格。而高度在数米至数十米不等的望景台、张公台、老姆台等其它高台遗址也依次布列于武阳台之后或其周围[2]。

无独有偶，在河北邯郸赵王城遗迹内的宫殿区中，同样可以窥见以龙台、南将台、北将台为代表的高台建筑群。以位于邯郸赵王城西部的龙台建筑群为例。此建筑群依南北中轴线的格局，依次布列了3座巨大的夯土高台建筑。1号夯土台位于西城中部偏南，形制最为高大，又被称为"龙台"。台基呈方形，南北296米、东西264米、高16.3米。从规模与位置上看，似乎是君主举行重要政治、礼仪活动之朝宫。2号夯土台在1号夯土台北面215米处。台基方形，东西58米，南北55米。3号夯土台在2号夯土台以北228米处。现存台基亦为方形，东西长61米，南北长60米[3]。以上所举这些建筑遗存虽然仅余些许夯土台基，

---

〔1〕 吴则虞：《晏子春秋集释（上册）》，中华书局，1982年，第111、115、118页。

〔2〕 参阅河北省文化局文物工作队：《河北易县燕下都故城勘察和试掘》，《考古学报》1965年第1期。河北文物研究所：《燕下都》，文物出版社，1996年。

〔3〕 参阅［日］驹井和爱：《邯郸——战国时代赵都城址的发掘》，东亚考古学会，1954年。邯郸市文物保管所：《河北邯郸市区古遗址调查简报》，《考古》1980年第2期。河北省文物管理处、邯郸市文物保管所：《赵都邯郸故城调查报告》，《考古学集刊》，第4辑，（转下页注）

历经风雨的洗刷也使其早已失去昔日的雍容、浮华与荣光，但这些残存遗址仍依稀透露出君主借高台建筑发布政令、举行礼典、展现威仪的历史场景。它们也在某种程度上呈现出对君主权力、威仪进行强调的新式视觉追求。在这些已经逝去的君主脑海中，这些由奠立在巨型夯土台基之上的高台式宫室建筑就是君主政治权力空间展现的焦点与中心所在。

从某种程度上讲，这些考古遗存所呈现出的对新视觉形式的追求和相关重要文献都显示出至迟在春秋晚期，以"高台"建筑为代表的全新的空间形式趣味已被那一时代的各国君主们广泛采纳。尽管在有的时候这种做法又常常会招致臣下的批评。例如面对春秋晚期楚灵王六年（公元前535年）建造的章华台，伍举就曾对得意非凡的楚灵王进行劝谏[1]。而面对齐景公建造的各类高台式建筑，晏婴也曾经对其行为进行规谏[2]。但这种批评对各诸侯国君营造彰显其政治权力的高台建筑行为常常无济于事。无论如何，这种新式的空间建筑都暗示出极具野心的国君们可以凭借这些外表威严、华美，但又具有视觉震慑力的空间形式去展现权力与威仪的心态。在他们的脑海中，尽管自己只是一个地方上的诸侯国君，其统治的疆域、控制的人口、钱粮、物产和拥有的军力也相对有限，但这并不妨碍他们借"高台"这一新兴的"视觉景观"形式去展现自己所在的场域便是"天下"中心的政治觊觎。除前文所举有关史料外，一些学者也同时注意到

中国社会科学出版社，1984年，第162～195页。河北省文管处、邯郸市地区保管所、邯郸市文保所：《河北邯郸赵王陵》，《考古》1982年第6期。文物编辑委员会：《文物考古工作三十年（1949～1979）》，文物出版社，1979年，第41页。

[1] 徐元诰：《国语集解》，中华书局，2002年，第493～497页。

[2] 吴则虞：《晏子春秋集释（上册）》，中华书局，1982年，第111、115、118页。

战国时期魏国国君营造所谓"中天台"的狂妄计划实际上也展现了这种政治欲望[1]。它也为后世的皇帝在"专制帝国"这一全新的政体之下，为凭借此类建筑形式来构建政治空间的"中心"提供了一个绝佳的视觉模本与素材。

但不可否认，由于春秋、战国时代"天下"还未统一，完备的中央集权式政治体制、广袤的帝国疆域空间，以及伴随而来的皇帝制度都还远未能最终形成。因而，这种利用视觉空间形式展现君主威仪、权威，用以彰显其政治野心与欲望的做法，实际上也仅仅代表了尚未真正统一"天下"的地方诸侯国君主们的某种政治想象与个人趣味。而当做为千古一帝的秦始皇在统一六国以后，迫切需要通过视觉艺术形式，来展现对"天下"世界的占有、控驭和对政治空间秩序的某种层面的解读，并进而希冀在某种程度上阐释其控驭"天下"的意识、阐释其皇权构建的正当性，并借此展现帝国的全新形象。源自春秋晚期的这种具有高大、华美、三维立体感，同时又特别强调政治中心、权力、威仪观念的高台建筑形式，就成为秦始皇为建构"天下"空间秩序所赖以依托的诸多视觉图像符号中的一个组成部分，尽管那也仅仅是他为了显现其个人政治野心和无尽欲望的一个侧面而已。

二 都城之内：秦始皇时代的都城建构与天地"中心"观

"溥天之下，莫非王土。率土之滨，莫非王臣"。虽然掌控

[1] 卢元骏：《新序今注今释》，天津古籍出版社，1987年，第200页。Wu Hung（巫鸿），*Monumentality in Early Chinese Art and Architecture*, Stanford, Stanford University Press, 1995, pp. 103－104. 中译本参见［美］巫鸿：《中国古代艺术与建筑中的纪念碑性》，李清泉、郑岩等译，上海人民出版社，2009年，第133页。

"天下"于君主一人的观念早在周代就已存在，但在此时期具有明显封地建国和宗法制政体特征的社会形态下，以上观念或许也只能被看做是一种理想化的对君主统治万民的政治期许。这一点，也正如西嶋定生所言："殷周的王者，即使是该时代的最高统治者，其最重要的特点也在于他们的权力并非到达全国每一个人。"[1] 换言之，他们对全国民众的控制是间接性的支配关系，而非像秦汉以后在皇权社会中慢慢形成的编户齐民式的支配关系。然而"六王毕，四海一"，随着公元前 3 世纪末秦帝国的建立以及皇帝制度的初次构建，中国自东周以后开始的从"王国时代"到"帝国时代"政治与社会结构转型进程也由此迈上一个新台阶。在这一过程中，如何展现皇帝权威和统治"天下"万民的政治秩序观念，以及如何对这一观念进行系统阐释与合理表达就逐渐成为此时代的帝王所要解决的核心问题。对此，被誉为千古一帝的秦始皇及其官僚集团当然会通过颁布一系列的政令、构建中央集权式官僚制度、统一文字、货币与度量衡，统一思想、军事征伐、举行封禅等各种手段来表达这种观念。而从美术史的角度去看，这种建构也颇能够体现在秦始皇时代在都城咸阳和广袤的帝国疆土上塑造的多层次的视觉空间中。

如果简略回顾一下历史，就会发现秦国对都城咸阳的建设有一个漫长的历史过程，有些彰显帝国政治权威与君主威仪的建筑并非始于秦始皇。比如，早在战国中期的秦孝公时代，对咸阳的构建就已经开始。如秦孝公十二年"作为咸阳，筑冀阙，秦徙都之"[2]。而在战国晚期的秦惠文王、昭王时代，咸阳都城的规模

---

〔1〕［日］西嶋定生：《中国古代帝国形成论》，高明士译，刘俊文主编：《日本学者研究中国史论著选译》，中华书局，1993 年，第 48～49 页。

〔2〕［汉］司马迁：《史记》，中华书局，1959 年，第 203 页。

已由渭水北岸伸延至南岸。这也正如一些学者所言：除渭水北岸的咸阳宫城外，兴乐宫、甘泉宫、章台、诸庙、苑囿等建筑都已经开始构建[1]。但这并不表明秦始皇会遵循前代秦国国君的意志建构以咸阳作为代表的政治威仪空间。相反，在他统一六国以后即对都城内外空间的布局进行了重新构想与视觉建构。通过都城的宫室建筑来营造"天下"中心，借以展现帝王的威仪；同时籍由视觉艺术形式广泛参与的出巡立石、碣石行宫、驰道与直道、长城等巨型视觉景观的营造来控驭帝国的实际疆土，并宣示初次建构皇权制度的君主直接拥有天下"就成为对上述问题的最直接概括。

对此，可以先讨论早期中国的古人类对"中心"的认知问题。在胡厚宣、陈梦家等学者的早期研究中，已注意到殷墟卜辞中即含有中心、四方、四土等方位观念的认知[2]。郭沫若、顾颉刚等人也注意到商周时期王室集团普遍存在的"中心"观[3]。严文明提出的新石器时代晚期中国史前文化已出现多元一体式的"重瓣花朵式"结构这一看法，实际已把古代中国人对"中心"的强调上推至史前[4]。张光直、艾兰在对商代"亚"字形墓葬和相关器物的研讨中也注意到以此显现的中心、四方等方

〔1〕 参阅王学理：《从秦咸阳到汉长安的城制重叠（上）》，《文博》2007年第5期。李令福：《古都西安——秦都咸阳》，西安出版社，2010年，第35~48页。

〔2〕 胡厚宣：《论五方观念及"中国"称谓之起源》，胡厚宣：《甲骨学商史丛初集》，第2册，齐鲁大学国学研究所，1944年，第383~390页。陈梦家：《殷墟卜辞综述》，中华书局，1988年再版，第319~320页。

〔3〕 郭沫若：《畿服》，郭沫若：《金文丛考》，人民出版社，1954年，第47~50页。顾颉刚：《畿服》、《职贡》，顾颉刚：《史林杂识初编》，中华书局，1963年，第1~19、20~25页。

〔4〕 严文明：《中国史前文化的统一性与多样性》，《文物》1987年第3期。

位、政治观念[1]。苏秉琦也认为尧舜禹时代的山西晋南应该形成了最早的共识的"中国"概念，可能是"天下"的最早中心[2]。许倬云、邢义田等学者则通过分析西周初年铸造的青铜器何尊底部的铭文，注意到其中所显现的建构政治中心——宅兹中国的政治意图[3]。小南一郎、杜正胜也进而指出西周初年周公营建的东都洛邑实际上也与对天地中心的建构息息相关[4]。许宏认为二里头文化或许代表了最早的具有广域主权国家的"中国"，其用意也是将早期中国的中心与二里头文化联系在一起[5]。何驽结合山西襄汾陶寺文化出土的圭尺对陶寺文化时期的古人类对中、中正等方位观问题进行了探寻[6]。从以上的学

〔1〕 张光直：《说殷代的"亚"形》，《中国青铜时代二集》，生活·读书·新知三联书店，1990 年，第 82～94 页。张光直：《青铜挥麈》，上海文艺出版社，2000 年，第 358～365 页。［美］艾兰：《龟之迷——商代神话、祭祀、艺术和宇宙观研究》，汪涛译，商务印书馆，2010 年，第 95～138 页。［美］艾兰：《早期中国历史、思想与文化》，杨民等译，商务印书馆，2011 年，第 94～133 页。

〔2〕 苏秉琦：《中国文明起源新探》，生活·读书·新知三联书店，1999 年，第 127 页。

〔3〕 许倬云：《西周史》，生活·读书·新知三联书店，2012 年，第 108～114 页。邢义田：《从古代天下观看秦汉长城的象征意义》，《燕京学报》，新第 13 期，2002 年，邢义田：《天下一家：皇帝、官僚与社会》，中华书局，2011 年，第 95 页。

〔4〕 ［日］小南一郎：《中国的神话传说与古小说》，孙昌武译，中华书局，1993 年，第 61～62 页。杜正胜：《古代社会与国家》，台北允晨文化实业股份有限公司，1992 年，第 616 页。

〔5〕 许宏：《最早的中国》，科学出版社，2009 年。许宏：《何以中国：公元前 2000 年的中原图景》，生活·读书·新知三联书店，2014 年。

〔6〕 何驽：《"中"与"中国"的由来》，中国社会科学报，2010 年 5 月 18 日。何驽：《陶寺圭尺"中"与"中国"概念由来新探》，《三代考古（四）》，2011 年，第 85～119 页。何驽：《陶寺文化：中华文明之"中正"观缘起》，中国社会科学报，2014 年 11 月 5 日。（转下页注）

术史回顾看，中外学界已注意到对"中心"的认知已成为新石器时代晚期以来古代中国人的共识。

近年来，王爱和曾注意到商周时代的中心、四方观念也常常和对王权的强调联系在一起。他同时认为或许早在商周时期，王的身体就构成了他借以垄断与神的交际通道，并成为其沟通天地、上下空间的中心性媒介[1]。游逸飞也指出，在战国秦汉之际形成的理论文献中，王者常常居于"天下"之中这一传统的"中心"观念仍然存在[2]。此外，还可以发现在这一时期的文献中，君主的肉身也常常被当作天地之间的轴心来看待。如在不晚于秦汉之际成书的《文子》一书中即有如下观点："道悬天，物布地，和在人。人主不和即天气不下，地气不上，阴阳不调，风雨不时，人民疾饥。"[3]该记载已阐明，理想化的君主处于宇

何驽：《最初"中国"的考古学简析》，北京联合大学考古学研究中心：《早期中国研究（第1辑）》，文物出版社，2013年，第36～43页。何驽：《陶寺考古初显尧舜时代的天下观》，中国社会科学报，2015年6月5日。

[1] Aihe，Wang. *Cosmology and Political Culture in Early China*，Cambridge，Cambridge University Press，2000，pp.72－73. 中文版参阅王爱和：《中国古代宇宙观与政治观念》，[美]金蕾、徐峰译，徐峰校，上海古籍出版社，2011年，第93～94页。

[2] 游逸飞：《四方、天下、郡国——周、秦、汉天下观的变革与发展》，台湾大学文学院历史学系硕士学位论文，2009年。

[3] 王利器：《文子疏义》中华书局，2000年，第214页。《文子》成书年代虽然还未完全确定，但随着20世纪90年代，河北定州西汉中山怀王墓竹简〈文子〉的出土及公布，其大致成书年代经被定为秦汉之际是没有疑问的。有关出土资料参阅：河北省文物研究所定州汉简整理小组：《定州西汉中山怀王墓竹简〈文子〉释文》，《文物》1995年第12期。河北省文物研究所定州汉简整理小组：《定州西汉中山怀王墓竹简〈文子〉校勘记》，《文物》1995年第12期。河北省文物研究所定州汉简整理小组：《定州西汉中山怀王墓竹简〈文子〉的整理和意义》，《文物》1995年第12期。

宙空间中的中心，他的身体状态似乎还深刻地影响到天地、阴阳、气候、物产等各方面的因素。与该看法相类似的是，在汉代学者们的著作中，皇帝及其周围的空间也常常被视为宇宙空间秩序的中心。如《淮南子·本经训》就记载："帝者体太一，王者法阴阳，霸者则四时，君者用六律。秉太一者，牢笼天地，弹压山川。"[1]此外，《汉书·五行志》也载："皇之不极是谓不建。皇，君也。极，中。建，立也。人君貌、言、视、听、思、心五事皆失。不得其中。则不能立万事。"[2]由此，也就能够很好地理解为什么秦始皇在统一六国后的第二年（公元前220年）出巡陇

西、北地等边境归来后，即于渭南营建信宫这一与皇帝权威密切相关的视觉建筑，并以它作为天地之轴心："二十七年，始皇巡陇西、北地，出鸡头山，过回中。焉作信宫渭南，已更命信宫为极庙，象天极。"唐司马贞索隐："为宫庙象天极，故曰极庙。"[3]极庙是秦始皇的宫庙，由他于二十七年兴建的用来处理政务活动的信宫转化而来[4]。天极即为北极星，为秦汉时期宇宙观念中最为尊贵的星辰。如《史记·天官书》就记录："中宫，天极星，其一明者，太一常居也。"又，（唐）司马贞索隐："中宫大帝，其精北极星。"[5]准此，可以看出，秦始皇建立作为宇宙中心象征的信宫（极庙）是有他自己的独特考虑的。在他的思想意识里，自己不光是人间的帝王，同时也是想象中天庭世界中的帝王。而这一行为也揭示出在他的脑海里，自己及他所

〔1〕 刘文典：《淮南鸿烈集解》，冯逸、乔华点校，中华书局，1989年，第259页。

〔2〕 ［汉］班固：《汉书》，中华书局，1962年，第1458页。［清］王先谦：《汉书补注》，中华书局，1983年，第635页。

〔3〕 ［汉］司马迁：《史记》，中华书局，1959年，第241~242页。

〔4〕 刘庆柱、李毓芳：《秦都咸阳"渭南"宫台庙苑考》，《古代都城与帝陵考古学研究》，科学出版社，2000年，第87~88页。

〔5〕 ［汉］司马迁：《史记》，中华书局，1959年，第1289页。

处的咸阳都城之重要组成部分，位于渭水南岸的信宫就是天宫在地上世界的象征性"中心"。

当然，秦始皇对这个"中心"的建构与强调也不限于咸阳都城与极庙。他的这种建构后来也扩展到对整个咸阳城的建设中。对信宫的营造也并不是他对都城乃至整个国家的政治空间秩序进行视觉构建的终点，实际上那仅是一个开始。终其一生，秦始皇都在不断通过新建筑的构建来营造他统治"天下"的中心——咸阳城。如在统一天下后不久，秦始皇就大力增广宫室，对原有的、在秦孝公迁都咸阳后即使用的咸阳宫进行增修。通过考古学的持续发掘与研究，目前学界已经大致划定了秦都咸阳宫城与宫城墙址的空间区域：西起窑店大队聂家沟，东至刘家大队山家沟的广阔空间就是咸阳宫城的大致所在区域[1]。至于咸阳宫城外围郭城的有无则尚无定论[2]。自20世纪70年代中期以后，考古工作者陆续发掘的在这一地区出土的几组宫殿群遗迹也给我们提供了很重要的遗迹材料（图2-2、2-3）。

在这几组宫殿中，1974年3月在咸阳市东15公里窑店乡牛羊村北塬发掘出土的第一组宫殿群遗址保存较好。其他两组宫殿遗址则毁坏严重[3]。据学者研究应为战国中期孝公迁都咸阳后，

〔1〕 秦都咸阳考古工作站：《秦都咸阳第一号宫殿建筑遗址简报》，《文物》1976年第11期。咸阳市文管会、咸阳市博物馆、咸阳地区文管区：《秦咸阳第三号宫殿建筑遗址简报》，《考古与文物》1980年第2期。秦都咸阳考古工作队：《秦咸阳宫第二号建筑遗址发掘简报》，《考古与文物》1986年第4期。陕西省考古研究所：《秦都咸阳考古报告》，科学出版社，2004年。徐龙国：《秦汉城邑考古学研究》，中国社会科学出版社，2013年，第28~35页。

〔2〕 徐龙国：《秦汉城邑考古学研究》，中国社会科学出版社，2013年，第30~31页。

〔3〕 陕西省考古研究所：《秦都咸阳考古报告》，科学出版社，2004年，第283~574页。

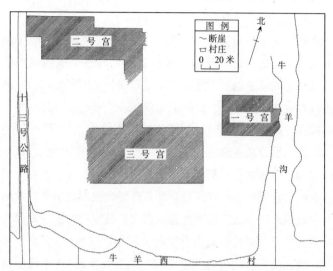

图 2-2　秦咸阳宫一、二、三号宫殿遗址布局关系图

（采自陕西省考古研究所：《秦都咸阳考古报告》，科学出版社，2004 年，第 451 页，图 364）

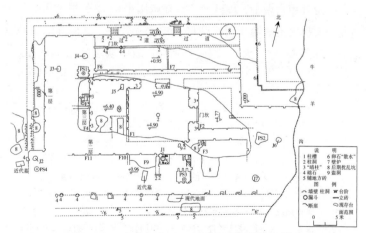

图 2-3　秦咸阳宫一号宫殿遗址布局平面图

（采自陕西省考古研究所：《秦都咸阳考古报告》，科学出版社，2004 年，第 284 页，图 249）

由商鞅所筑的冀阙宫，属于咸阳宫城的重要组成部分（图 2 - 4、
2 - 5）[1]。据发掘报告表明，一号宫殿殿址高出今耕地面 6 米，
平面呈东西向"凹"字形，基址东西长 177 米、南北宽 45 米。
虽然殿址东部已经遭到破坏，但经过考古发掘钻探，得知东半部
的建筑形体和西半部是对称的。这样一来，考古发掘显示出的这
种形体的空间展现，就与《史记》记载的"商鞅作为冀阙宫庭于
咸阳，秦自雍徙都之"中，阙本身所具有的对称性的建筑特征相
对应[2]。正如考古发掘者所认为的：秦都咸阳第一号宫殿（冀
阙宫）是一座以飞阁复道跨越南北向深沟（牛羊沟）的三层曲尺

图 2 - 4　陕西秦咸阳一号宫殿（冀阙宫）夯土台西半部遗址
（采自王仁波：《秦汉文化》，学林出版社，2001 年，第 36 页，图 Ⅱ 二）

〔1〕 陕西省考古研究所：《秦都咸阳考古报告》，科学出版社，2004 年，第
357 页。王学理：《以讹传讹"咸阳宫"，一扫蒙尘显"冀阙"——对
秦都咸阳一号宫殿遗址定性的匡正》，《文博》2011 年第 2 期。
〔2〕 ［汉］司马迁：《史记》，中华书局，1959 年，第 2232 页。

图 2-5　秦咸阳一号宫殿遗址复原图

（采自陕西省考古研究所：《秦都咸阳考古报告》，科学出版社，2004 年，第 770 页，图六）

形建筑。其以夯土台为核心，依台营建起来。在高度达 6 米的夯土台基之上建筑有数十间大小不一的屋舍，每间屋舍又相互用甬道加以连接，其中又以处理政务的主体殿堂 F1 作为整个建筑的核心。这种高台式的建筑空间也与东周时期大量出现的、用以展现君主权力的高台建筑之间有着紧密关联。这也正如李令福注意到的"秦都咸阳初建时的宫廷建筑有一个最大的特征。就是普遍采用了高台基建筑方式"[1]。而这里在秦始皇时代应该是最为繁忙的展示其帝王威仪的公共活动空间之一。

　　同时更要看到秦始皇对原有咸阳宫的修建只是他构建其政治"中心"的一个部分。除此之外，他还将原有六国的宫殿移置于都城咸阳的周围："秦每破诸侯，写放其宫室，作之咸阳北阪上。南临渭，自雍门以东至泾渭。殿屋复道周阁相属。多得诸侯美人

---

〔1〕　李令福：《古都西安——秦都咸阳》，西安出版社，2010 年，第 42 页。

钟鼓，以充入之。"[1]这些举措自然是他穷奢极欲的表现，但在一定程度上也可看做是他建构帝国政治"中心"空间的某种欲望。

值得注意的是，在秦始皇三十五年"始皇以为咸阳人多，先王宫廷小。吾闻周文王都丰，武王都镐，丰镐之间，帝王之都也。乃营作朝宫渭南上林苑中。乃营作朝宫渭南上林苑中。先作前殿阿房，东西五百步，南北五十丈，上可以坐万人，下可以建五丈旗。周驰为阁道，自殿下直抵南山。表南山之颠以为阙。为复道，自阿房渡渭，属之咸阳，以象天极阁道绝汉抵营室也。阿房宫未成；成，欲更择令名名之。作宫阿房，故天下谓之阿房宫"（图2-6）[2]。

对此，郑岩已从历史、历史学、文学、图像、考古遗迹等五个方面复原与阐释了"阿房宫"的前世今生。从他对这个专题多维度的观察与思考中，能够注意到曾经有过辉煌景象的"阿房宫"虽然目前只剩下少许的残垣断壁，但在文学、艺术、学术与一般历史记忆中却在不断地被记录、想象、复制、呈现的心灵史（图2-7）[3]。无论如何，在秦始皇的观念中通过阿房宫的修建塑造帝国的新政治中心是客观存在的。只不过，据目前的发掘报告显示：虽然现在遗存的阿房宫前殿遗迹规模巨

---

〔1〕 [汉] 司马迁：《史记》，中华书局，1959 年，第 239 页。

〔2〕 [汉] 司马迁：《史记》，中华书局，1959 年，第 255～256 页。考古发掘报告见中国社会科学院考古研究所、西安市文物考古研究所、阿房宫考古工作队：《阿房宫前殿遗址的考古勘探与发掘》，《考古学报》2005 年第 2 期。

〔3〕 郑岩：《阿房宫：记忆与想象》，《美术研究》2011 年第 3 期。考古发掘报告及相关研究参阅中国社会科学院考古研究所、西安市文物考古研究所、阿房宫考古工作队：《阿房宫前殿遗址的考古勘探与发掘》，《考古学报》2005 年第 2 期。中国社会科学院考古研究所、西安市文物保护考古研究院、西安市秦阿房宫遗址保管所：《阿房宫考古发现与研究》，文物出版社，2014 年。

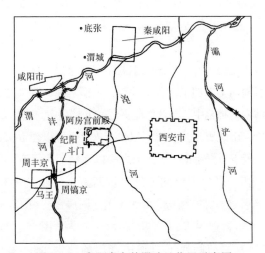

图 2 – 6　秦阿房宫前殿遗址位置示意图

（采自中国社会科学院考古研究所、西安市文物考古研究所、阿房宫考古工作队：《阿房宫前殿遗址的考古勘探与发掘》，《考古学报》2005 年第 2 期，第 207页，图一）

图 2 – 7　秦阿房宫前殿遗址夯土台遗迹

（采自王仁波：《秦汉文化》，学林出版社、上海科技教育出版社，2001年，第 24 页，图Ⅱ5）

大，东西长 1270 米，南北宽 426 米，现存最大高度 12 米，面积达 54 万平方米。但实际上在秦代并未完成，而只是修建了夯土台基和三面墙体[1]。而考古学家对此问题的结论也与文献记载相互印证："阿房宫未成；成，欲更择令名名之。作宫阿房，故天下谓之阿房宫。"[2]

虽然阿房宫并未建成，但从相关文献中仍然能够看出秦始皇对阿房宫的建设规划及它所具有的政治中心功能。《史记·秦始皇本纪》记载："周驰为阁道，自殿下直抵南山。表南山之颠以为阙。为复道，自阿房渡渭，属之咸阳，以象天极阁道绝汉抵营室也。"[3]这里的"营室"是秦汉时代宇宙观中想象中的天帝之别宫[4]；"汉"则为天河的象征。《诗经·小雅·大东》曰："维天有汉，监亦有光。"[5]《毛诗》注："汉，天河也。"[6]（清）王先谦注解："汉者，天河也，亦曰云汉。"[7]由此，可以看到秦代阿房宫的另一个重要功能即是象征天帝的别宫。连接咸阳宫与阿房宫的复道也象征着"天极阁道"[8]。二者之间的渭水也就被象征为天上的银河。这也就是所谓的"渭水贯都，以象天汉。横桥南渡，以法牵牛"[9]。这样一来，秦始皇构建的整个

〔1〕 中国社会科学院考古研究所、西安市文物考古研究所、阿房宫考古工作队：《阿房宫前殿遗址的考古勘探与发掘》，《考古学报》2005 年第 2 期。

〔2〕 〔汉〕司马迁：《史记》，中华书局，1959 年，第 256 页。

〔3〕 〔汉〕司马迁：《史记》，中华书局，第 256 页。

〔4〕 〔汉〕司马迁：《史记》，中华书局，第 1291 页。

〔5〕 程俊英、蒋见元：《诗经注析》，中华书局，1991 年，第 634 页。

〔6〕 〔汉〕毛亨传、〔汉〕郑玄笺、〔唐〕孔颖达疏：《毛诗正义》，北京大学出版社，2000 年，第 919 页。

〔7〕 〔清〕王先谦：《诗三家义集疏》，中华书局，1987 年，第 731 页。

〔8〕 〔汉〕司马迁：《史记》，中华书局，1959 年，第 1290 页。

〔9〕 何清谷：《三辅黄图校释》，中华书局，2005 年，第 21 页。

咸阳城就被他转化为一个具有强烈象征功能的宇宙中心——天宫图景在地上的浓缩式景观。这个在地上被建构出来的"天宫"图景不仅包括渭水北岸的咸阳宫，同时也包括了阿房宫、极庙、复道等附属性建筑。近年来，一些学者还运用现代科学技术复原了2200多年前的秦代咸阳都城内外诸宫室与北极、营室、紫微垣、银河等星辰的对应关系。从天文学的角度进一步证实了咸阳宫"法天象地"的建筑设计意图[1]。

从历史上看，天的观念也由来已久。学者们已普遍指出：在西周以后的各类文献中就普遍存在对具有人文主义与道德训诫意义的"天"之思想的阐释[2]。这种观念在秦代应该也会继承。但在秦始皇看来，自己虽然可以在帝国西边的雍地对天神、四帝、日月星辰、二十八宿、山川、风伯雨师等神灵进行祭祀，但从另一个角度讲，作为统一天下、构建皇帝制度，并且认为自己的文治武功是"自古以来未尝有、五帝所不及"的第一位人间

---

〔1〕　参阅李小波、李强：《从天文到人文——汉唐长安城规划思想的演变》，《城市规划》2000 年第 9 期。李小波：《从天文到人文——汉唐长安城规划思想的演变》，《北京大学学报（哲学社会科学版）》2000年第 2 期。陈喜波：《法天象地原则与古城规划》，《文博》2000 年第 4 期。李小波、陈喜波：《中国古代城市的天文学思想》，《文物世界》2001 年第 1 期。李小波：《辞赋中的古都规划思想》，《文史杂志》2001 年第 1 期。李小波、陈喜波：《汉长安城"斗城说"的再思考》，《考古与文物》2001 年第 4 期。

〔2〕　参阅王国维：《观堂集林》，河北教育出版社，2001 年，第 139～140页。［美］顾立雅：《释天》，《燕京学报》1935 年第 18 期。傅斯年：《周初人之帝、天》，傅斯年：《傅斯年全集（第二册）》，陈槃校定，台北联经出版事业公司，1980 年，第 597～610 页。郭沫若：《青铜时代》，中国人民大学出版社，2005 年，第 1～48 页。许倬云：《西周史》，生活·读书·新知三联书店，2012 年，第 114～125 页。陈来：《古代宗教与伦理——儒家思想的根源》，生活·读书·新知三联书店，2009 年，第 174～242 页。

的帝王，将自身居住的宫廷营建为模仿天帝所居的天庭在地上世界的"中心"，应该也不失为一种可供秦始皇本人探索与展现其皇权威仪的重要方案。而这种对有关政治"中心"与天地"轴心"意识的不断塑造与强调，也正可以显示出秦始皇出于对建构帝国政治空间秩序的一部分思考。亦即他将都城咸阳营造成为理想中的政治秩序空间的"中心"，同时也是帝王借此掌控天下与国家祭祀的"天地"轴心。而这个权力中心也只有他这位人间的帝王才能够拥有、支配与永久使用。问题是他仅仅满足于在都城咸阳建构其帝国的政治空间的中心吗？

三 都城之外：秦始皇时代对"天下"的整体控驭与空间建构

饶有意味的是，从有关的文献或遗迹中我们还可以发现秦始皇对"天下"的视觉建构与思考并不仅仅局限于对咸阳都城空间内部的规划。相反，通过出巡活动显示出的一系列视觉威仪场面，以及他遗留下的诸多立石及各类巨型视觉景观，也成了他建构新兴帝国政治空间的一个组成部分。换句话说，他所建构的视觉化的政治空间与对帝国的整体控驭其实也并不拘泥于他统治的都城咸阳之内。

秦始皇的出巡开始于他统一六国后的第二年即秦始皇二十七年（公元前220年），在那一年他四十岁，年富力强，精力充沛，巡视了北方边地陇西、北地等地区，并由此拉开了他数次出巡的序幕[1]。已经有学者注意到秦始皇的这数次出巡具有开创性的意义。事实上，它也构成了一种庞大的视觉化的政治表现仪式，它的直接目的就是塑造一种新型的君民关系，即所谓的"天高皇帝

---

〔1〕 〔汉〕司马迁：《史记》，中华书局，1959年，第241页。

近"[1]。事实上的确如此,秦始皇的出巡不仅宣示着对新取得的"天下"空间的实际占有。同时,作为一种行进中的视觉仪式,它给"天下"万民视觉心理上的震慑也同样不容忽视。比如,在秦始皇二十八年东巡登邹峄山、泰山、琅琊山并立石刻文后,从南郡由武关归咸阳过程中,一位居住在安陆的小吏在他书写的编年记事中写上了"廿八,今过安陆"[2]。这段记载秦始皇在二十八年东巡返回咸阳、路过安陆的文字虽然简略,但正如邢义田所言:"由此不难想象'今过安陆'对他一生具有的意义。秦始皇曾频频巡行天下,所到之处,'天威不违颜咫尺'的肉身形象不知在多少百姓的心中就这样建立起来了。"[3]所以,当刘邦、项羽在看到秦始皇出行所呈现的帝王威仪这一视觉景观行列时,也不由得发出了"大丈夫当如此"、"彼可取而代也"之类的话语[4]。

而在作者看来,秦始皇的历次出巡除了它具有以上功能之外,还应该包括与这些活动相伴随而来的若干视觉艺术作品的"制作"。比如,在他历次出巡过程中也相继地在邹峄山、泰山、琅邪台、之罘(前后共两次)、之罘东观、碣石、会稽等地留下的八块石刻碑文[5]。无论就事件本身,还是在这个事件中衍生出的视觉图像及其空间场景,它们在秦始皇构建"天下"秩序

---

〔1〕 雷戈:《秦汉之际的政治思想与皇权主义》,上海古籍出版社,2006年,第436~438页。

〔2〕 睡虎地秦墓竹简整理小组:《睡虎地秦墓竹简》,文物出版社,1990年,第283页。

〔3〕 邢义田:《中国皇帝制度的建立与发展》,邢义田:《天下一家:皇帝、官僚与社会》,中华书局,2011年,第9页。

〔4〕 [汉]司马迁:《史记》,中华书局,1959年,第344、296页。

〔5〕 参阅[汉]司马迁:《史记》,中华书局,1959年,第242~262页。[清]王昶:《金石萃编(第四卷)》,台北新文丰出版公司编辑部:(影印本)《石刻史料新编(第一辑第一册)》,台北新文丰出版公司,1977年,第79~82页。另据最新研究,秦始皇在生前的(转下页注)

的过程中，也同样起到了关键作用。有关材料现举备如下。

1. 二十八年（公元前219年）邹峄山刻石："皇帝立国，惟初在昔。嗣世称王。讨伐乱逆，威动四极，武义直方。戎臣奉诏，经时不久，灭六暴强。廿有六年，上荐高号，孝道显明。既献泰成，乃降专惠，亲巡远方。登于峄山，群臣从者，咸思攸长。追念乱世，分土建邦，以开争理。功战日作，流血于野。自泰古始，世无万数。陀及五帝，莫能禁止。乃今皇帝，一家天下。兵不复起，灾害灭除。黔首康定，利泽长久。群臣诵略，刻此乐石，以著经纪。""皇帝曰：'金石刻尽，始皇帝所为也，令袭号而金石刻辞不称始皇帝。其于久远也，如后嗣为之者，不称成功盛德。'丞相臣斯、臣去疾、御史大夫臣德昧死言：'请具刻

若干次出巡中，总共立有九块称颂其功德的立石。分别为二十八年（公元前219年）邹峄山刻石、泰山刻石、第一块之罘刻石（《史记》明确提到，但无文本流传。见［汉］司马迁：《史记》，中华书局，1959年，第244页）、琅邪台刻石、二十九年（公元前218年）之罘刻石、之罘东观刻石、三十二年（公元前215年）碣石门刻石、三十五年（公元前212年）东海上朐界刻石（见［汉］司马迁：《史记》，中华书局，1959年，第256页。但从字面上理解并无具体的立石信息）、三十七年（公元前210年）会稽刻石。参阅金其桢：《秦始皇刻石探疑》，《北京大学学报》2001年第6期。我认为作者对其中八块刻石的考证是完全正确的，但对秦始皇三十五年（公元前212年）东海上朐界刻石的观点似乎并不成立，原因在于我们从有关的历史记载上仅仅能够获知秦始皇"立石于东海上朐界中，以为秦东门"，但这并不表明在此石中就刻有文本。因此，我认为秦始皇于二十八年至三十七年所立刻石共计八块而非九块。有关研究还可参阅容庚：《秦始皇刻石考》，《燕京学报》1935年6月，第25～72页。林梅村：《古道西风——考古新发现所见中西文化交流》，生活・读书・新知三联书店，2000年，第106～111页。［美］柯马丁：《秦始皇石刻：早期中国的文本与仪式》，刘倩译，杨治宜、梅丽校，上海古籍出版社，2015年。

诏书，金石刻因明白矣。'臣昧死请。制曰：'可。'"〔1〕

2. 二十八年（公元前219年）泰山刻石："皇帝临位，作制明法，臣下修饬。二十有六年，初并天下，罔不宾服。亲巡远方黎民，登兹泰山，周览东极。从臣思迹，本原事业，祗诵功德。治道运行，诸产得宜，皆有法式。大义休明，垂于后世，顺承勿革。皇帝躬圣，既平天下，不懈于治。夙兴夜寐，建设长利，专隆教海。训经宣达，远近毕理，咸承圣志。贵贱分明，男女礼顺，慎遵职事。昭隔内外，靡不清净，施于后嗣。化及无穷，遵奉遗诏，永承重戒。"〔2〕

3. 二十八年（公元前219年）第一块之罘刻石：《史记·秦始皇本纪第六》载，"于是乃并渤海以东，过黄、睡。穷成山，登之罘，立石颂秦德焉而去"（该立石文字缺而不传）〔3〕。

4. 二十八年（公元前219年）琅邪台刻石："维二十八年，皇帝作始。端平法度，万物之纪。以明人事，合同父子。圣智仁义，显白道理。东抚东土，以省卒士。事已大毕，乃临于海。皇帝之功，勤劳本事。上农除末，黔首是富。普天之下，抟心揖志。器械一量，同书文字。日月所照，舟舆所载，皆终其命，莫不得意。应时动事，是维皇帝。匡饬异俗，陵水经地。忧恤黔首，朝夕不懈。除疑定法，咸知所辟。方伯分职，诸治经易。举错必当，莫不如画。皇帝之明，临察四方。尊卑贵贱，不逾次行。奸邪不容，皆务贞良。细大尽力，莫敢怠荒。远迩辟隐，专

---

〔1〕［清］王昶：《金石萃编（第四卷）》，台北新文丰出版公司编辑部：（影印本）《石刻史料新编（第一辑第一册）》，台北新文丰出版公司，1977年，第79~82页。

〔2〕［汉］司马迁：《史记》，中华书局，1959年，第242~262页。［清］王昶：《金石萃编（第四卷）》，台北新文丰出版公司编辑部：（影印本）《石刻史料新编（第一辑第一册）》，第82~84页。

〔3〕［汉］司马迁：《史记》，中华书局，1959年，第244页。

务肃庄。端直敦忠，事业有常。皇帝之德，存定四极。诛乱除害，兴利致福。节事以时，诸产繁殖。黔首安宁，不用兵革。六亲相保，终无寇贼。欢欣奉教，尽知法式。六合之内，皇帝之土，西涉流沙，南尽北户。东有东海，北过大夏。人迹所至，无不臣者。功盖五帝，泽及牛马。莫不受德，各安其宇。

"维秦王兼有天下，立名为皇帝，乃抚东土，至于琅邪。列侯武城侯王离、列侯通武侯王贲、伦侯建成侯赵亥、伦侯昌武侯成、伦侯武信侯冯毋择、丞相隗林、丞相王绾、卿李斯、卿王戊、五大夫赵婴、五大夫杨樛从，与议于海上。曰：'古之帝者，地不过千里，诸侯各守其封域，或朝或否，相侵暴乱，残伐不止，犹刻金石，以自为纪。古之五帝三王，知教不同，法度不明，假威鬼神，以欺远方，实不称名，故不久长。其身未殁，诸侯倍叛，法令不行。今皇帝并一海内，以为郡县，天下和平。昭明宗庙，体道行德，尊号大成。群臣相与诵皇帝功德，刻于金石，以为表经。'"（注：现存石刻为秦二世元年（公元前209年）于琅邪台所加刻辞（图2－8），秦始皇二十八年原刻石已毁）[1]。

5. 二十九年（公元前218年）第二块之罘刻石："维二十九年，时在中春，阳和方起。皇帝东游，巡登之罘，临照于海。从臣嘉观，原念休烈，追诵本始。大圣作治，建定法度，显著纲纪。外教诸侯，光施文惠，明以义理。六国回辟，贪戾无厌，虐杀不已。皇帝哀众，遂发讨师，奋扬武德。义诛信行，威燀旁

---

〔1〕［汉］司马迁：《史记》，中华书局，1959年，第245～247页。秦始皇二十八年琅邪台石刻今已无存，而秦始皇二世元年（公元前209年）于琅邪台所加刻辞残件则尚存于中国国家历史博物馆。刻辞内容见《史记》，中华书局，1959年，第267页。［清］王昶：《金石萃编》，第四卷，［清］毕沅：《山左金石志（第七卷）》，台北新文丰出版公司编辑部：（影印本）《石刻史料新编（第一辑第一册、第十九册）》，台北新文丰出版公司，1982年，第84～86、14417～14418页。

图 2-8　秦二世元年琅邪台刻石
（刘晓达 2014 年 7 月 17 日拍摄于中国国家博物馆）

达，莫不宾服。烹灭强暴，振救黔首，周定四极。普施明法，经纬天下，永为仪则。大矣哉！宇县之中，承顺圣意。群臣诵功，请刻于石，表垂于常式。"[1]

6. 二十九年（公元前 218 年）之罘东观刻石："维二十九年，皇帝春游，览省远方。逮于海隅，遂登之罘，昭临朝阳。观望广丽，从臣咸念，原道至明。圣法初兴，清理疆内，外诛暴强。武威旁畅，振动四极，禽灭六王。阐并天下，甾害绝息，永偃戎兵。皇帝明德，经理宇内，视听不怠。作立大义，昭设备器，咸有章旗。职臣遵分，各知所行，事无嫌疑。黔首改化，远迩同度，临古绝尤。常职既定，后嗣循业，长承圣治。群臣嘉德，祗诵圣烈，请刻之罘。"[2]

〔1〕〔汉〕司马迁：《史记》，中华书局，1959 年，第 249 页。

〔2〕〔汉〕司马迁：《史记》，中华书局，1959 年，第 250 页。

7. 三十二年（公元前215年）碣石刻石："遂兴师旅，诛戮无道，为逆灭息。武殄暴逆，文复无罪，庶心咸服。惠论功劳，赏及牛马，恩肥土域。皇帝奋威，德并诸侯，初一泰平。堕坏城郭，决通川防，夷去险阻。地势既定，黎庶无繇，天下咸抚。男乐其畴，女修其业，事各有序。惠被诸产，久并来田，莫不安所。群臣诵烈，请刻此石，垂著仪矩。"[1]

8. 三十七年（公元前210年）会稽刻石："皇帝休烈，平一宇内，德惠修长。三十有七年，亲巡天下，周览远方。遂登会稽，宣省习俗，黔首斋庄。群臣诵功，本原事迹，追首高明。秦圣临国，始定刑名，显陈旧章。初平法式，审别职任，以立恒常。六王专倍，贪戾傲猛，率众自强。暴虐恣行，负力而骄，数动甲兵。阴通间使，以事合从，行为辟方。内饰诈谋，外来侵边，遂起祸殃。义威诛之，殄熄暴悖，乱贼灭亡。圣德广密，六合之中，被泽无疆。皇帝并宇，兼听万事，远近毕清。运理群物，考验事实，各载其名。贵贱并通，善否陈前，靡有隐情。饰省宣义，有子而嫁，倍死不贞。防隔内外，禁止淫泆，男女洁诚。夫为寄豭，杀之无罪，男秉义程。妻为逃嫁，子不得母，咸化廉清。大治濯俗，天下承风，蒙被休经。皆遵度轨，和安敦勉，莫不顺令。黔首修洁，人乐同则，嘉保太平。后敬奉法，常治无极，舆舟不倾。从臣诵烈，请刻此石，光垂休铭。"[2]

仔细推敲，这数块刻石虽然在内容上有所差异，但实际上都传达着若干重要的信息。首先，这些材料无一例外地都谈到了秦

〔1〕 ［汉］司马迁：《史记》，中华书局，1959年，第252页。泷川资言、柯马丁认为此石在形式、内容上并不完整。参阅［日］泷川资言：《史记会注考证（第二册）》，新世界出版社，2009年，第456～457页。［美］柯马丁：《秦始皇石刻：早期中国的文本与仪式》，刘倩译，杨治宜、梅丽校，上海古籍出版社，2015年，第36页。

〔2〕 ［汉］司马迁：《史记》，中华书局，1959年，第261～262页。

始皇"诛灭六国、统一天下"的历史事实和道德合法性。而按照这些立石的文本叙述，这种统一六国的行为本身也是由于"六王专倍，贪戾傲猛，率众自疆"的纷扰局面造成的，必须予以惩罚。因此，秦王以"振救黔首，周定四极"、"遂兴师旅，诛戮无道"为己任的道德说教与理念便在立石文本中变得合法、合情、合理。其次，这些历史文本也宣示着始皇在统一六国之后能够做到勤政爱民、明德修业，以达到所谓"节事以时，诸产繁殖。黔首安宁，不用兵革"、"和安敦勉，莫不顺令。黔首修洁，人乐同则"的太平景象。最后，也是最为重要的一点，在秦始皇的个人想象中，他所建构的国家不光是"西涉流沙，南尽北户，东有东海，北过大夏"这一具有明确边界的帝国。同时也会在想象中被扩大为所谓"日月所照，舟舆所载，皆终其命，莫不得意"的理想化帝国，其统治的疆域空间也早已远远超过了他实际所能控制的地域，这种观念实际上也属于一种秦始皇个人一厢情愿式的"天下"观。因此，从上述内容上看，秦始皇在这若干次出巡过程中所立碑石，实际上也是现实与理想信念的综合体。他以视觉载体的形式向"普天之下"宣告了他所建立帝国的合法性、正当性与真实性。

此外，秦始皇出巡立石的地点大体上都在靠近帝国东部的地区，北至环渤海湾一带的碣石，南至位于长江下游一带的会稽。虽然这些立石并非一蹴而就，但其放置的地点无一例外都属于秦始皇新近才征服的东方沿海地区。客观来看，秦帝国的疆域空间是广袤的，具有向四方扩展的特征。但为何这些立石全部被放置在帝国的东部？换句话说，为何始皇对中国东部地区的关注如此浓厚？如果从最基本的层面去解释，这种关注当然与始皇对东方蓬莱仙界的神往以及他对东部的出巡具有一定关联。这一举动也似乎显示出周、秦之际的君主对山、海等具有神秘特征的事物的迷恋。尤其是对于秦始皇这样一位从小生活在内陆地区的君主来说，在帝国一统后对迥异于内陆的东部沿海地区进行巡幸，更为方便地接近海洋当然可以激发他对未知空间的好奇心。同时，我们也应该注意到这种行为的背后也与复杂的政治背景息息相关。秦始皇虽然一统天下，但他的帝国却并非固若金汤。换言之，他对中国东部地区的控驭其实并不太牢固。已有学者指出在早期中国时代，王朝之间政治权力的争斗主要还是以东、西之争的形式出现。比如傅斯年与内藤湖南均曾认为在早期中国时代，中国政治权力的争斗主要还是东、西之争，至三国以后遂慢慢演变为南北政治势力之争斗[1]。因此从这个意义上讲，无论就秦始皇出巡立石所展现出的石刻内容，还是这些刻石所放置的空间、地点，都可以被看做是他对新近征服的帝国东部地区进行永久占有和控制的愿望，而这种表现形式同时也是他借此框定、控制帝国政治疆域的极强欲望表达（图2-9）。

进而言之，秦始皇骊山陵园的整体布局结构，和外城垣以东秦始皇陵兵马俑群的朝向同样也都是坐西面东。这种表现方式似乎也和他生前出巡立石放置的空间、地点一样都表达出对新近征服东部地区的思考[2]。无独有偶，他的这种对帝国空间的"控制"与"塑造"也可以从他塑造的另一些视觉作品中体现出来。比如，在他于三十五年建设阿房宫前殿之际，即"立石东海上朐界中，以为秦东门"[3]。而这种体量巨大的视觉形式建构，也

〔1〕 傅斯年：《夷夏东西说》，国立中央研究院：《庆祝蔡元培先生六十五岁论文集（第三册）》（历史语言研究所集刊外编第一种）（下册），1933年，第1093~1134页（该文另刊《傅斯年全集》，陈槃校定，台北联经出版事业公司，1980年，第822~893页）。夏应元选编并监译：《内藤湖南博士中国史学著作选译（上册）》，社会科学文献出版社，2004年，第165~166页。

〔2〕 陕西省考古研究所、始皇陵秦俑坑考古发掘队：《秦始皇陵兵马俑坑一号坑发掘报告（1974~1984年）》，文物出版社，1988年，第4页。袁仲一：《秦始皇陵的考古发现与研究》，陕西人民出版社，2002年，第228页。

〔3〕 ［汉］司马迁：《史记》，中华书局，1959年，第256页。

图 2-9　秦始皇历次出巡立石空间分布示意图（刘弘绘制）

（根据谭其骧：《中国历史地图集（第二册）》，中国地图出版社，1982 年，

图 3-4：秦地图绘制）

与秦始皇于同年，在都城咸阳渭水南岸建造阿房宫前殿时"表南山之巅以为阙"的视觉建构规划具有相似的风格。

属于该样式的巨型建筑或雕塑创作在秦始皇时代已成为一种风格"惯例"。除了在秦始皇统一天下不久即被塑造并放置在咸阳宫前那十二个体量巨大的金人塑像外[1]，20 世纪 80 年代以来，考古学家在辽宁绥中至河北秦皇岛沿海地区发现的若干处秦汉建筑遗迹也值得我们特别注意。这些遗迹大体由石碑地、止锚湾、黑山头、瓦子地、大金丝屯、周家南山六处互相关联的秦汉建筑遗址组成，分布范围在 900 万平方米[2]。其中，石碑地、

---

〔1〕　［汉］司马迁：《史记》，中华书局，1959 年，第 239 页。

〔2〕　中国社会科学院考古研究所：《中国考古学·秦汉卷》，中国社会科学出版社，2010 年，第 55 页。

图 2 – 10　辽宁绥中石碑地发掘区域全景

（采自辽宁省文物考古研究所：《姜女石——秦行宫遗址发掘报告（下册）》，文物出版社，2010 年，图版六）

止锚湾、黑山头遗址均面向大海，属于该遗址的主体部分。而在这三个遗址中，位于辽宁省葫芦岛市绥中县万家镇南部沿海地区石碑地遗址的重要性最为突出，并被确定为是秦始皇三十二年（公元前 215 年）东巡，命燕人卢生求仙人羡门、高誓的"碣石"行宫所在[1]。考古学家在此处靠近海岸边，并高出周围地表的遗址中发掘出规模宏大的秦代时期宫殿建筑群遗址（图 2 – 10、2 – 11）。据报告揭示，该遗址平面呈曲尺形，坐北朝南，面朝大海。并由连续、坚固的东西南北四面城墙所围绕，从而构成了完整的宫城。宫城以位于南部第 I 区第 1 组的大夯土台作为中心，在城内形成了三级阶梯状的建筑平台。该主体

〔1〕 陈大为、王成生：《碣石考证》，中国考古学会：《中国考古学会第六次年会论文集（1987）》，文物出版社，1990 年，第 120 ~ 127 页。华玉冰：《试论秦始皇东巡的"碣石"与"碣石宫"》，《考古》1997 年第 10 期。中国社会科学院考古研究所：《中国考古学·秦汉卷》，中国社会科学出版社，2010 年，第 67 ~ 70 页。

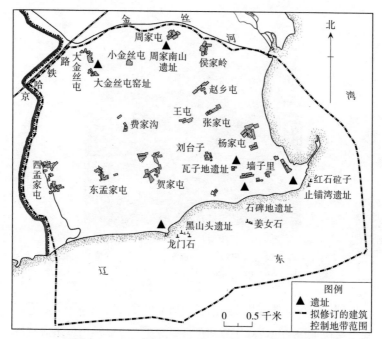

图 2 - 11　辽宁绥中石碑地发掘遗址地理位置图

（采自辽宁省文物考古研究所：《姜女石——秦行宫遗址发掘报告（上册）》，文物出版社，2010 年，第 2 页，图一）

建筑基础长宽均为 40 余米，厚达 3.6 米。其上的建筑台基高达 2 米余，有东阶、西阶及东西侧阶。各阶均以空心砖为踏步，外侧以地面砖铺墁，房址还做了防潮处理（图 2 - 12）[1]。其内发掘出土了在秦代皇家宫殿、皇陵中特有的夔纹式大瓦当。结合考

---

[1]　辽宁省文物考古研究所：《辽宁绥中县"姜女坟"秦汉建筑遗址发掘简报》，《文物》1986 年第 8 期。辽宁省文物考古研究所姜女石工作站：《辽宁绥中县"姜女石"秦汉建筑群址石碑地遗址的勘探与试掘》，《考古》1997 年第 10 期。辽宁省文物考古研究所姜女石工作站：《辽宁绥中县"姜女石"秦汉宫城遗址 1993～1995 年发掘简报》，《考古》1997 年第 10 期。辽宁省文物考古研究所：《姜女石——秦行宫遗址发掘报告》，文物出版社，2010 年。

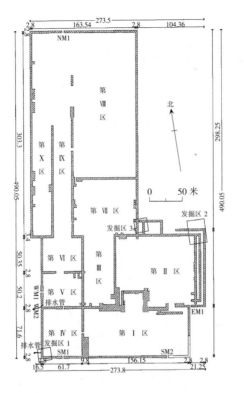

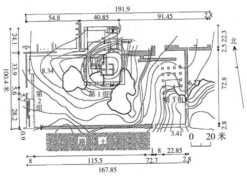

图 2-12 石碑地遗迹秦代遗址分区平面图（上）及
第 1 区（宫殿区）放大图（下）

（采自辽宁省文物考古研究所：《姜女石——秦行宫遗址发掘报告（上册）》，文物出版社，2010 年，第 24 页，图八；第 56 页，图三八）

图 2 - 13　石碑地秦碣石宫遗址出土具有皇家建筑装饰特征的夔纹大瓦当
（采自辽宁省文物考古研究所：《姜女石——秦行宫遗址发掘报告（下册）》，文物出版社，2010 年，图版十）

图 2 - 14　秦始皇陵墓出土的夔纹大瓦当
（采自王仁波：《秦汉文化》；学林出版社、上海科技教育出版社，2001 年，第 164 页，图Ⅶ一三）

古学家对出土遗址的年代断代与对瓦当的风格分析，即可确定该建筑遗址不是一般的居民住所，而是具有明显的秦代皇家宫殿建筑特征的考古遗存（图 2 - 13、2 - 14）[1]。

---

〔1〕　中国社会科学院考古研究所：《中国考古学·秦汉卷》，中国社会科学出版社，2010 年，第 67～70 页。辽宁省文物考古研究所：《姜女石——秦行宫遗址发掘报告（上册）》，文物出版社，2010 年，第 402～404 页。

更值得重视的是，在这组建筑遗址的对面则矗立有高 24 米的海蚀柱（即姜女石）及位于附近的三块巨石。在连接海蚀柱与岸边宫殿建筑遗址之间，有一条人工铺就的甬道。其中的甬道所铺石块在"文化大革命"期间多被百姓拆除，作为石灰石出卖，零星的剩余石块则被海水冲走（图 2-15）[1]。郑岩进一步指出：在最大的一块高出海面 24 米的海蚀柱底部堆放着一些大型的白色河光石。这类白色的石头不见于附近的海域，应是前人有意放置，并与秦始皇、汉武帝在此地求仙的活动息息相关[2]。因此可以认为，这一组海蚀柱、巨石虽然是属于天然的自然景观，但由于有连接海蚀柱的人工甬道、被移置的巨型河光石的参与，这一自然景观也就同时具备了"人工景观"的附加意义。而就其视觉表现形式特征而言，它和秦始皇在帝国的中心建构都城、塑造巨型雕像、出巡立石一样，也同样成为秦始皇利用巨型

图 2-15　辽宁绥中石碑地"碣石宫"遗址对面姜女石与人工甬道
（采自辽宁省文物考古研究所：《姜女石——秦行宫遗址发掘报告（下册）》，文物出版社，2010 年，图版一）

[1]　辽宁省文物考古研究所：《姜女石——秦行宫遗址发掘报告（上册）》，文物出版社，2010 年，第 5 页。

[2]　郑岩：《风格背后——西汉霍去病墓石刻新探》，《陕西历史博物馆馆刊》第 18 辑，2011 年，第 151 页。

的人工性"视觉景观"控制天下、随意塑造他所控制国土的有机组成部分。在某种意义上，以巨石作为帝国国门的观念在秦始皇时代还有其他相似的案例。比如，在秦始皇于三十五年建设阿房宫前殿之际，即"立石东海上朐界中，以为秦东门"[1]。因此，作者认为位于碣石宫前具备人工景观元素的姜女石也应该与这种观念呈现有关。

　　值得注意的是，杨鸿勋结合当地居民反映和地方水文站科学勘察，注意到正对碣石宫遗址的姜女石附近的另三块巨石，实际上是由一块海蚀柱崩塌形成的。在这三块巨石中，位于中间的平顶巨石和姜女石一样都是与大陆架直接原始相连，从来就没有移位。而在平顶巨石附近的那两块石头则是属于天然崩塌后掉落下来形成的。这一点已经得到地方水文站的年代勘察确认。因此杨鸿勋推测：秦始皇时代的海中原来应该只有两块相对而立的海蚀柱。这两块海蚀柱和对面的碣石宫则由现存的人工甬道相连，形成了一个中轴线[2]。这一推测是建立在严谨的科学勘测基础上的，所以在一定程度上也使得我们对碣石宫以及对面海蚀柱的性质、象征意义有了一个更为清晰的认识。换言之，从历史上看，秦代的碣石宫在刚建立时应该与在其正对面的这两块巨石及甬道一起构成了一个相对完整的宫室、门阙、甬道系统（图2-16）。由两块巨石构成的门阙除了具有其基本的"门"的属性外，还应该显示出秦始皇对"门"以外的域外世界的某种关注。在某种意义上，它们就是秦帝国通往域外世界的"国门"象征。因此，就不应排除位于碣石宫对面的海蚀柱即是秦帝国国门象征的

---

〔1〕　[汉] 司马迁：《史记》，中华书局，1959年，第256页。

〔2〕　杨鸿勋：《杨鸿勋建筑考古论文集》，清华大学出版社，2008年，第230~231页。另参阅辽宁省文物考古研究所：《姜女石——秦行宫遗址发掘报告（上册）》，文物出版社，2010年，第7页。

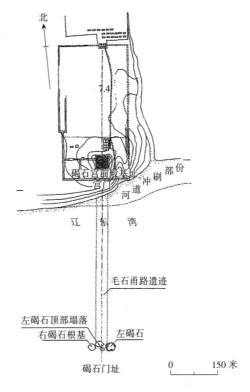

图中文字：

北

7.4

碣石宫面殿基

宫门

冲刷部份

河道

辽 东 湾

毛石甬路遗迹

左碣石顶部塌落

右碣石根基　　左碣石

碣石门址

0　　　　150 米

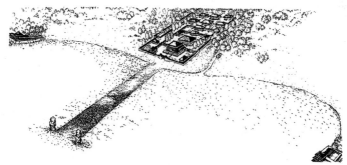

图 2－16　辽宁绥中秦碣石宫遗址主体平面图和
东西阙楼复原鸟瞰图（杨鸿勋绘制）

（采自杨鸿勋：《杨鸿勋建筑考古论文集》，清华大学出版社，2008 年，
第 232 页，图 2；第 236 页，图 7）

认知。它或许显示出秦始皇时代对域外海洋世界的某种思考。对此，苏秉琦曾认为碣石宫在地理选址上暗含着将辽东半岛与胶东半岛环绕的海连成一片，形成自然景观与人文景观统一的、宅院门厅的格局，正符合秦始皇"择地作为东门（国门）"的设想[1]。刘庆柱进一步指出：从这个视觉案例上可以看出"始皇应该具有拥有海洋、管理海洋的观念，后世皇帝将'海洋'搬入皇宫，究其源头无疑应从始皇开始"[2]。

有意思的是，秦始皇的这种对异域世界的关注与控制的强烈欲望，同样也可以在他于都城咸阳特意营造的兰池宫看出。兰池宫由于年代久远早已荡然无存，据学者结合有关出土遗存考证，在今咸阳市东杨家湾附近[3]。《三秦记》"兰池宫"条记载："始皇引渭水为长池，东西二百里，南北三十里，刻石为鲸鱼二百丈。"[4]此外，宋敏求在《长安志》中对《三秦记》的注引也

---

[1] 苏秉琦：《中国文明起源新探》，生活·读书·新知三联书店，1999年，第155~156页。辽宁省文物考古研究所：《姜女石——秦行宫遗址发掘报告（上册）》，文物出版社，2010年，第403~404页。

[2] 辽宁省文物考古研究所编著：《姜女石——秦行宫遗址发掘报告（上册）》，第403~404页。

[3] 对秦兰池宫遗址位置的考证，参阅王丕忠、李光军：《从长陵新出土的瓦当谈秦兰池宫地理位置等问题》，《人文杂志》1980年第1期。刘庆柱：《〈谈秦兰池宫地理位置等问题〉几点质疑》，《人文杂志》1981年第2期。刘庆柱：《三秦记辑注》，三秦出版社，2006年，第8~9页。需要注意的是，史念海指出：(辛氏)《三秦记》虽然不见于隋唐时期的目录学著作著录，但成书于东汉以后的《三辅黄图》、[北魏] 郦道元：《水经注》、[南朝·梁] 刘昭：《续汉书郡国志注》均对《三秦记》记载有所征引。其所记录又皆秦汉都邑、宫室、苑囿地理。因此该书当是由熟悉两汉历史文化并对此有感同身受的人士所著。参阅史念海：《〈三秦记辑注·关中记辑注〉总序》，三秦出版社，2006年，第1页。有关秦兰池与兰池宫遗址的考古发掘报告，参阅陕西省考古研究所：《秦都咸阳考古报告》，科学出版社，2004年，第15页。

[4] 刘庆柱：《三秦记辑注》，三秦出版社，2006年，第8~9页。

保存了更为完整的信息："始皇引渭水为长池，东西二百里，南北三十里，筑为蓬莱山，刻石为鲸鱼，长二百丈。亦曰兰池陂。"[1] 从以上秦始皇时代对辽宁绥中石碑地"碣石宫"以及兰池宫的营造上，也可以注意到和秦始皇借立石展现对东部新近征服地区的占有与控制相似，他借"兰池"对海洋这一异域世界的关注与占有欲望实际上也同样强烈。对此，当然也可以找到其他的类似例子，如在秦始皇二十八年（公元前219年），他出巡东部从彭城归来、在泗水捞鼎失败，"渡淮水，之衡山，过南郡，浮江至湘山祠不得渡后大怒，使刑徒三千人皆伐湘山树，赭其山"的案例也可说明他已经把他拥有的帝国当作自己可以随意建构或改造的个人"物件"[2]。

在公元前210年，秦始皇在第五次出巡返回途中于河北沙丘平台病逝，随同的皇子、妃嫔、官僚、兵士护送他的尸体经由他两年前构建的另一处人工性视觉景观——直道返回咸阳[3]。早在其统一六国后的第二年（公元前220年）秦始皇为加强对整个帝国的控制就开设了自咸阳通往各地的"驰道"："二十七年…是岁，赐爵一级，治驰道。"（图2-17）[4] 应劭曰："驰道，天子道也，道若今之中道然。"[5] 又《汉书·贾山传》云："秦为驰道于天下，东穷燕齐，南极吴越，江湖之上，濒海之观毕至。"[6] 而在秦始皇三十五年（公元前212年），他则更是出于沟通咸阳与帝国北

〔1〕［宋］宋敏求：《长安志》，［清］毕沅校证，台北成文出版社有限公司，1970年，第67页。另参阅［清］毕沅：《关中胜迹图志》，张沛校点，三秦出版社，2004年，第272页。

〔2〕［汉］司马迁：《史记》，中华书局，1959年，第248页。

〔3〕［汉］司马迁：《史记》，中华书局，1959年，第248页。

〔4〕［汉］司马迁：《史记》，中华书局，1959年，第241页。

〔5〕［汉］司马迁：《史记》，中华书局，1959年，第242页。

〔6〕［汉］班固：《汉书》，中华书局，1962年，第2328页。

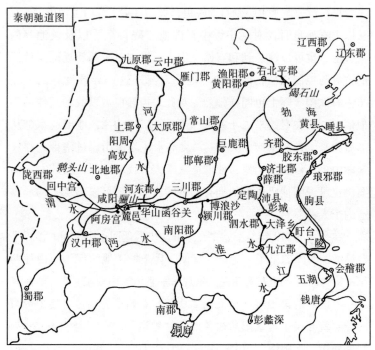

图2-17　秦始皇二十七年修筑的自咸阳通往各地的驰道示意图

（采自梁二平：《谁在世界的中央——古代中国的天下观》，花城出版社，2010年，第161页，图6.3）

方边境的考虑，又命蒙恬开筑自九原至云阳的直道："三十五年，除道，道九原，抵云阳，堑山堙谷，直通之。"（图2-18）[1]客观

---

[1]　[汉]司马迁：《史记》，中华书局，1959年，第256页。对秦直道遗迹的调查与研究，参阅史念海：《秦始皇直道遗迹的探索》，《文物》1975年第10期。孙相武：《秦直道调查记》，《文博》1988年第4期。王开：《秦直道新探》，《成都大学学报（社科版）》1989年第1期（原刊《西北史地》1987年第2期）。吕卓民：《秦直道歧义辨析》，《中国历史地理论丛》1990年第1期。张洪川：《内蒙古自治区境内秦直道遗迹考察纪实》，《内蒙古公路交通史资料选辑》1991年（转下页注）

图 2 – 18　秦代直道鬼门口遗迹，甘泉宫以北第一个关口

（采自王仁波：《秦汉文化》，学林出版社、上海科技教育出版社，2001 年，
第 10 页，图 I – 1）

来讲，驰道与直道的开凿一方面固然是出于他为加强帝国中心与
四方边界联系的实际考虑，这也是它们所具有的基本功能。然而
从另一层面上说，它们在不经意间也成为秦始皇借以随意掌控天
下的工具。当然，这一工具也包括已经为学界广泛讨论的在秦始
皇统一六国后扩建的长城。长城虽然起源于战国时代，是北方秦、
赵、燕诸国防御与制衡游牧民族——匈奴的武器，但那一时代还并
未连通。直到秦始皇统一六国后，才对各国的长城进行了串联与扩
展。并最终形成了西起临洮，东至辽东，纵横达万余里的形态。至
今，在中国西北地区仍然残存着秦始皇时代的长城遗迹。因此从这
个层面上看，长城和驰道、直道一样，都属于秦始皇借以框定和构
建帝国政治空间而塑造的多种视觉"景观"中的一个有机组成部分。

　　综合而论，在秦始皇统一六国后。除通过政令、经济、军事、

　　　　第 14 期。鲍桐：《鄂尔多斯秦直道遗迹的考察与研究》，《包头教育学
　　　　院学报》1990 年第 1 期。甘肃省文物局：《秦直道考察》，兰州大学出
　　　　版社，1996 年。王子今：《秦直道的历史文化参照》，《人文杂志》
　　　　2005 年第 5 期。国家文物局秦直道研究课题组、旬邑县博物馆：《旬
　　　　邑县秦直道遗址考察报告》，《文博》2006 年第 3 期。

文字、思想、仪式等手段显示其对"天下"世界的占有与改造之外，借助多种表现样式的视觉"景观"去建构、框定、控制帝国的政治秩序空间，从而凸显政治中心，展现帝王威仪，同时又控制四方空间的"天下"观念也成为他统治后期一系列政治举措的有机组成部分。正如王健文所言："空间也是概念借以实现的重要依据，人世间的权力结构，往往具体的呈现在空间格局之中""空间格局本身就体现了权力结构。"[1]事实上，通过视觉艺术形式的建构将皇权政治观念加以图像化展现，以体现秦始皇对控驭"天下"的思考，应该是他曾经细致考虑并付诸实施的问题。

　　具体来说，秦始皇时代对天下"中心"的强调是由他营建极庙、阿房宫以及增筑战国时期的咸阳宫等一系列建筑行为完成的。这个中心不仅仅代表了秦帝国位于地上世界的政治中心，同时也应被看作是秦始皇掌控的天、地之轴心。而他对帝国四方空间的框定与控驭，则是由他历次出巡立石、碣石宫、驰道、直道、长城等一系列巨型视觉景观显示的。然而，以上种种能够反映他政治欲望的尝试，都伴随着公元前221年秦始皇肉体的消逝而中道崩殂。他的去世也标志着一个时代的结束。他历次出巡所致力于的求仙活动也并未带给他长生的福祉。他对整个天下的控制、建构，对营造帝国政治权力空间的强烈渴望、期许与追求，都只能由其后的另一些帝王借视觉表现形式来继续展现。只不过，后者塑造的视觉形式及所显示的观念则又将呈现出另一番"图景"。

四　小结

　　秦始皇统一六国标志着旧时代结束和新时代开端。他初次建

---

〔1〕　王健文：《奉天承运——古代中国的"国家"概念及其正当性基础》，台北东大图书股份有限公司，1995年，第20页。

构的皇权制度以及对相应的视觉艺术形式的创造也并非偶然，而是一个在认知观念上不断累积的过程。本章第一节首先论述在东周时期，反映各诸侯国君主权力高度集中与威严观念展现的"中心威仪"观念在那一时代的有机呈现。严格说来，"威仪观"原本属于西周时期贵族在进退揖让、周旋回复中展现其容仪、威严的礼仪观。但在东周至秦汉之际"道术为天下裂、诸子皆王官、天高皇帝近"的转型时代，这一观念却在士人的理论构建中有了新的变化。在此时期前后大量出现的高耸入云、装饰华美、体量巨大的高台建筑就属于这一观念在视觉上的有机呈现。这种视觉表现也对秦统一后的诸多视觉塑造产生了直接推动。作者进而注意到在从"王国时代"逐步转型为"帝国时代"的秦始皇时代，皇帝是如何在地上世界建构他所希望的"天下一家"式政治与文化秩序观念的。

在本章第二节与第三节中，笔者认为秦始皇时期对都城空间的营造表现出他借此营造天、地轴心，以使自己及所处的宫廷成为政治与天地"中心"的皇权与威仪意识。而他在历次出巡与治理国家的过程中所遗留下的一系列视觉材料，如出巡立石、行宫、驰道、直道、长城等巨型视觉景观也暗示出除了致力于营造象征"天下"中心的都城，以便凸显秦始皇本人的皇家威仪。凭借上述视觉材料控制帝国的边界，用以显示皇帝对实际控制的"天下"空间进行永久性框定与占有，也成为他借以营造政治与文化秩序空间的一个重要组成部分。尽管他毕生致力于营造的帝国二世而亡，但在他的皇权意志下推动营造的诸多视觉艺术形式，以及由此展现的对"天下"空间的控制观念，却在周秦之际的政治与社会结构转型过程中留下了永久"印痕"。

叁 始皇陵陪葬坑对"地下宫殿" 与"天下"的展现

　　秦始皇时代营造的都城、出巡立石、碣石宫、驰道与直道、长城等旨在展现其控制与建构"天下"观念的诸多视觉景观，都随着秦帝国的毁灭与历史的变迁而慢慢消逝在废墟与历史的尘埃中，仅留下了几许供后人凭吊的落寞侧影。虽然万物终究难免一死，但在追寻不朽与长生的帝王们看来，将其生前的某种政治欲望以视觉形式，在死后空间世界中进行永久性"保存"与"呈现"，应该也是一种可供操作与付诸实施的方案。这样，皇帝的灵魂也可以借此在想象中的地下世界中，对一些具有模拟现实世界功能的替代物进行"观看"、"享受"。只不过，由于帝王个人旨趣与政治理念并不相同，对想象中的地下世界的占有欲望也并不一致。因此，在这些帝王的意志、观念直接推动下的帝陵设计与陪葬坑营造，其实在具体表现形式上也不太一样。如果说，前一章主要论述在秦始皇意志观念与趣味的直接推动下，该时代的视觉艺术如何在地上空间展现"天下"观念的话，那么，下文将研讨始皇陵陪葬坑呈现的对死后世界的多重想象与视觉表现。文中将格外关注为逝者在地下世界安宅立家、寻求保护以及控驭"天下"于地下这三种表现形式是如何在始皇陵中被塑造出来的。出于谨慎考虑，本书将细致地区分在该陵墓陪葬中分别呈现"宅院"与"天下"观念的视觉材料。客观地说，始皇陵陪葬坑中的某些材料明确显示了东周以来于地下世界模拟"宅院"的传统表现格套，但有些材料却也暗示出对皇帝掌控"天下"的部分模拟与呈现。

一　始皇陵陪葬坑对"地下宫殿"世界的塑造

自 1974 年秦始皇陵园外东侧发现规模、体量巨大，布阵严谨的兵马俑陪葬坑群后，最近三十年来，随着有关秦始皇陵园考古发掘的持续深入展开，也使我们对该陵园的整体结构、陪葬坑在陵园内的空间布局、陪葬坑中所出土的陶俑等器物有了一个整体的认知。目前最新的发掘与研究结果表明：秦始皇陵园由地宫、封土、内外城垣、寝殿与便殿、园寺吏舍、陪葬坑等几个部分共同组成（图 3 - 1）[1]。其中，在秦始皇地宫封土以外、内外城垣之间，以及外城垣外部分布的陪葬坑材料就成为研究有关思维观念的重要标本。

段清波根据最新考古发掘指出：秦始皇陵园陪葬坑系统从内到外总共由四个空间层次构成。1. 地宫之内的陪葬坑。这部分的陪葬坑由于地宫还未展开发掘，所以其具体的布局与出土材料还不清楚，可暂且不说。2. 地宫外圹之外、内城之内的陪葬坑。位于该区域的陪葬坑主要以位于皇陵封土西侧、西南侧的"巾"字形车马坑、K0003 陪葬坑、K0006 陪葬坑为代表。3. 陵园内外城垣之间的陪葬坑。该区域内的陪葬坑则以位于陵园西侧，内外城垣之间的曲尺形马厩坑、珍禽异兽坑、坐俑坑以及位于陵园东

---

[1]　对秦始皇陵园布局、结构进行研究的学术史梳理参阅刘晓达：《秦始皇至汉武帝时代对"天下"观念的视觉艺术形塑》，中央美术学院人文学院博士学位论文，2013 年。

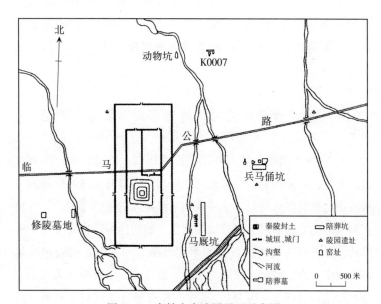

图 3-1 秦始皇帝陵园平面示意图

（采自袁仲一：《秦始皇陵考古发现与研究》，陕西人民出版社，2002 年，第 2 页，图一）

南侧内外城垣之间的 K9901 百戏俑坑、K9801 石质铠甲甲胄坑为主。4. 外城垣之外的陪葬坑：此区域则以位于陵园东部的马厩坑、兵马俑陪葬坑和位于陵园东北部的 K0007 青铜水禽坑等作为代表（图 3-2）[1]。

　　这些在空间布局与视觉形式上表现各异的秦始皇陵陪葬坑，当然可被看作是在秦始皇的政治观念、意图推动下，主持修建的臣僚集团借此展现帝王威严、建构皇权观念的物质载体。例如，袁仲一通过考证相关文献，认为负责秦始皇陵园修建前期工程

〔1〕 段清波：《秦始皇陵园考古研究》，北京大学出版社，2011 年，第 174～175 页。

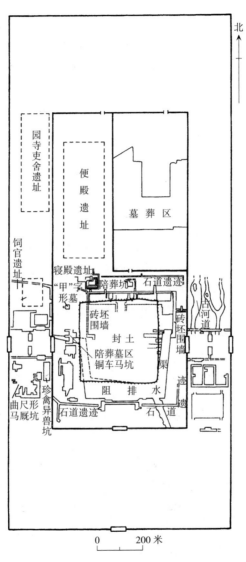

图 3-2　秦始皇帝陵园内外城垣及外城垣内陪葬坑布局示意图

（采自陕西省考古研究院、秦始皇兵马俑博物馆：《秦始皇帝陵园考古报告：2001~2003》，文物出版社，2007 年，第 4 页，图 2A）

的是吕不韦，中后期则由隗状、王绾、冯去疾、李斯等人负责。但这些臣僚无论就陵墓的整体规划、修建都是直接在秦始皇本人的意图观念下实施完成的[1]。这些载体所呈现的观念、功能各有侧重。如果把这些出土遗存进行整体性考虑，就可以发现这些在空间位置、视觉形式表现各异的材料，其实分别对应了以下三个层次的丧葬观念与功能：第一，营造地下宫殿；第二，保护地下宫殿；第三，对广阔的地理空间——"天下"世界的部分模拟与呈现。在下文中，本书的分析将分别围绕这三个主题依次展开。

　　一些学者已经指出，最迟在东周晚期以后，为国君在地下世界模拟一个死后宅院乃至地下宫殿的表现主题已经愈发清晰[2]。而与此相类似的表现形式当然在秦始皇陵园也有呈现。譬如在位于始皇陵墓封土西南角的 K0003 陪葬坑中就出土有大量的红色细泥陶片和少量的动物骨骼。据考古学家初步推测该陪葬坑的设立或许与为秦始皇本人的灵魂提供饮食的庖厨机构有关[3]。这些材料的出土使得我们不由得注意到在 1977 年 7 月以后陆续在陵园西侧内外城垣之间钻探、发掘出的珍禽异兽坑、坐俑坑的

〔1〕　袁仲一：《秦始皇陵考古发现与研究》，陕西人民出版社，2002 年，第
　　　12～14 页。

〔2〕　Wu Hung, *The Art of the Yellow Springs—Understanding Chinese Tombs*,
　　　Honolulu, University of Hawai'I Press, 2010, pp. 38 - 40. ［美］巫鸿：
　　　《黄泉下的美术——宏观中国古代墓葬》，生活·读书·新知三联书
　　　店，2010 年，第 35～38 页。刘晓达：《秦始皇至汉武帝时代对"天
　　　下"观念的视觉艺术形塑》，中央美术学院人文学院博士学位论文，
　　　2013 年。刘晓达：《东周君主陵墓对"地下宫殿"的视觉表现》，《广
　　　东第二师范学院学报》2016 年第 2 期。

〔3〕　陕西省考古研究所、秦始皇兵马俑博物馆：《秦始皇陵园考古报告
　　　2000》，文物出版社，2006 年，第 16～17 页。段清波：《秦始皇陵园
　　　考古研究》，北京大学出版社，2011 年，第 174 页。

图像表现[1]。这两个陪葬坑的空间布局较有意思，两组陪葬坑均位于秦始皇陵园内城西门以南约 130 米处，东距西内城墙 20 米，西距外城墙 150 米，北距外城西墙 150 米。其分布范围南北长 80 米、东西宽 25 米，面积约 2000 平方米。坑位分南北三行排列，东边一行 6 座，西边一行 8 座，为坐俑坑。中间一行为 17 座珍禽瑞兽坑，埋葬有各类禽兽的骨骼若干（图 3 - 3、3 - 4）[2]。从这处陪葬坑被放置的空间布局及相互之间较为紧密的联系看，

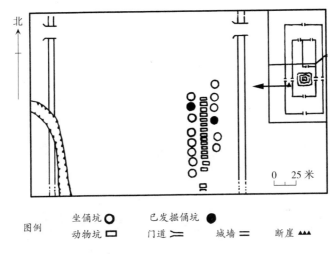

图 3 - 3　秦始皇帝陵园西侧内外城垣之间的
珍禽异兽坑与坐俑坑位置示意图

（采自袁仲一：《秦始皇陵考古发现与研究》，陕西人民出版社，2002 年，第 146 页，图四九）

---

[1]　关于古代中国雕像中的踞坐、坐、跂坐、箕踞等姿态的研究，参阅张光直主编：《李济文集（第四卷）》，上海人民出版社，2006 年，第 483 ~ 502 页；杨泓：《逝去的风韵——杨泓谈文物》，中华书局，2007 年，第 28 ~ 31 页。

[2]　秦俑坑考古队：《秦始皇陵园陪葬坑钻探清理简报》，《考古与文物》1982 年第 1 期。袁仲一：《秦始皇陵考古发现与研究》，陕西人民出版社，2002 年，第 145 ~ 148 页。

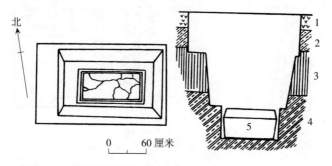

图 3 – 4 秦始皇帝陵园西侧内外城垣之间坐俑坑第 25 号及
珍禽异兽坑第 32 号坑平剖面图

（采自袁仲一：《秦始皇陵考古发现与研究》，陕西人民出版社，2002 年，
第 147 页，图五十、五一）

这些珍禽异兽应该属于皇帝生前在宫廷中放养的各类禽兽的象征
化表现。而从珍禽异兽坑与坐俑坑的位置关系看，前者显然是由
后者即位于珍禽异兽两侧的坐俑所"控制"。坐俑在这里扮演的
角色显然是珍禽异兽群体的"管理者"。这与秦始皇陵墓西侧内
外城垣之间的曲尺形马厩坑，以及皇陵东侧上焦村一带马厩坑出

土的真马、坐陶俑材料具有相似的丧葬观念[1]。而这些材料所表现出的象征意义似乎是为死后的皇帝建构一个供其享受、娱乐的"消费"主题[2]。需要指出的是，这种供帝王在地下世界从事"消费"的素材在秦始皇陵园东侧内、外城垣之间出土的K9901陪葬坑中也有显现。

K9901陪葬坑位于秦始皇陵园东侧内外城垣东南，为一座平面略呈"凸"字形、内设三条过洞、总面积为700平方米的地下坑道式土木结构陪葬坑。陪葬坑呈东西向，其东西两端分别有一条斜坡门道。值得注意的是，在该陪葬坑G3过洞的底部出土有形态各异的11个陶俑，有些陶俑已经毁损，有些已经修复（图3-5、3-6）[3]。虽然在姿态、形体并不相同，但通过仔细观察，可以注意到其中显现的若干共同特点。第一，这些陶俑都是按照

---

〔1〕 秦始皇陵园出土的用真马、陶俑组成的马厩坑共有两处。1. 位于秦始皇陵墓西侧，内外城垣之间的曲尺形马厩坑。2. 位于秦始皇陵园外城垣东侧上焦村一带出土的马厩坑。有关的考古发掘报告参阅秦俑坑考古队：《秦始皇陵东侧马厩坑钻探清理简报》，《考古与文物》1980年第4期。陕西省考古研究所、秦始皇兵马俑博物馆：《秦始皇陵园考古报告2000》，文物出版社，2006年，第18页。有关对这两个坑的研究参阅袁仲一：《秦始皇陵兵马俑研究》，文物出版社，1990年，第29～34页。

〔2〕 在秦汉—魏晋南北朝墓室壁画研究中，一些学者已经对此时期墓室壁画中出现的与"生产"、"消费"等概念息息相关的图像表现形式进行了广泛的讨论。可参阅郑岩：《魏晋南北朝壁画墓研究》，文物出版社，2002年，第162页。对有关问题的思考还可参阅贺西林：《古墓丹青——汉代墓室壁画的发现与研究》，陕西人民美术出版社，2001年，第67页。Wu Hung, *The Art of the Yellow Springs—Understanding Chinese Tombs*, Honolulu, University of Hawai'I Press, 2010, pp. 38–47.

〔3〕 秦始皇陵考古队：《秦始皇陵园K9901试掘简报》，《考古》2001年第1期。陕西省考古研究所、秦始皇兵马俑博物馆：《秦始皇帝陵园考古报告（1999）》，科学出版社，2000年，第166～199页。

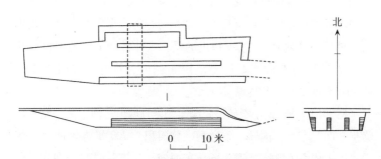

图 3 - 5　秦始皇帝陵园东侧内外城垣东南 K9901 陪葬坑平剖面图

（采自秦始皇陵考古队：《秦始皇陵园 K9901 试掘简报》,《考古》2001 年第 1 期。）

图 3 - 6　位于秦始皇帝陵园东侧内外城垣东南 K9901
陪葬坑出土之 3 号、5 号陶俑

（采自陕西省考古研究所、秦始皇兵马俑博物馆：《秦始皇帝陵园考古报告
(1999)》,科学出版社, 2000 年,图版 33、34）

真人的原比例大小制作,无论是哪件陶俑作品,其原来的高度大体都在 1.7 米以上。第二,无论是哪件陶俑,其在形式外观上表现的均较为细致、具像。第三,这些陶俑在其所扮演的角色上实际上也属于私人性的、供皇帝娱乐的素材,显然与象征追随秦始皇征战的兵马俑形象完全不同。因此有学者认为它们展现了秦代

宫廷中为帝王进行"百戏"的娱乐活动[1]。故而,该陪葬坑出土的百戏俑材料,和前面所述K0003陪葬坑、珍禽异兽坑、坐俑坑所展现的丧葬意义是相类似的,都与为秦始皇的灵魂提供"消费"、"观看"的视觉素材息息相关。

当然,秦始皇作为开创与初次建构皇帝制度的帝王,绝不会仅仅将死后居住的地下世界建构成一个类似战国初期曾侯乙墓那样的简略式地下"宅院"。值得注意的是,在2000年7月~12月发掘的位于秦始皇陵园西侧内城垣以内、封土西南角的K0006陪葬坑,为我们对此进行阐释提供了一个重要的物证。K0006陪葬坑平面呈"中"字形,坑体为东西向,由斜坡墓道和前、后室三部分构成(图3-7、3-8)。前后室南北交错,为一座总面积达410平方米的地下坑道式土木结构建筑。在该陪葬坑前室出土陶俑12件。刚出土时有些陶俑已经破碎。经过修复,根据形态大体分为袖手俑与御手俑两大类别[2]。其中的御手俑(图3-9)4件,其整体造像特征大体为戴双版长冠,冠带系于下颌,上身着交领右衽式齐膝长襦,衣襟交掩于背后之样式。从其行为表现和形式塑造上看,为驾驭车马之低级官吏,身份似乎没有充当文官角色的8件袖手俑高。

与此相对应的则是对8件袖手俑的表现(图3-10)。这8件袖手俑的表现大体为头戴双版长冠、冠带系于下颌,着交领右衽齐膝长襦,腰部束革带。其腰间另佩戴有削、砥石。下部一般穿着长裤、足蹬浅屦。对于该坑所出那12件陶俑的身份及所扮演的角色,刘占成、何宏倾向于认为该坑的陶俑身份较为低微,

〔1〕 袁仲一:《秦始皇陵考古发现与研究》,陕西人民出版社,2002年,第196~197页。

〔2〕 秦始皇陵考古队:《秦始皇陵园K0006陪葬坑第一次发掘简报》,《文物》2002年第3期。陕西省考古研究所、秦始皇兵马俑博物馆:《秦始皇帝陵园考古报告2000》,文物出版社,2006年,第65~90页。

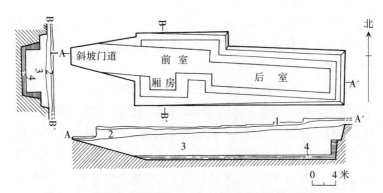

图 3-7　秦始皇帝陵园封土西南角的 K0006 陪葬坑平剖面图

（采自秦始皇陵考古队：《秦始皇陵园 K0006 陪葬坑第一次发掘简报》，《文物》2002 年第 3 期）

图 3-8　秦始皇帝陵园封土西南角的 K0006 陪葬坑出土原貌

（采自陕西省考古研究所、秦始皇兵马俑博物馆：《秦始皇帝陵园考古报告 2000》，文物出版社，2006 年，图版 33）

似乎象征了在宫廷厩苑内为皇帝提供日常出行服务的太仆官署集团[1]；段清波则根据其所佩戴的冠饰及其腰间所佩戴的削、砥

〔1〕刘占成：《秦陵新发现陪葬坑性质刍议》，《文博》2001 年第 4 期。何宏：《文官俑坑探微》，秦始皇兵马俑博物馆《论丛》编委会、吴永琪：《秦文化论丛（第十二辑）》，三秦出版社，2005 年，第 770～775 页。

图 3 – 9　秦始皇帝陵园封土西南角 K0006 陪葬坑前室第 3 号陶俑

（采自陕西省考古研究所、秦始皇兵马俑博物馆：《秦始皇帝陵园考古报告 2000》，文物出版社，2006 年，图版 60）

图 3 – 10　秦始皇帝陵园封土西南角 K0006 陪葬坑前室第 1、7 号陶俑

（采自陕西省考古研究所、秦始皇兵马俑博物馆：《秦始皇帝陵园考古报告 2000》，文物出版社，2006 年，图版 42、46）

石，并结合《汉书·百官公卿表》中对有关舆服样式的文献记载，确认其在该陪葬坑中所扮演的角色应该是较高级的八级公乘文官。段氏进而指出该陪葬坑象征了秦王朝中央政府的一个官府机构[1]。以上学者的研究当然都值得重视，但作者同时认为，假如将出土于地宫封土西侧的铜车马坑与位于地宫封土西南角的K0006陪葬坑联系起来看待，则对K0006陪葬坑内出土陶俑所具有的功能会有一个更深入的认知。

　　铜车马坑位于秦始皇陵园封土西侧，考古学家已经于1980年对这个陪葬坑进行了全面发掘清理。并于其中的1号耳室中发掘出土了两乘造型各异的铜车马，铜车马采取一前一后的形式被放置于长方盒状的木椁中（图3-11、3-12）。前面一辆车由驾

图3-11　秦始皇陵园封土西侧铜车马坑1、2号铜车马发掘现场
　　（采自王仁波：《秦汉文化》，学林出版社、上海科技教育出版社，2001年，第60页，图27）

---

[1]　段清波：《秦始皇陵园考古研究》，北京大学出版社，2011年，第208～216页。

图 3 - 12　秦始皇帝陵园封土西侧铜车马坑中出土 1、2 号铜车马

（采自中国社会科学院考古研究所：《中国考古学·秦汉卷》，中国社会科学出版社，2010 年，图版 4 - 1、4 - 2）

驭四匹马的驭者掌控，其车带有伞盖和一个浅车厢。据考古发掘报告和通行的研究观点，该车实际上属于在皇帝车队中用于开导、警戒和征伐的立车。后一辆车也由驾驭四匹马的驭者掌控，但与前者相比，它由一个封闭的无人车厢和蓬盖构成。一些学者已根据该车形制，以及和此车同时出土的一条铜辔索末端朱书"安车第一"确定其为供始皇帝出巡用的"安车"，作者在这里也表示赞同[1]。虽然，无论就车的比例还是御者的比例而言，这两辆车都只相当于真实车辆的一半，并无实际的用途，但其制

---

〔1〕　段清波：《秦始皇陵园考古研究》，北京大学出版社，2011 年，第 323 ~ 326 页。有关研究参阅袁仲一：《秦始皇陵考古发现与研究》，陕西人民出版社，2002 年，第 125 ~ 127 页。

作程序、外观却又都是对真实车辆的精确制造与模仿。亦即，尽管在现在生活中它们毫无用处，但可以作为供死者在未知的地下世界中使用的"明器"[1]。准此，就可以认定这两辆车的制作、放置实际上也暗示出它们是供秦始皇死后的灵魂出游[2]。但这里又涉及到一个问题，它们将去往何方？在这个想象中的地下世界中，除了那两辆铜马车外又有什么人、什么媒介将伴随着秦始皇的灵魂巡行？在上文的讨论中，作者曾注意到与"巾"字型铜车马坑相隔并不太遥远的、位于封土西南侧的 K0006 陪葬坑中的陶俑题材。假设将陵园陪葬坑的布局与形式表现看作是一个整体的话，或许就可以注意到这两座陪葬坑之间的有机联系。从秦始皇本人的性格看，他是一个具有强烈的控制欲望，同时又不会满足于闲坐于宫廷之中的君主。除了在其统治时期出巡四边，以显示威仪外，即便是在咸阳，他的个人行迹也常常飘忽不定，莫知所在。如《史记》就曾记载他有关微服巡视咸阳的故事：

> 三十一年，始皇为微行咸阳，与武士四人俱，夜出逢盗兰池。见窘，武士击杀盗，关中大索二十日[3]。

> （三十五年）始皇帝幸梁山宫，从山上见丞相车骑众。弗善也。中人或告丞相，丞相后损车骑。始皇怒曰："此中

---

[1] 关于对明器（鬼器）、生器、祭器（人器）等概念的研究，参阅巫鸿：《"明器"的理论与实践——战国时期礼仪美术的观念化倾向》，《文物》2006 年第 6 期。巫鸿：《"生器"的概念与实践》，《文物》2010 年第 1 期。Wu Hung, *The Art of the Yellow Springs—Understanding Chinese Tombs*, Honolulu, University of Hawai'I Press, 2010, pp. 87 – 91.

[2] 对于"魂车"的研究，参阅巫鸿：《说"俑"：一种视觉文化传统的开端》，李清泉译，郑岩、王睿：《礼仪中的美术——巫鸿中国古代美术史文编》，生活·读书·新知三联书店，2005 年，第 612 页。

[3] ［汉］司马迁：《史记》，中华书局，1959 年，第 251 页。

人泄吾语。"案问莫服。当是时，诏捕诸时在旁者，皆杀之。自是后莫知行之所在[1]。

因此从这个角度看，在秦始皇的心目中，作为自己死后的灵魂在地下世界长存的居所，位于地宫西侧包括"巾"字形车马坑、K0006陪葬坑所呈现的视觉场景不一定就是孤立而静止的"景观"，而是一个供他的灵魂随意调动与使用的移动式"场景"。巫鸿已经注意到"巾"字形车马坑中那两辆车揭示了秦始皇的灵魂将以此为旅行的起点[2]。那么，和"巾"字形车马坑相隔不远的K0006陪葬坑中的御手俑、文官俑则应该象征着他们将伴随秦始皇的两辆车驾巡行整个地宫乃至潜在的"地下空间世界"的情节。它们和位于地宫封土西南角的K0003陪葬坑、内外城垣之间的珍禽瑞兽坑、坐俑坑、曲尺形马厩坑、百戏俑坑形成了两个对应的情节主题。后者显现出为死者在地下宫廷中提供一整套物质生活、娱乐消费活动的企图，而前者则表现出秦始皇的灵魂乘坐着车马，在一众文官与御者的伴随下巡视整个陵园以宣示威仪的叙事化的"场面"。

进行到这里，又会面对两个问题，他所巡视的整个陵园将由谁来保护？而这个陵园又象征着多大的视觉场景空间？对于这些问题，本书将在下面的部分再进行更深入的探寻。

二 震慑、保护与永存：以K9801陪葬坑为论述中心

学术界对位于秦始皇陵园外城垣东侧的兵马俑坑的研究已经趋于饱和。而对其所具有的丧葬功能，学者们也大体上对此有所

---

〔1〕 ［汉］司马迁：《史记》，中华书局，1959年，第257页。
〔2〕 前揭郑岩、王睿：《礼仪中的美术——巫鸿中国古代美术史文编》，生活·读书·新知三联书店，2016年，第611～612页。

定论。如早在 20 世纪 80 年代，一些学者就注意到秦始皇陵园东外城垣东侧的兵马俑陪葬坑就具备重要的守卫、保护职能。如袁仲一提出它象征着守卫京城的宿卫军这个重要观点。其后的学者们也多延续此说，或者提出与之相类似的观点，这里不再赘述[1]。特别值得注意的是，1998 年考古学家们在陵园东侧内外城垣之间发现了 K9801 石质铠甲陪葬坑（图 3 - 13），这些材料也为继续解释相关的问题提供了丰富的标本[2]。由于该陪葬坑出土的铠甲是由造型各异的甲片组成，按照杨泓关于中国古代甲胄的重要研究，此种材料属于由单个甲片连缀而成的铠甲样式[3]。按照相关的考古报告对这些材料进行的分类，它

---

〔1〕 参阅袁仲一：《秦始皇陵考古纪要》，《考古与文物》，1988 年第 5、6 期。石兴邦：《秦代都城和陵墓的建制及其相关的历史意义》，《秦文化论丛·第一辑》，西北大学出版社，1993 年，第 98～130 页。杰西卡·罗森：《祖先与永恒：杰西卡·罗森中国考古艺术文集》，邓菲、黄洋、吴晓筠译，生活·读书·新知三联书店，2011 年，第 223 页。

〔2〕 张占民：《秦陵铠甲坑发现记》，《文博》1999 年第 5 期。王望生：《秦始皇陵青石铠甲坑考古试掘》，《文博》1999 年第 6 期。始皇陵考古队：《秦始皇陵园 K9801 陪葬坑第一次试掘简报》，《考古与文物》2001 年第 1 期。陕西省考古研究所、秦始皇兵马俑博物馆：《秦始皇帝陵园考古报告（1999）》，科学出版社，2000 年，第 48～165 页。陕西省考古研究所、秦始皇兵马俑博物馆：《秦始皇帝陵园考古报告（2000）》，文物出版社，2006 年，第 95～182 页。陕西省考古研究所、秦始皇兵马俑博物馆：《秦始皇帝陵园考古报告（2001～2003）》，文物出版社，2007 年，第 270～305 页。

〔3〕 杨泓：《中国古代的甲胄》，《考古学报》1976 年第 1 期。收录杨泓：《中国古兵与美术考古论集》，文物出版社，2007 年，第 14～17 页。蒋文孝、吕劲松：《关于秦铠甲的几个问题》，秦始皇兵马俑博物馆《论丛》编委会、吴永琪：《秦文化论丛（第十二辑）》，三秦出版社，2005 年，第 840～855 页。蒋文孝：《秦陵出土石甲胄制作工艺探析》，秦始皇兵马俑博物馆《论丛》编委会、吴永琪：《秦文化论丛（第十二辑）》，三秦出版社，2007 年，第 373～385 页。

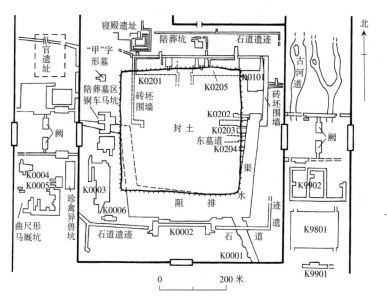

图 3－13　秦始皇帝陵园东侧内外城垣之间 K9801 坑布局示意

（采自始皇陵考古队：《秦始皇陵园 K9801 陪葬坑第一次试掘简报》，《考古与文物》2001 年第 1 期，第 1 页，图一）

们大致可以划分为供士兵穿戴的人甲类型和供战马穿戴的马甲类型甲片。就人甲类型而言，又可确定为长方形、方形、等腰梯形、鱼磷形、不规则形等五个类别。而供马匹穿戴的马甲则可分为长方形、孤刃形、近方形等三个类别[1]。

　　考古学家对石铠甲片的复原已经立体性地呈现出它们刚被埋藏在陪葬坑中的外观（图 3－14）。对于这批甲胄材料，可以明显看出其中显示的若干特点：首先便是做工细致。这些铠甲由一片片的长方形、方形、等腰梯形、鱼鳞形等各种样式的单个甲片构

────────────

〔1〕　陕西省考古研究所、秦始皇兵马俑博物馆：《秦始皇帝陵园考古报告（1999）》，科学出版社，2000 年，第 61～66 页。

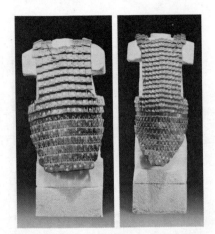

图3-14　秦始皇帝陵园陪葬坑 K9801T2G2 甲5甲6复原图

（采自陕西省考古研究所、秦始皇兵马俑博物馆：《秦始皇帝陵园考古报告（2001~2003）》，文物出版社，2007年，图版133~134）

成，每个甲片都经过细致的打磨加工，再由细铜丝绳进行精密的串制而成。其次，从考古学家对铠甲的复原图片看，这些数量众多的铠甲所组成的甲衣与人体的比例关系是较为合理的。亦即，它们应该是为秦始皇想象中的地下军队——兵马俑提供必要的装备而存在的。因此从这个意义上讲，该铠甲坑实际上是作为一个存放铠甲等武器的武库而存在的，这是它所具有的一个最基本的功能。

但问题似乎并非那么简单。有意思的是，该坑所出铠甲全部都由石质材料制作而成。据考古学家估测，每件成型的甲衣大体都在15千克左右，并不轻便。此外，一些学者也进而指出这些铠甲一方面相对于皮制、青铜制与铁制铠甲的技术程序复杂、费时费工，另一方面在实战中极易破碎，并不坚固。因此它更具有文献记载的丧葬明器"貌而无用"的特殊性质[1]。那么，作为

---

〔1〕　[清] 王先谦：《荀子集解（下册）》，沈啸寰、王星贤点校，中华书局，1988年，第245页。

一种供死者在死后世界使用的"明器"，它又具备哪方面的具体功能？值得注意的是，作为一种特殊媒材的石头在一定程度上本身就具有震慑辟邪、感灵通神的功能。如《华阳国志·蜀志》就记载战国时期秦蜀郡太守李冰建都江堰时"外做石犀五头以压石精"的历史故事[1]。复如，《太平御览》也记录了"汉武昆明池养鱼，往往飞去，后刻石为鲸鱼致水中，乃不飞去，每至当雨，鱼当鸣吼"[2]。

同时，在秦汉魏晋时期人们的思想中，石头这种特殊的媒介也具有永恒保存与永生的特殊效果。如《史记》卷一百二：张释之冯唐列传第四十二中就记录汉文帝触景生情后发出的所谓"嗟乎！以北山石为椁，纻絮斫陈絮漆其间，其可动哉"的观念[3]。同样的观念在东汉晚期流传的《古诗十九首》中也有显现，如"人生非金石，岂能长寿考"就大体与上文中所反映的思想相似[4]。石头作为一种特殊的媒介甚至常常与魏晋时

----

〔1〕［晋］常璩：《华阳国志校补图注》，任乃强校注，上海古籍出版社，1987年，第133页。

〔2〕［宋］李昉等：《太平御览》，中华书局，1960年，第252页。需要指出的是：据《太平御览》记录，该文献原出自《西京杂记》。但现存版本的《西京杂记》所记录与汉武帝所建昆明池相关的一条材料却与《太平御览》所收录原出自《西京杂记》的那条文献并不相同。现存《西京杂记》记录："昆明池刻玉石为鲸鱼，每至雷雨，鱼常鸣吼，鬐尾皆动。汉世祭之以祈雨，往往有验。"［汉］刘歆：《西京杂记》，［晋］葛洪集，王根林校点，上海古籍出版社：《汉魏六朝笔记小说大观》，上海古籍出版社，1999年，第83页。由此可看出，《太平御览》所收录的这条文献已在《西京杂记》原书中遗佚无存，对这个问题可再做考证。

〔3〕［汉］司马迁：《史记》，中华书局，1959年，第2753页。

〔4〕逯钦立辑校：《先秦汉魏晋南北朝诗（上册）》，中华书局，1983年，第332页。另见［南朝·梁］萧统：《文选》，［唐］李善注，上海古籍出版社，1986年，第1347页。

代文人笔记中追寻的"永恒"、"永久"等情怀联系在一起。如《西京杂记》卷第六"广川王发古冢"条中就记录了西汉中期广川王刘去疾发掘魏王子且渠冢时所见到的情况："魏王子且渠冢，甚浅狭，无棺枢，但有石床，广六尺，长一丈，石屏风，床下皆是云母。床上两尸，一男一女，皆年二十许，俱东首，裸卧无衣裳，肌肤颜色如生人，鬓发齿爪亦如生人。王甚惧之，不敢侵近，还拥闭如旧焉。"[1]在这段描述中，做为一种特殊的介质，石头也与文中强调的魏王子夫妇的尸体"肌肤颜色如生人"这样一种具有永恒性特征的效果息息相关。虽然《西京杂记》这一文献较为晚出，其所流露出的观念大体显现了魏晋时人的所思、所感、所想，但这种观念在前代或许已经形成。

因而，重新回到对 K9801 石质铠甲陪葬坑的解读中时，就会注意到此陪葬坑出土的这套做工细致的石质铠甲甲胄材料首先具有震慑辟邪的特质，它和位于陵园外城垣东侧的秦始皇兵马俑（图 3 - 15）提供了为秦始皇的灵魂充当护卫者的功能，这是它所具有的最基本的属性。但同时，也不应该忽略，作为一种具有永恒特质的媒介，它也使供秦始皇的卫兵在地下世界使用的铠甲具有了可永久保存以及震慑、辟邪的魔力。秦始皇陵园陪葬坑的设计者将石头这一特殊的介质纳入到陵园这一丧葬与礼仪环境中，也显示出对石头这一材质的独特偏爱。如考古学家在秦始皇陵园西北处的临潼郑庄发掘出土秦始皇时期的大型石料加工厂遗址[2]。

实际上，对这一特殊的媒介进行使用在东周晚期秦国境内的石鼓文艺术中就有最初的渊源[3]。相似的材质表现也见诸于陕

---

〔1〕 ［汉］刘歆：《西京杂记》，［晋］葛洪集，王根林校点，收录上海古籍出版社：《汉魏六朝笔记小说大观》，上海古籍出版社，1999 年，第 116 页。

〔2〕 秦俑坑考古队：《临潼郑庄秦石料加工厂遗址调查简报》，《考古与文物》1981 年第 1 期。

〔3〕 徐宝贵：《石鼓文整理研究》，中华书局，2008 年。

图 3 - 15　秦始皇帝陵园兵马俑群
（刘晓达 2006 年 9 月 21 日拍摄于西安秦始皇兵马俑博物馆）

西凤翔秦景公大墓出土刻有文字的巨型石磬、石马材料，以及凤翔秦公九号陵园出土的若干小型石俑艺术[1]。而正如前文中已经注意到的，这种对石质媒介具有独特喜好的趣味，在秦始皇出巡过程遗留下来的大量立石材料中也有重要传承。此外，林梅村还注意到秦帝国在统一之后塑造的一批纪念碑式的石雕像，如骊山石麒麟、咸阳宫青石五枝灯、兰池石鲸鱼、渭桥秦力士像、石柱桥忖留神等[2]。尽管以上材料在视觉形式的表现上多有不同，但这些对石质材料的使用或许也为秦汉以后以石头做为媒介的大量纪念碑性石雕、丧葬礼仪建筑的出现拉开了序幕[3]。

----

〔1〕　王学理：《秦物质文化史》，三秦出版社，1994 年，第 270 ~ 273、389 ~ 392、262 ~ 265 页。林梅村：《古道西风——考古新发现所见中西文化交流》，生活·读书·新知三联书店，2000 年，第 147 ~ 148 页。徐卫民：《秦公帝王陵》，中国青年出版社，2002 年，第 45 ~ 55 页。

〔2〕　林梅村：《古道西风——考古新发现所见中西文化交流》，生活·读书·新知三联书店，2000 年，第 99 ~ 106 页。

〔3〕　Wu Hung（巫鸿），*Monumentality in Early Chinese Art and Architecture*, Stanford, Stanford University Press, 1995. pp. 121 - 142. 中译本见 ［美］巫鸿：《中国古代艺术与建筑中的纪念碑性》，李清泉、郑岩等译，上海人民出版社，2009 年，第 154 ~ 182 页。

以上主要从两个层面分析了秦始皇陵园陪葬坑中显现的两个主题。如果说，位于该陵园封土西南侧的 K0003 陪葬坑、K0006 陪葬坑、封土西侧的铜车马坑和位于陵园内外城垣之间的珍禽瑞兽坑、坐俑坑、曲尺形马厩坑、百戏俑坑，共同组成了为死者提供在地下宫殿世界进行生活与娱乐的视觉场景、情节的话，那么，位于陵园东侧内外城垣之间的 K9801 石质铠甲陪葬坑所具有的功能，就如同为学界共知的位于东外城垣外的兵马俑坑，都起到为整个秦始皇陵园提供保护、不受想象中的地下邪恶势力侵犯的职能。只不过，由于石铠甲所具有的特殊介质——石材的关系，它在此场景中又同样具有了某种追求永恒与永久保存效力的特性。

三 始皇陵中的地理"景观"：
对 K0007 陪葬坑的解读

问题也就由此而生——难道作为千古一帝的秦始皇本人仅仅满足于他的陵墓只是被塑造成一个地下的宫殿世界？从近年来新出土的另一些陪葬坑中是否可以对始皇陵园显示出的主题进行进一步的思考？

对此，2001 年 8 月～2003 年 3 月，在秦始皇陵园外城垣东北处发掘出土的 K0007 号陪葬坑就值得特别注意。K0007 陪葬坑位于该陵园外城垣东北角 900 余米处。平面呈 F 形，由一条斜坡道、两条南北向过洞，以及一条东西向过洞组成。总面积为 978 平方米，为地下坑道式土木建筑结构的陪葬坑。主体坑面积为 298 平方米，依其形制可分为三个区域。分别由平面呈"一"字形的东西向过洞，以及两条平面分别呈"凸"字形、"｜"字形的南北向过洞组成。有意味的是，考古学家们在该坑Ⅰ区即东西向过洞底部垫木夯土台之间，发现了平面呈凹槽状的象征性河道。河道系用青膏泥在夯土基础及三侧垫木夯土内侧

图 3 – 16　秦始皇帝陵园 K0007 陪葬坑出土时地貌

（采自陕西省考古研究院、秦始皇兵马俑博物馆：《秦始皇帝陵园考古报告 2001～2003》，文物出版社，2007 年，图版17）

涂抹而成。泥层厚约 0.04～0.06 米，在垫木夯土台内侧形成缓坡状。同样的视觉表现形式在该陪葬坑Ⅲ区南北向过洞中也存在。由于Ⅰ区和Ⅲ区是呈直角线相互贯通、连接在一起的，这样从平面上看，人工型的河道就构成了一个完整的整体（图 3 – 16、3 – 17）[1]。

　　在保存条件较好的Ⅰ区象征性河道内，考古学家们还发现河道内自西向东错落有致地布列有 46 件原大的青铜水禽，其题材大体以天鹅、鹤、鸿雁等为主（图 3 – 18）[2]。据考古发掘者的现场观察，这些青铜水禽除了在形式表现上惟妙惟肖外，所有的

〔1〕　陕西省考古研究所、秦始皇兵马俑博物馆：《秦始皇陵园 K0007 陪葬坑发掘简报》，《文物》2005 年第 6 期。陕西省考古研究院、秦始皇兵马俑博物馆：《秦始皇帝陵园考古报告 2001～2003》，文物出版社，2007 年，第 109～185 页。

〔2〕　陕西省考古研究所、秦始皇兵马俑博物馆：《秦始皇陵园 K0007 陪葬坑发掘简报》，《文物》2005 年第 6 期。陕西省考古研究院、秦始皇兵马俑博物馆：《秦始皇帝陵园考古报告 2001～2003》，文物出版社，2007 年，第 109～185 页。

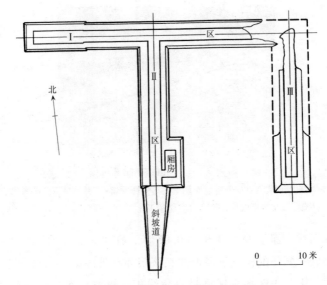

图 3 −17 秦始皇帝陵园外城垣东北处 K0007 陪葬坑平面图
（采自陕西省考古研究院、秦始皇兵马俑博物馆：《秦始皇帝陵园考古报告
2001 ~2003》，文物出版社，2007 年，第110 页，图43）

水禽都展现出一种在动态过程中的瞬间姿态。通过这样一种逼真
化的视觉呈现。该陪葬坑中的河道和沿河道场景布置的青铜水禽
就具有了某种感灵通神般的视觉魔力。但问题也就相伴随而
生——为什么这组在形式表现上非常逼真的青铜水禽材料，会被
放置在这样一种同样"逼真"的河道场景中？它在陵园中具备
有什么样的特殊功能？这种"场景性"的视觉表现形式在秦汉
时代是单独存在的孤例，还是属于一系列类似的视觉表现"惯
例"中的一个有机组成部分？

　　K0007 陪葬坑中的有关场景表现的核心特征，是通过营
造一个象征性的空间（如河流）并结合放置一些表现逼真的
题材（如青铜水禽），从而使这种具有"缩微"化表现特征

图 3 - 18　K0007 陪葬坑 I 区内象征性河道和各类禽鸟塑像

（采自陕西省考古研究院、秦始皇兵马俑博物馆：《秦始皇帝陵园考古报告 2001~2003》，文物出版社，2007 年，图版 30）

的"场面"产生具有象征深远空间功能的效果。对此，袁仲一已经注意到此坑中的视觉表现，应该与为秦始皇在地下世界模拟宫廷苑囿禽园的思想息息相关[1]。刘钊、焦南峰等人也指出 K0007 陪葬坑展现的是秦代上林苑在地下世界的模拟缩影[2]。罗明进一步认为位于该陪葬 II 区内的 4 件箕踞陶

[1]　袁仲一：《关于秦始皇陵铜禽坑出土遗迹遗物的初步认识》，秦始皇兵马俑博物馆《论丛》编委会、吴永琪：《秦文化论丛（第十二辑）》，三秦出版社，2005 年，第 722~731 页。

[2]　参阅刘钊：《论秦始皇陵园 K0007 陪葬坑的性质》，《中国文物报》2005 年 8 月 5 日。焦南峰：《秦始皇陵园 K0007 陪葬坑性质蠡测》，《文物》2005 年第 12 期。

图 3 - 19　K0007 陪葬坑 Ⅱ 区内的箕踞、跽姿陶俑像

（采自陕西省考古研究院、秦始皇兵马俑博物馆：《秦始皇帝陵园考古报告
（2001～2003）》，文物出版社，2007年，图版57、66）

俑、5件跽姿陶俑展现了秦始皇生前在上林苑内弋射的场景
（图3－19）[1]。这种对该坑场景布局与题材意义的解释当
然是正确的，但如果局限于对该陪葬坑本身"场景"的解
读，就无法进一步对它显现的更深层次的象征意义进行深
入分析。

　　实际上，K0007陪葬坑所显示的视觉表现"格套"并不是孤
立存在的。它所展现出的场景可能是那一时代由帝王直接推动倡
导，出于某种政治或文化欲望而在地下建构的具有强烈象征空间
特征的一系列"视觉"景观中的组成部分。如果细致检索秦皇

〔1〕　罗明：《秦始皇陵园 K0007 陪葬坑弋射场景考》，《考古》2007年第1
　　　期。有关研究还可参阅刘敦愿：《古代庭院植树与观赏养鹤》，刘敦
　　　愿：《美术考古与古代文明》，人民美术出版社，2007年，第237～240
　　　页（该文原名：《战国铜鉴上的庭院植树与观赏养鹤》，《文物天地》
　　　1990年第3期）。方辉：《记皇家安大略博物馆收藏的一件画像青铜
　　　壶》，《故宫文物月刊》1999年第17卷第2期。方辉：《海岱地区青铜
　　　时代考古》，山东大学出版社，2007年，第462～477页。

汉武时代与帝王联系密切的巨型"景观"塑造，那么就可以从这一"线索"中，发现与把握它们背后所隐藏的视觉表现"惯例"及象征意义。在这个问题上，郑岩曾认为应将作品看作与特定年代、人物、事件、地域相关的作品，并试图将风格放置在更为具体的历史背景中加以解释，从而将作品主题、形式等内部元素的讨论与社会、宗教等外部问题的研究结合起来。他同时认为在历史的语境中，包括霍去病墓石刻以及牵牛、织女像等并不是独立的雕塑作品，它既不被单独陈列，其意义也不能只靠自身来实现。它们都是体量巨大的工程的组成部分，这种工程称为"景观"[1]。而上述这种思考也促使我们将视域转向秦皇汉武时代帝王在地上建构的一些重要的视觉场景，而不仅仅将始皇陵中K0007陪葬坑的景观表现当成一种孤立的"视觉"表现形式去看待。

作为一个开创皇帝制度并进而希望塑造所谓"日月所照，舟舆所载，皆终其命，莫不得意"的理想帝国的君主，从其统一六国的历史进程中，就致力于将都城附近营造成为一个缩微性的"天下"。比如，在其统一战争完成的当年，即"徙天下豪富于咸阳十二万户"，"秦每破诸侯，写放其宫室，作之咸阳北阪上，所得诸侯美人钟鼓，以充入之"[2]。对此，美国学者陆威仪（Mark Edward Lewis）也注意到这种行为可能与秦始皇将咸阳附近塑造为一个缩微性帝国的企图相关[3]。更值得注意的是，

〔1〕 郑岩：《风格背后——西汉霍去病墓石刻新探》，《陕西历史博物馆馆刊（第18辑）》，2011年，第140~161页。

〔2〕 ［汉］司马迁：《史记》，中华书局，1959年，第239页。

〔3〕 Mark Edward Lewis（陆威仪），*The Construction of Space In Early China*，Albany，State University of New York Press，2006，p. 171. 另参阅［美］陆威仪：《早期中华帝国：秦与汉》，王兴亮译，中信出版集团，2016年，第90~91页。

像这种通过"缩微式"景观的处理方法来呈现更大范围空间的形式表现，在观察秦始皇时代对兰池宫的建造中也能够看到。

兰池宫位于秦咸阳宫东部，即现在咸阳城以东杨家湾一带。虽然该宫室早已经无存，但《三秦记》"兰池宫"条却如实记载："始皇引渭水为长池，东西二百里，南北三十里，刻石为鲸鱼二百丈。"[1]宋敏求《长安志》对《三秦记》的注引也保存了更为完整的信息："始皇引渭水为长池，东西二百里，南北三十里，筑为蓬莱山，刻石为鲸鱼，长二百丈。亦曰兰池陂。"[2]秦始皇在兰池宫中建构兰池这一行为，从历史上看当然有其最早的渊源。如《诗经·大雅》"灵台"条即记载："王在灵囿，麀鹿攸伏。麀鹿濯濯，白鸟翯翯。王在灵沼，于牣鱼跃。"[3]从中即可看出商周时代即有豢养禽兽、禽鱼的台榭、池沼景观。一些学者也进而认为商周时期的君主在宫殿中即已展开对池苑的建筑活动[4]。近年来的考古发掘也提供了有关具体的实际案例。如在1999～2000年，考古学家在河南偃师商城宫殿遗址中发掘

---

〔1〕　对秦兰池宫遗址位置的考证，参阅刘庆柱：《三秦记辑注》，三秦出版社，2006年，第8～9页。另参阅陕西省考古研究所：《秦都咸阳考古报告》，科学出版社，2004年，第15页。

〔2〕　[宋]宋敏求：《长安志》，[清]毕沅校证，台北成文出版社有限公司，1970年，第67页。[清]毕沅：《关中胜迹图志》，张沛校点，三秦出版社，2004年，第272页。

〔3〕　程俊英、蒋见元：《诗经注析（下册）》，中华书局，1991年，第789页。另参阅[日]冈大路：《中国宫苑园林史考》，学苑出版社，2008年，第17页。汪菊渊：《中国古代园林史》，中国建筑工业出版社，2012年，第21～22页。

〔4〕　参阅南越王宫博物馆筹建处、广州市文物考古研究所：《南越宫苑遗址：1995、1997年考古发掘报告（上册）》，文物出版社，2008年，第296～297页。

图 3 - 20　河南偃师商城宫城池苑遗址全图

（采自中国社会科学院考古研究所河南第二工作队：《河南偃师商城宫城池苑遗址》，《考古》2006 年第 6 期，附录图版 4 - 2）

出土了初具雏形的"水池"景观。该水池位于宫城北部，基本结构以斗状的长方形水槽为基础，平面为长方形，东西长约 100 米，南北宽约 20 米，略呈东南—西北向，口大底小。水池建于生土上，然后人工回填白色掺有料姜石的土，分层铺垫，层次明显。水底则用打磨成方形或长方形的青灰色页岩的石板平铺。接着再用大小不一的石块砌筑石壁。水池的东、西水道均与护城河相通，因此也就形成了一个完整的活水循环系统，其功能应该是供商王娱乐的城市池苑场所（图 3 - 20）[1]。如果仔细地将河南偃师商城遗址内的池苑和秦始皇时代修建的兰池做一个视觉对

---

[1]　中国社会科学院考古研究所河南第二工作队：《河南偃师商城宫城池苑遗址》，《考古》2006 年第 6 期。杜金鹏、张良仁：《偃师商城发现商早期帝王池苑》，《中国文物报》1999 年 6 月 9 日。

比，就会发现这一早期的池苑景观的处理手法比较简略，仅仅构建了一个简略的、没有任何象征性空间意义的水池。它在视觉表现和功能上与秦始皇时代对兰池的建构并不相同。客观来看，偃师商城内的池苑仅仅是一个人工性的池塘，由于缺乏大型的具有象征意义的雕塑、建筑等附属景观，这个人工池塘并没有显现出强烈的"象征性空间"。反之，秦始皇对兰池的塑造却并非那样简单。通过在该池营建一些具有象征性意味的人工雕塑如蓬莱山、石鲸鱼，兰池也在一定程度上被"形塑"成一个来自异域世界的广阔空间。它的意义也在秦始皇本人意志、趣味的直接推动下，借官僚、艺术工匠之手，由原本的单一池苑被转化为一个具有复杂政治与文化象征意义的深远地理空间。从一定意义上讲，它展现了秦始皇对帝国域外未知世界的关注与强烈的占有欲望。实际上，始皇对掌控"天下"世界的思考、觊觎在他塑造的其他"景观"中也能明显看出。譬如，在前章中已经指出的在他出巡过程中于帝国东部立石。无论就这些立石的内容，还是其空间放置位置都表达了对"天下"占有的欲望。此外，碣石宫、驰道、直道、长城这些巨型的建筑、场景的设置其实也与上述思想息息相关。这些问题由于已在前文中做过深研，这里就不再赘述。

回过头来，再对秦始皇陵园外城垣东北部 K0007 陪葬坑进行观察，就会发现该陪葬坑对具有强烈象征特征的地理空间的的表现，在秦始皇时代并不是孤立存在的。相反，这一表现形式应该属于那一时代的帝王们借此"格套"对他们所觊觎的某种理想化的"天下"世界的部分呈现。K0007 陪葬坑的图像意义就不一定仅仅解释成秦代上林苑在地下世界的反映。它可能借此展现了秦始皇对他所能控制的地下世界的某种思考。当然，限于技术、丧葬礼制和 K0007 陪葬坑的空间，秦始皇和他的臣僚不可能像他们建造兰池一样，在地下世界也营造出东西、南北几百里的庞大人工自然景观，但充分利用一个有限的地下陪葬空间，通过营建逼真的河流、水禽图景来形塑、象征一个虚拟的杳远地理空间，并借以表达一种对永恒的地下王国空间的控制、想象与部分表现，则是秦始皇和他的臣僚们可以付诸实施与完成的设计方案。

此外还要特别注意的是，研究秦始皇陵墓的学者曾普遍津津乐道于《秦始皇本纪》中对有关"上具天文、下具地理"语词的运用。他们也进而认为这里的"上具天文、下具地理"应是对秦始皇陵墓地宫内视觉场景的描述[1]。在成书较晚的文献对秦始皇陵墓的记录中，"上具天文、下具地理"反倒被叙述的更为清晰。如在成书于十六国时代的《拾遗记》中就有以下描写："昔始皇为冢，敛天下瑰异，生殉工人，倾远方奇宝于冢中，为江海川渎及列山川之形。以沙棠沉檀为舟楫，金银为凫雁，以琉璃杂宝为龟鱼。又于海中作玉象鲸鱼，衔火珠为星，以代膏烛，光出墓中，精灵之伟也。"[2]又，北魏时期成书的《水经注·渭水注》也记录所谓："始皇贪其美名，因而葬焉。斩山凿石，下锢三泉。以铜为椁，旁行周回三十余里，上画天文星宿之象，下以水银为四渎、百川、五岳、九州，具地理之势。宫观百官，奇器珍宝，充满其中。"[3]此外，成书于魏晋时期的《三秦记》曾记录："始皇冢中，以夜光珠为日月，殿悬明月珠，昼夜光明。"

〔1〕 袁仲一：《秦始皇陵考古发现与研究》，陕西人民出版社，2002 年，第38～39 页。杨鸿勋：《杨鸿勋建筑考古学论文集》，清华大学出版社，2008 年，第229 页。

〔2〕 [晋] 王嘉：《拾遗记》，上海古籍出版社本社：《汉魏六朝笔记小说大观》，上海古籍出版社，1999 年，第526 页。

〔3〕 [北魏] 郦道元：《水经注校证》，陈桥驿校证，中华书局，2007 年，第461 页。

应该是对所谓"上具天文"一词的描写[1]。稍后的《三辅故事》也曾记载："秦始皇葬骊山，明月珠为日月，水银为江海，金银为凫鹤，又刻玉石为松柏"，"秦始皇葬骊山，起高陵五十丈，下以水银为泉，以明珠为月，中多文贝"，"秦始皇葬骊山，起高陵五十丈，下涸三泉，周回七百步。目明珠为日月，人鱼膏为脂烛，金银为凫雁，金蚕三十箔，四门施徼，奢侈太过。"[2]如果对这些文献中的描写仔细推敲，会发现一方面魏晋以后文献中对所谓"上具天文、下具地理"的描写比较详实，并对秦始皇陵园内的地下世界充满了无尽想象。但另一方面，这里的"上具天文、下具地理"并没有明确说明这种描写到底是对地宫内部场景的叙述，还是对包括各个陪葬坑在内的整个陵园地下世界的认识[3]。

与此相比，在撰写年代较早的《史记·秦始皇本纪》、《汉书·楚元王传第六·刘向传》中，所谓"上具天文、下具地理"其实也并不一定完全特指地宫内的景观。司马迁在《史记·秦始皇本纪》记载："三十七年九月，葬始皇郦山。始皇初即位，穿治郦山，及并天下，天下徒送诣七十余万人。穿三泉，下铜而致椁。宫观百官奇珍怪徙臧满之。令匠作机弩矢，有所穿近者辄射之。以水银为百川江河大海，机相灌输，上具天文，下具地理。以人鱼膏为烛，度不灭者久之。"[4]又，《汉书·刘向传》记："秦始皇葬于骊山之阿，下锢三泉，上崇山坟，其高五十余丈，周回五里有余；石椁为游馆，人膏为灯烛，水银为江海，黄金为凫雁。珍宝之藏，机

---

〔1〕 刘庆柱：《三秦记辑注》，三秦出版社，2006年，第58页。

〔2〕 ［晋］佚名：《三辅故事》，［清］张澍辑，陈晓捷注，三秦出版社，2006年，第74～75页。

〔3〕 对以上文献所做的综合性辑录，参阅［清］毕沅：《关中胜迹图志》，张沛校点，三秦出版社，2004年，第274页。

〔4〕 ［汉］司马迁：《史记》，中华书局，1959年，第265页。

械之变，棺椁之丽，宫馆之盛，不可胜原。又多杀宫人，生埋工匠，计以万数[1]。

如果仔细对这些文献进行解读，就会发现这些文献描述的当不仅仅是对秦始皇陵墓地宫内的场景。如果说《史记·秦始皇本纪》对"三十七年九月，葬始皇郦山。穿三泉，下铜而致椁"的记录是对地宫内场景的描述的话。那么，"宫观百官奇珍怪徙藏满之"就可能包括了秦始皇陵墓封土之外陪葬坑的形制、出土陶俑与各类器物的描写。例如，对于其中的"宫观"与"百官"二词，段清波等人已经结合有关的考古材料，认为它可能是对秦始皇陵外的外藏椁系统（陪葬坑）的整体概括，而并不局限于地宫内部[2]。而对其后"以水银为百川江河大海，机相灌输，上具天文，下具地理"这段话的意义，当然可以从某种层面上理解为秦始皇地宫内的场景表现。但其中的"下具地理"一词，作者认为也不一定是单指地宫内的物象。包括在秦始皇陵内、外城垣中的诸多陪葬坑，尤其是近年来在陵园外城垣东北处的K0007陪葬坑中，对象征性河道与禽鸟这些具有地理空间表现特征的"形塑"，就和"下具地理"一词的意义极其相类。换句话说，在这段文献中，"下具地理"一词所指代的应该包含有两个层面的视觉材料：1. 地宫内的视觉场景（这一点还需以后的考古发掘证实）；2. 地宫外的一些陪葬坑中所展现的地理表现场景。如在上文中分析的K0007陪葬坑之场景表现，就可能象征了秦始皇的灵魂要永久控制的"天下"世界内的一个组成部分，在那里他的灵魂才是最重要的"视觉"观看者与占有者。至于对"上具天文"一词的认识，从目前看，它当然可能指秦始皇

〔1〕 ［汉］班固：《汉书》，中华书局，1962年，第1954页。
〔2〕 段清波、张颖岚：《秦始皇帝陵的外藏椁系统》，《考古》2003年第11期。
段清波：《秦始皇帝陵园考古研究》，北京大学出版社，2011年，第98页。

地宫内墓室穹顶上对天文星辰的表现，这也是秦汉时期墓葬设计的惯例，但同时，这一语词也可能指始皇陵本身与天上星辰方位的直接对应。对此，平势隆郎在有关研究中已深刻地指出，此不赘述[1]。

此外，还应该注意到秦汉时期另一种表现地理景观的视觉形式——地图。正如余定国指出的，从周代开始，地图已经被广泛地运用于仪式、祭祀、行政管理等诸多方面。换句话说，它事实上也显现了某种政治权力的实现与控制[2]。秦汉时期的地图材料目前留存不多。甘肃天水放马滩秦墓曾出土7张地图；湖南长沙马王堆三号墓也曾出土3张地图。它们大体均以地形图、政区图、驻军图为主[3]。虽不能明确判定秦始皇陵园外城垣东北侧出土的K0007陪葬坑所示材料就是秦始皇借以展现帝国壮丽河山"地图"的一部分，但从某种角度上说，也不能够排除该坑的视觉表现场景与展现"下具地理"的"地图"无

---

〔1〕 ［日］平势隆郎：《秦始皇的城市建设计划与其理念基础》，陈平原、王德威、陈学超：《西安：都市想象与文化记忆》，北京大学出版社，2009年，第21~38页。

〔2〕 ［美］余定国：《中国地图学史》，姜道章译，北京大学出版社，2006年，第47~88页。

〔3〕 甘肃省文物考古研究所、天水市北道区文化馆：《甘肃天水放马滩战国秦汉墓群的发掘》，《文物》1989年第2期。何双全：《天水放马滩秦墓出土地图初探》，《文物》1989年第2期。何双全：《天水放马滩秦简综述》，《文物》1989年第2期。刘信芳：《天水放马滩秦简综述质疑》，《文物》1990年第9期。甘肃省文物考古研究所：《天水放马滩秦简》，中华书局，2009年。湖南省博物馆、湖南省文物考古研究所、何介钧：《长沙马王堆二、三号汉墓（第一卷）》，文物出版社，2004年。马王堆汉墓帛书整理小组：《古地图论文集》，文物出版社，1977年。曹婉如、郑锡煌、黄盛璋、钮仲勋、任金城、鞠德源：《中国古代地图集：战国—元》，文物出版社，1990年。

关，毕竟在那一时代，地图也是统治者权力展现的象征。别有意味的是，20世纪50年代初，在江苏省江宁县东善镇西北高山南麓发掘的南唐列祖李昪墓中，可以发现该墓的后室室顶为巨大青石条砌成的叠涩顶，上面绘有彩色的天象图，包括日月星辰等一百余颗，而后室地面上则有象征弯弯曲曲河流的线刻[1]。这从另一个侧面说明"上具天文、下具地理"的视觉表现格套在秦汉时期的皇帝陵墓中就已经展开，并深刻地影响到了后世的皇陵设计。但作者同时认为在秦始皇陵园中，"上具天文、下具地理"的表现场景并不局限于皇陵的地宫内部，而是延展到了整个帝陵陵园及陪葬坑系统中。随着考古发掘活动的进一步展开，作者更认为与 K0007 陪葬坑具有相类似的空间、形式表达的物质遗存，可能在秦始皇陵园区域中还会有所出土。这当然还要寄希望于相关考古工作的继续探索。

四　小结

本章主要以对新出土材料的分析、解读为中心，从三个层面重点分析了秦始皇陵园陪葬坑出土的视觉材料所具有的多元化表葬功能与思想观念：其一，为逝者营造地下宫殿世界；其二，保护逝者所居住的地下宫殿世界；其三，对始皇想象中深远地理空间的部分模拟与呈现。

首先，位于该陵园封土西南侧的 K0003 陪葬坑、K0006 陪葬坑、封土西侧的车马坑和位于陵园内外城垣之间的珍禽瑞兽坑、坐俑坑、曲尺形马厩坑、百戏俑坑，共同组成了为死者提供在地

---

[1] 南京博物院、曾昭燏：《南唐二陵发掘报告》，文物出版社，1957年，第13页。图片参阅该书图版34-3、34-4。

下宫廷世界进行生活与娱乐的"视觉"场景与情节。这事实上更多地是延续了东周晚期一些国君墓葬中所显示出的固有传统，并在此基础上进行了全面整合[1]。其次，位于陵园东侧内外城垣之间的 K9801 石质铠甲陪葬坑所具有的功能，和位于东外城垣外的兵马俑坑一样，都起到为整个陵园提供保护、不受想象中的地下邪恶势力侵犯的职能。最后需要着重注意的是，位于秦始皇陵园外城垣东北侧 K0007 陪葬坑的场景设置与形式表现，在塑造上与这一时代在帝王意志、观念的推动下，官僚和工匠集团借视觉景观为其展现对"天下"世界的控制与占有息息相关。它可能暗示了在秦始皇本人的权力与政治欲望的直接推动下，隶属于他的臣僚、工匠借此展现的对地下王国世界的部分想象与表现，并借此呈现始皇"包容天下于一宇"的政治文化态度。

综合而论，秦始皇陵园陪葬坑的空间布置及视觉形塑模拟了始皇的灵魂在地下侍从、官僚以及兵马俑群所象征的秦国军队的护卫下，驾驭车马驰骋于"天下"这一深远的政治—地理空间中的企图。而 K0007 陪葬坑的设计意义则在于它或许和以后在始皇陵中即将勘察、发掘出土的与之相类似的"场景"表现（如山川、湖泊、河流、海洋、石鲸鱼等景观），共同框定与象征了那一时代的人们对他们所知晓的"地理"世界的描绘与想象。随着以后考古发掘工作的进一步展开，对秦始皇陵园陪葬坑所展现的思想文化的继续探索与理解应该会更为清晰一些。值得注意的是，张卫星在最近对秦始皇陵整体结构的研究

─────────────

〔1〕 施杰认为，秦始皇陵园的封土规制实际上并非遵循一国或一陵的旧例，而是囊括了东周时代几乎所有陵园封土及地上建筑的诸多元素。因此具有"并兼天下"的政治文化意义。参阅 Jie, Shi. Incorporating All For One: The First Emperor's Tomb Mound. *Early China*, October. 2014. pp. 1–33.

中，曾初步提出始皇陵在陵墓形制上的四方中心及衍生结构和多层环绕中心结构，可能就是秦王朝新的"天下"模式的再现。这种推测值得重视，但还需要再做深入论证，可以作为上述研究的重要旁证[1]。对此课题的探索还有待学界再做深入钻研。

---

[1] 张卫星：《礼仪与秩序：秦始皇帝陵研究》，科学出版社，2016 年，第 406～419 页。

肆　汉初至武帝时代对"天下"的视觉呈现

　　"楚人一炬，可怜焦土"，随着秦末陈胜、吴广等人的揭竿起事和关东六国旧式贵族的死灰复燃，秦始皇倾其一生打下的帝国基业瞬间瓦解。他对天下的期许、对帝国空间的营造都伴随着刀光剑影和宫室、陵庙倾颓而归于毁灭。然而秦汉以后的帝王对"天下"观念的认知却并未停止。尤其是在西汉建立以后，有些帝王对一些视觉"景观"的营造，也在某种程度上显示出对诸如中心、四方、域外世界、华夷等观念的认知。本章将以历时性的视角探讨汉初至武帝时代的帝王对"天下"观念的认识与视觉表现，深入分析由于经济、政局、个人旨趣等因素的困扰，西汉初年的君主在官僚、工匠的协助下通过视觉图像的方式对"天下"观念进行呈现的行为也有存在。但相对于秦皇汉武时代则并不显著。而在"内修法度、外攘夷狄"的汉武帝时代，运用视觉形式的手段去展现其对"天下"观念的关注与认知，却是较为明显的。本章论述也将以研讨汉武帝时代对"天下"观念的视觉建构与心态呈现作为中心。

一　西汉初期宫廷的"天下"观及视觉探索

1. "大并天下"瓦当、十二金人与长乐、未央宫室

　　公元前206年，随着高祖刘邦建立西汉王朝与最终统一中

国，历史也进入到秦汉时期帝国政体深化建构的全新时代。伴随而来的则是汉朝帝王对"天下"进行想象与视觉建构的历史。只不过，西汉帝国在建立之初是如此的羸弱，以至于他们实在没有太多的经济实力与精力去营造如咸阳宫、阿房宫那样的宫殿或其他巨型的、能够呈现天地中心观意识的建筑。甚至在刚开始阶段，他们还不得不将秦帝国遗留下来的、位于渭水南岸的兴乐宫改建为临时的政治中心长乐宫使用。即便如未央宫那样"非壮丽无以重威"的巍巍宫室也是在萧何的勉力经营下才慢慢被构建起来的。高祖时期当然也营建了其他建筑，如大市（东市）、武库、北宫等。但自惠帝即位以后，才开始修建具有防御性质的长安城墙。文、景二帝时代，长安城鲜有增筑。武帝即位以后为后妃们居住的宫室如明光宫、桂宫等建筑在此时才得以修建[1]。因此，如果从历时性的视角看，和秦始皇统一六国后就系统地设计、规划咸阳城的布局相比，西汉初年以来的都城长安并没有形成多么严谨的城市格局。而班固《西都赋》认为长安城具有"体象乎天地，经纬乎阴阳"的设计观念，应该是对西汉晚期成帝于长安南北祭祀天地，以及王莽于长安南郊营造九庙、明堂，长安开始呈现严谨的南北中轴线格局后的认知与评价[2]。因此，班固的认知应该是针对西汉晚期长安的城市格局所言，而并不适用于对西汉早期至武帝时期的长安城市格局的认识，理解到这一点是尤为

---

〔1〕 参阅王仲殊：《西汉的长安》，王仲殊：《汉代考古学概说》，中华书局，1984 年，第 3～16 页。Wu Hung（巫鸿），*Monumentality in Early Chinese Art and Architecture*，*Stanford*，Stanford University Press，1995，pp. 149－188. 中译本见［美］巫鸿：《中国古代艺术与建筑中的纪念碑性》，上海人民出版社，李清泉、郑岩等译，2009 年，第 195～245 页。

〔2〕 ［南朝·梁］萧统：《文选》，［唐］李善注，上海古籍出版社，1986 年，第 11 页。参阅刘瑞：《汉长安城的朝向、轴线与南郊礼制建筑》，中国社会科学出版社，2011 年，第 68～69 页。

重要的。这也正如大多数学者所认识的，和秦始皇时代咸阳城的布局相比，长安城的设计在西汉初期并没有一个严谨的规划，所谓长城的修建及城市结构也是一个历时性的不断发展的过程。也正是因为此，一些学者如王仲殊、刘庆柱、李毓芳、马正林、巫鸿、王社教、周长山等人也都大体认为，西汉时期的长安并没有呈现出类似秦咸阳城那样法天象地，以使都城成为"天宫"在地上世界呈现的天地轴心观念[1]。刘瑞也通过详实考证进一步确认了这一观点[2]。

　　然而，这并不是说在西汉初期的宫廷就没有对"天下"观念的认知。如曾经遭受匈奴白登之围侥幸逃脱的汉高祖刘邦，在其晚年面对各种纷繁复杂的政治、外交局面时也不由得发出诸如"大风起兮云飞扬，威加海内兮归故乡，安得猛士兮守四方"式的政治期许[3]。而他在称帝以后有计划地剪除各异姓王势力，同时分封同姓诸侯王的政治举措，也可看做是他借此加强皇权、控制帝国疆土的重要举措。然而，这种期盼有时候也受制于汉帝国本身的经济与政治情形。尽管早在秦始皇时代，对"天下"

---

〔1〕　王仲殊：《西汉的长安》，王仲殊：《汉代考古学概说》，中华书局，1984年，第3~16页。刘庆柱、李毓芳：《西汉十一陵》，陕西人民出版社，1987年，第21~22页。马正林：《汉长安城形状辩析》，《考古与文物》1992年第5期。Wu Hung（巫鸿），*Monumentality in Early Chinese Art and Architecture*，*Stanford*，Stanford University Press，1995，pp.149-188. 中译本见［美］巫鸿：《中国古代艺术与建筑中的纪念碑性》，上海人民出版社，李清泉、郑岩等译，2009年，第195~245页。王社教：《汉长安城斗城来由再探》，《考古与文物》2001年第4期。周长山：《汉长安城与考工记》，《文物春秋》2001年第4期。

〔2〕　刘瑞：《汉长安城的朝向、轴线与南郊礼制建筑》，中国社会科学出版社，2011年，第46~69页。

〔3〕　［汉］司马迁：《史记》，中华书局，1959年，第389页。［汉］班固：《汉书》，中华书局，1962年，第74页。

的认识已经不局限于长城以内。但从有关的文献记载上看，还是可以清楚地看到在刘邦的脑海里，对天下的认识相对更局限于长城以内的中土地域。如《史记》、《汉书》等文献即记述在项羽加害楚义帝后，他即发丧告诸侯曰："天下共立义帝，北面事之。今项羽放杀义帝于江南，大逆无道。"[1]而在最终刘邦完成统一大业以后，即曰："兵不得休八年，万民与苦甚。今天下事毕，其赦天下殊死以下。"在洛阳南宫置酒宴请群臣时他又曰："吾所以有天下者何？项氏之所以失天下者何？"[2]

当然，到了汉初文帝时代，皇帝对"天下"的空间认识可能又有了扩大。在汉文帝给匈奴单于的使书中，下面的一段文字也值得特别注意："先帝制：长城以北，引弓之国，受命单于；长城以内，冠带之室，朕亦制之。"[3]表面看来，在汉文帝的致辞中，他希望汉与匈奴的关系能够介乎于一种平分"天下"式的对等关系，这也倒符合他清净无为、与民休息的内敛式性格。但正如邢义田所认为的，这其实也多少反映出汉朝在面对北方彪悍桀骜的匈奴民族所呈现出的无奈[4]。狄宇宙（Nicola Di Cosmo）曾经指出："长城就是华夏北方各国整个扩张策略的一个组成部分，长城的建立是为了支持并且保护华夏各国向迥异于周族世界的外族地域进行的政治和经济渗透。"[5]他的这一看法相对

〔1〕［汉］司马迁：《史记》，中华书局，1959年，第370页。

〔2〕［汉］班固：《汉书》，中华书局，1962年，第51、56页。这方面的史料很多，在这里不一一列举。

〔3〕［汉］司马迁：《史记》，中华书局，1959年，第2902页。

〔4〕邢义田：《从古代天下观看秦汉长城的象征意义》，《燕京学报》2002年新第13期。邢义田：《天下一家——皇帝、官僚与社会》，中华书局，2011年，第114～115页。

〔5〕［美］狄宇宙（Nicola Di Cosmo）：《古代中国与其强邻：东亚历史上游牧力量的兴起》，贺严、高书文译，中国社会科学出版社，2010年，第183页。

于拉铁摩尔（Owen Lattimore）的观点显得更为激进[1]。客观地说，如果用狄宇宙的观点来论述秦始皇或汉武帝这两个时期中原王朝向游牧王朝发起主动进攻的时代则是比较恰当的。但如果用来分析西汉初期中原王朝只求自保、无心于异域的时代则是完全错误的。事实上，尽管在秦汉之际，皇帝们已然知晓在他们所统辖的帝国疆界之外另有广大的疆土，而自己所统治的地域不过是"天下"世界中的一个组成部分而已。但对这些域外世界他们大体上是不会也没有那个实力去控制的。这种观念在西汉初期的高祖、惠帝、吕后、文帝、景帝统治时代便是如此。因此，也就只能默许那些外族首领们对那些地区进行统治。在这个问题上，巴菲尔德（Thomas Barfield）的看法可谓一语中的："中原中心观的世界秩序最明显与最具有威胁的违背者是匈奴，因为他们要求并获得了与中原相等的地位。"[2]那么这就涉及到一个问题，既然汉初帝王也曾经对"天下"观念进行过关注，那么在一些此时代出现的视觉艺术形式中有没有对"天下"观念进行过呈现？如果有，那么这种表现形式表达了什么政治欲望？作者认为这个问题也值得再考虑。

　　有意味的是，在陕西省南郑地区西汉初期的宫室遗址中，即出土有所谓"佳汉三年，大并天下"、"当王天命"等反映西汉初年一统"天下"思想的文字瓦当材料（图 4−1）[3]。其中的"佳汉三年，大并天下"虽然文字叙述简略，但可以确认此

---

〔1〕　［美］拉铁摩尔（Owen Lattimore）：《中国的亚洲内陆边疆》，唐晓峰译，江苏人民出版社，2010 年，第 348～349 页。

〔2〕　［美］巴菲尔德（Thomas Barfield）：《危险的边疆：游牧帝国与中国》，袁剑译，江苏人民出版社，2011 年，第 67 页。

〔3〕　陈直：《关中秦汉陶录（上册）》，中华书局，2006 年，第 210～211、236～237 页。另可参阅陕西省考古研究所秦汉研究室：《新编秦汉瓦当图录》，三秦出版社，1986 年，第 220～223 页。

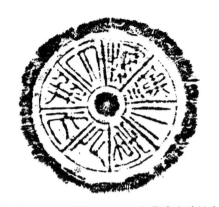

图 4-1　陕西省南郑地区西汉初期宫室遗址出土
"佳汉三年，大并天下"文字瓦当（拓片）
（采自陈直：《关中秦汉陶录（上册）》，中华书局，2006年，第210页）

类瓦当是在西汉建立（公元前206年）后的第三年——公元前204年制作完成，并被用于此地区的宫室营建。它传递的政治信息便是西汉政权经过楚汉相争进而一统天下的历史事实。至于"当王天命"则更好理解。自先秦以来，君王就被称为天子，并受天庇护。而这件瓦当即是传递了西汉君主应运而生，天命所归的政治信念。客观来说，这些文字瓦当虽然简略，但也确实反映出西汉初期统治者借瓦当这一视觉形式，对楚汉相争后"天下"一统的政治期盼与庆祝。而他们的视域也明显停留在长城以内的"天下"世界中，而没有过多地关注域外空间。

　　此外更应该看到，汉初对长安城的修建虽然并未遵循一个统一的设计意图，但汉高祖时代对长乐宫、未央宫的建造却是一个值得再次探讨的案例。汉初由于经济凋敝，百业待兴，位于渭水北岸的咸阳城也在秦末的浩劫中被摧毁殆尽。因此西汉君臣最初也只得将原秦始皇时期的兴乐宫加以改建，并作为西汉初期第一座皇宫——长乐宫使用。长乐宫虽然是在秦帝国旧有宫室的基础上改建而成，但它的重要意义仍然不能被忽视。有些学者也注意到在长乐宫新建成以后，高祖即在叔孙通的引导下在此举行了第一次显示君主权威的朝仪活动[1]。这一礼仪行为当然宣示了君主权威观念的实现。但当检索历史，却会发现汉初君主虽然经济力量较为弱小，却也会巧妙地借助移置到长乐宫中的一些视觉材料来传达所谓"汉并天下"的政治观念。

在前文中，曾注意到秦始皇于统一六国后的二十六年（公元前221年）"收天下兵，聚之咸阳，销以为钟鐻，金人十二，各重千石。置庭宫中"[2]。一些文献记载这些金人后部还镌刻有铭文："皇帝二十六年，初兼天下，改诸侯为郡县，一法律，同度量，大人来见临洮，其大五丈，足迹六尺。铭李斯篆，蒙恬书。"[3]秦始皇时代制作的这十二座金人的一部分原因当然是基于对来自于"大人见临洮"的认知。但另一方面，从《史记》的记载看，将能够威胁其统治的各地民众手中的兵器收缴上来，统一熔铸成"金人十二"，以作为皇帝威严、君临天下的视觉展现才是他这一举措的真正政治目的。有意思的是，随着秦帝国的崩溃，这十二座承载着强烈政治意味的金人雕像在西汉初年即被迁移至长乐宫前。《关中记》云："长乐宫殿前铜人，其胸前铭，李斯（篆）、蒙恬所书也。"[4]《三辅旧事》云："秦始皇聚天下

---

〔1〕　Wu Hung（巫鸿），*Monumentality in Early Chinese Art and Architecture*, *Stanford*, Stanford University Press, 1995, pp. 149 – 152. 中译本见〔美〕巫鸿：《中国古代艺术与建筑中的纪念碑性》，上海人民出版社，李清泉、郑岩等译，2009年，第196~198页。

〔2〕　〔汉〕司马迁：《史记》，中华书局，1959年，第239页。

〔3〕　何清谷：《三辅黄图校释》，中华书局，2005年，第46页。

〔4〕　刘庆柱：《关中记辑注》，三秦出版社，2006年，第38页。另参阅〔宋〕宋敏求：《长安志》，〔清〕毕沅校证，台北成文出版社有限公司，1970年，第83页。

兵器铸铜人十二，各重二十四万斤。汉世在长乐宫前。"[1]通过将原来在秦始皇时代用以宣示对权力独占与控制的金人塑像移动至长乐宫前，西汉初期的君主也借此行为合乎情理地宣示了秦、汉两朝政权的更迭，和新兴王朝对"天下"世界的占有与控驭。

值得注意的是，汉高祖八年（公元前199年），未央宫在萧何的主持下建造完成。这个被萧何称之为"非壮丽无以重威"的巍巍宫室，在建立伊始就显示出继承东周晚期兴起的高台建筑之风格趣味。据考古勘察显示，未央宫是建造在长安城西南的龙首塬上，宫城的东西南北长度相等，平面近正方形。在高祖时代，诸如前殿、东阙、北阙等重要的设施都已经完成[2]。由于该宫建立在较高的丘陵上，这样一种视觉表现方式，也使得当时的未央宫也成为当时连城墙都还没有的长安城之最高建筑，同时也使其在长安地区显得格外高耸、挺拔与威严。换言之，未央宫在此时的人们眼中就是一个被放大了的具有政治中心与威仪效力的高台建筑，它同时也是整个长安城中一切政治、礼仪活动与视觉的焦点所在。在功能上具有与战国时代各国修建的高台建筑相类似的作用。因此，"非壮丽无以重威"的思想也借此得到了有效的贯彻实施。虽然在汉高祖时代长安城还只有长乐宫、未央宫这两座孤立的宫室建筑，但未央宫在建立完成以后，却也显示出该城的设计者萧何在刘邦的默认下，借此为皇帝营造某种展现政治威仪"中心"的企图。这显然也继承了东周晚期以后统治者

---

〔1〕 [唐] 佚名：《三辅旧事》，[清] 张澍辑，陈晓捷注，三秦出版社，2006年，第16页。另见何清谷：《三辅黄图校释》，中华书局，2005年，第47页。

〔2〕 [汉] 司马迁：《史记》，中华书局，1959年，第385～396页。[汉] 班固：《汉书》，中华书局，1962年，第64页。

为显示政治威仪、欲望而建构的高台传统（图4-2）[1]。因此从这个角度去看，未央宫这个放大了的"高台"在汉初统治集团的观念中也被寄予了借此塑造"天下"中心的希冀。只不过，相对于在此前后出现的秦始皇与汉武帝两个时代，运用视觉艺术的手段去建构"天下"观念的踵事增华，西汉初年的这几十年间，受制于经济与统治者个人的喜好趣味，运用视觉艺术的手段去呈现"天下"观念的行为还是比较隐晦。陆威仪指出："在战国时期，不同地域文化构成了'中国'领域的主要要区别；与该时期相比，（汉代）把天下想象成由游牧民族和中国二者所构成，标志着一个巨大的进步。它假定中华文明在根本上统一的依据是它和游牧民族的区别，从而把（中国内部）的地域差别减弱到了次要因素。通过发明'中国游牧民族的对立'这样一个概念，中国第一次呈现出一个统一体的面貌，这种两级概念在后代中华文明中仍旧是核心内容。"[2]实际上，汉初诸帝虽然对"天下"这个统一体概念有过思考，对此观念以视觉艺术的形式

图4-2　西汉长安城西南龙首塬上的未央宫遗址
（采自王仁波：《秦汉文化》，学林出版社，2001年，第40页，图Ⅱ-一一）

〔1〕　考古发掘报告参阅中国社会科学院考古研究所：《汉长安城未央宫：1980～1989年考古发掘报告》，中国大百科全书出版社，1996年。

〔2〕　［美］陆威仪（Mark Edward Lewis）：《早期中华帝国：秦与汉》，王兴亮译，中信出版集团，2016年，第139页。

加以展现也有一定存在，但整体来看相对来说并不是太明显，更别说再以此去展现对"华夏边缘"和异域世界的控驭了[1]。

2. 汉景帝陵园从葬坑呈现的地下"宫殿"观念

行文至此不禁要问，在汉初诸帝陵园遗迹中有没有一些体现"天下"观念的视觉材料呢？在这一点上，有必要对汉景帝阳陵从葬坑材料所反映出的思想观念进行扼要分析。作为迄今为止西汉诸皇帝陵园遗址中已展开大规模发掘的唯一帝陵，考古学家在20世纪70年代初已对阳陵的坐落位置、布局、出土材料进行了初步勘查[2]。随着90年代初以来考古学者对该陵园从葬坑进行的深入调查、发掘，也对该陵园有了进一步深入了解[3]。该陵区位于渭水北岸咸阳市渭城区正阳镇张家湾。其平面呈不规则

---

〔1〕 对"华夏边缘"问题的研究，参阅王明珂：《华夏边缘：历史记忆与族群认同》，台北允晨文化实业股份有限公司，1997年。王明珂：《羌在汉藏之间：川西羌族的历史人类学研究》，中华书局，2008年。王明珂：《英雄祖先与弟兄民族：根基历史的文本与情境》，中华书局，2009年。王明珂：《游牧者的抉择：面对汉帝国的北亚游牧部落》，台北联经出版事业股份有限公司，2009年。对秦汉至隋唐时期"边域世界"与"异域世界"的研究，参阅〔美〕薛爱华：《朱雀：唐代的南方意象》，程章灿、叶蕾蕾译，生活·读书·新知三联书店，2014年。其它相关学者的著作不再一一列举。

〔2〕 秦中行：《汉阳陵附近钳徒墓的发现》，《文物》1972年第7期。土尘忠、张子波、孙德润等：《汉景帝阳陵调查简报》，《考古与文物》1980年第1期。

〔3〕 参阅陕西省考古研究所、汉陵考古队：《汉景帝阳陵南区从葬坑发掘第一号简报》，《文物》1992年第4期。陕西省考古研究所、汉陵考古队：《汉景帝阳陵南区从葬坑发掘第二号简报》，《文物》1994年第6期。焦南峰、王保平、马永赢、李岗：《汉景帝阳陵发现陪葬墓园》，《中国文物报》1999年11月4日。《汉阳陵园内发现大批陪葬坑出土大量珍贵文物》，《中国文物报》1999年11月28日。陕西省考古研究所：《汉阳陵》，重庆出版社，2001年。汉阳陵考古陈列馆：《汉阳陵考古陈列馆》，文物出版社，2004年。汉阳陵博物苑：（转下页注）

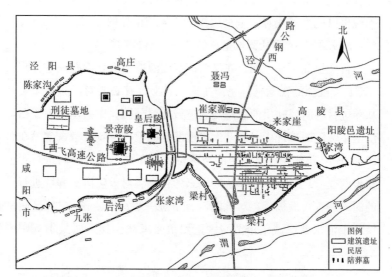

图 4 – 3　渭水北岸汉景帝阳陵陵区遗址平面图

（采自陕西省考古研究所编：《汉阳陵》，重庆出版社，2001 年，第 3 页，图五）

的葫芦形。东西长近 6 公里，南北宽 1 ～ 3 公里，面积 12 平方
公里。由帝陵陵园、后陵陵园、南北区从葬坑、刑徒墓地、陵
庙、陪葬墓、阳陵邑等若干部分组成（图 4 – 3）[1]。其中，
景帝陵园的平面为正方形，四边均有夯土围墙，每面围墙

《汉阳陵博物苑》，文物出版社，2006 年。汉阳陵博物馆：《汉阳陵博
物馆》，文物出版社，2007 年。焦南峰、王保平、马永嬴、李岗、杨
武站、曹龙、赵西晨、刘君幸：《汉阳陵帝陵东侧 11 ～ 21 号外藏坑发
掘简报》，《考古与文物》2008 年第 3 期。陕西省考古研究院：《汉阳
陵帝陵陵园南门遗址发掘简报》，《考古与文物》2011 年第 5 期。咸阳
市文物考古研究所：《西汉帝陵钻探调查报告》，文物出版社，2010
年，第 36 ～ 43 页。

[1]　对汉景帝陵园布局、结构的学术史梳理参阅刘晓达：《秦始皇至汉武帝
时代对"天下"观念的视觉艺术形塑》，中央美术学院人文学院博士
学位论文，2013 年。

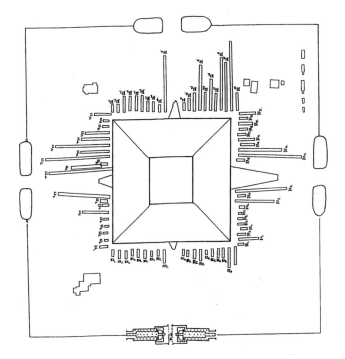

图 4-4 汉景帝阳陵遗址平面图

（采自陕西省考古研究所：《汉阳陵》，重庆出版社，2001年，第8页，图十二）

的中部均有三出阙门。帝陵中部为封土堆，呈覆斗形，上小底大。结构为商周以来国君陵墓设计惯用的"亚"字形（图4-4）。

最新的考古发掘及报告表明，汉景帝阳陵陵园内外区域共有两个系统的从葬坑：第一，位于阳陵封土四边，共钻探发现86座从葬坑。其中东侧21座，南侧19座，西侧20座，北侧21座，另东北角还有5座。这些从葬坑均紧密的围绕在阳陵封土的四边。在1999年以后，考古学家们已经对位于封土东北侧的11座从葬坑进行了发掘，编号为DK11～DK21。其他从葬坑则有待进一步的钻

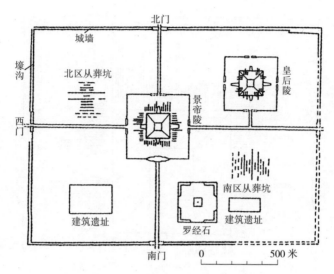

图 4 - 5　汉景帝皇帝、皇后陵与南区、北区从葬坑平面图

（采自焦南峰：《论西汉帝陵的建设理念》，《考古》2007 年第 10 期，第 80 页，图二）

探、发掘。第二，位于阳陵周围的南、北区从葬坑，各有 24 座。其中的南区陪葬坑位于帝陵东南 400 米、王皇后陵正南 300 米处。在东西长 320 米、南北宽 300 米的区域内分布从葬坑 24 条。已经发掘出的从葬坑有第 6、8、17、20、21、22、23 等若干。与南区相比，北区从葬坑位于帝陵西北，其面积、坑数、行数、排列均同南区，只是还未进行大规模发掘（图 4 - 5）[1]。

　　对此，焦南峰曾经结合秦汉时期帝陵及王侯陵墓出土的惯例，指出阳陵从葬坑系统应包括四个层次：第一，主墓室之内的

〔1〕 陕西省考古研究所：《汉阳陵》，重庆出版社，2001 年，第 2～3 页。咸阳市文物考古研究所：《西汉帝陵钻探调查报告》，文物出版社，2010 年，第 36～40 页。

从葬坑（还未发掘，待证实）；第二，墓圹之外，封土以内的从葬坑（还未发掘，待证实）；第三，封土之外，景帝陵园之内的86座从葬坑；第四，景帝陵园之外南、北区各24座从葬坑[1]。由于前两个层次的从葬坑系统并未发掘，所以目前能够作为研究对象的主要是后两个空间层次的材料。在这其中，位于帝陵封土东侧DK11～DK21从葬坑中已出土了大量陶俑、车马与印文材料。此外，在位于帝陵陵园的东南侧的南区诸陪葬坑也发掘出土了一些陶俑、车马材料（具体发掘情况可以参阅表一、表二中对有关材料的整理）[2]。

从景帝阳陵封土东侧已发掘的从葬坑材料（见表一）来看，为景帝的灵魂在地下世界构建一个生活化的"场景"，应该可以作为概括其所表现主题的"关键词汇"。例如在阳陵封土东侧第13号陪葬坑中，可以发现其内出土了大量排列密集并呈缩微化表现的彩绘陶山羊、陶狗、陶绵羊、陶乳猪等属于家养动物题材的俑群（图4-6）。这些材料应该与陵园设计者为死者提供想象中的"食品消费"具有密切的关系。

此外，在帝陵封土东侧第11、18、19、20等若干从葬坑中，也发现其内出土了大量骑兵俑、武士俑、宦者俑及木车马等材料。如在第11、19号从葬坑均展现了在骑兵俑、武士俑的护卫下，位于队伍行列中部的木车马正在向远处行驶的场面。第20、

---

[1] 焦南峰：《汉阳陵从葬坑初探》，《文物》2006年第7期。王学理指出所谓"从葬坑"是指陵墓外地下设施及物品。它显示同墓主有密切的主从关系，并注意到无论是秦始皇陵园内外的陪葬坑系统，还是汉景帝阳陵封土四边及分布其周围的南、北陪葬坑系统均属于"从葬坑"性质。在阳陵陵园正式发掘报告中，这一称谓也得到广泛使用，因此本文将继续沿用此术语。参阅王学理：《汉景帝与阳陵》，三秦出版社，2003年，第70～71页。

[2] 表一、表二的整理依据已公布的考古发掘报告、图录和作者近年来实地考察。

图 4-6　阳陵封土东侧 13 号从葬坑出土的彩绘陶乳猪

（采自汉阳陵考古陈列馆：《汉阳陵考古陈列馆》，文物出版社，2004 年，第 20 页，图 22）

图 4-7　阳陵封土东侧第 18 号从葬坑出土宦者俑

（采自汉阳陵考古陈列馆：《汉阳陵考古陈列馆》，文物出版社，2004 年，第 20 页，图 22）

21 号从葬坑则出土了男女人物俑若干；第 18 号从葬坑则出土了大量身份明确的宦者俑、侍女俑（图 4-7）。这些视觉材料姿态各异、表现写实、角色定位多样，显然是出于某种特定的丧葬功能而被塑造的。

如果再结合表一中整理的帝陵封土东侧各从葬坑中出土的印文资料可以发现，无论就这些陶俑所展现的各类侍臣、女侍、扈从

表一　汉景帝阳陵陵园封土东侧已发掘 DK11—DK21 从葬坑出土材料统计（截至 2016 年）

从葬坑号	出土文物材料	出土文字材料	出土文字、对应官阶与文献来源	备注
DK11	该坑为竖穴式长条形土坑，东西长 74 米，南北宽 3 米、深 3 米，沉口距地表约 8 米，坑为地下隧道式木结构框架。南北两侧出土尺寸呈缩微化特征、并面向东门的骑兵 4 列，木车 2 列。木车居中，骑兵分列两侧。共出土骑兵俑 26 件、彩绘木马 17 件、木车 4 辆、铜、铁制兵器、车马器百余件	无文字出土	无	

肆　汉初至武帝时代对「天下」的视觉呈现

续表

从葬坑号	出土文物材料	出土文字材料	出土文字、对应官阶与文献来源	备注
DK12	无	出土"宗正之印"龟纽银印、"大泽律印"鼻纽铜印各一枚	《汉书·百官公卿表》:"宗正,秦官,掌亲属,有丞。"[1]《通典·职官七·宗正卿》:"宗正:周官,小宗伯掌三族之别,以辩其亲疏。秦置宗正,掌亲属。汉因之,更以叙九族。"[2]"大泽律"官阶不详	坑体形制、结构不详

[1] [汉] 班固:《汉书》,中华书局,1962年,第730页。

[2] [唐] 杜佑:《通典》,王文锦、王永兴、刘俊文、徐庭云、谢方等点校,中华书局,1988年,第703页。另见 [宋] 郑樵:《通志·二十略》,王树民点校,中华书局,1995年,第1087页。

从葬坑号	出土文物材料	出土文字材料	出土文字、对应官阶与文献来源	备注
DK13	该坑坑为竖穴式长条形土坑，东西长92米，南北宽3米，深3米，坑口距地表约8米，坑为地下隧道式木结构框架。坑内放置排列密集的、尺寸呈缩微特征的动物陶俑，按动物的种类分为4个区间，分别为彩绘陶山羊、陶狗、陶绵羊、陶乳猪等	该坑西端出土"大官"封泥一枚。此"大官"当为"太官"之误	《汉书·百官公卿表》："少府"条记载有大官等十六官令丞[1]	《汉官仪》："太官"，主膳羞也。[2]《汉旧仪补遗》："太官"，主饮酒。[3]

[1] [汉] 班固:《汉书》，中华书局，1962年，第731页。另见[唐] 杜佑:《通典》，中华书局，1988年，第758页。[宋] 郑樵:《通志·二十略》，中华书局，1995年，第1112页。

[2] [汉] 应劭:《汉官仪》，[清] 孙星衍等校集，收录[清] 孙星衍等辑:《汉官六种》，中华书局，1990年，第136页。

[3] [汉] 卫宏:《汉旧仪补遗》，[清] 孙星衍校集，收录[清] 孙星衍等辑:《汉官六种》，中华书局，1990年，第91页。

续表

从葬坑号	出土文物材料	出土文字材料	出土文字、对应官阶与文献来源	备注
DK14		出土"陈痰"鼻纽铜印一枚。似为一人名		坑体形制、结构不详
DK15		出土"导官令印"封泥六枚、"仓官"、"甘泉仓印"、"别藏官印"鼻纽铜印三枚	《汉书·百官公卿表》,"少府"条载有导官等十六官令丞[1]。[唐]颜师古注:"导官主择米。[2]属少府九卿	坑体形制、结构不详。坑中出土其余铜印官阶不明

[1] [汉]班固:《汉书》,中华书局,1962年,第731页。另见[唐]杜佑:《通典》,中华书局,1988年,第758页。[宋]郑樵:《通志·二十略》,中华书局,1995年,第1112页。

[2] [汉]班固:《汉书》,中华书局,1962年,第732页。

从葬坑号	出土文物材料	出土文字材料	出土文字、对应官阶与文献来源	备注
DK16		出土"大官之印"、"内官丞印"、"左府之印"、"右府"等铜印五枚	"大官"应为"大官"之误。《汉书·百官公卿表》："少府"条记载有大官[1]。[唐]颜师古注："大官主膳食"[2]。《汉旧仪补遗》曰："大官，主膳羞也。"[3]《汉官仪》："大官主饮酒。"[4]"内官丞"则应为宗正属官。《汉书·百官	

[1] [汉]班固：《汉书》，中华书局，1962年，第731页。另见[唐]杜佑：《通典》，中华书局，1988年，第758页。[宋]郑樵：《通志·二十略》，中华书局，1995年，第1112页。

[2] [汉]班固：《汉书》，中华书局，1962年，第731页。

[3] [汉]应劭：《汉官仪》，收录[清]孙星衍等辑：《汉官六种》，中华书局，1990年，第136页。

[4] [汉]卫宏：《汉旧仪补遗》，收录[清]孙星衍等辑：《汉官六种》，中华书局，1990年，第91页。

肆 汉初至武帝时代对"天下"的视觉呈现

续表

从葬坑号	出土文物材料	出土文字材料	出土文字、对应官阶与文献来源	备注
DK16			《公卿表》:"宗正"条记载有"内官长丞"。"王莽并其官于秩宗。初,内官属少府,中属主爵,后属宗正。"[1]	坑体形制、结构不详。出土的其余铜印官阶不明。
DK17		出土"宫者丞印"、"长乐宫车"鼻纽铜印两枚	"宫者丞"属秦汉时期少府九卿。"长乐宫车"属长乐宫车·百官公卿官中物。《汉书·百官公卿表》:"少府"条记载有宫者等八官令丞[2]	

[1] [汉] 班固:《汉书》,中华书局,1962年,第730页。
[2] [汉] 班固:《汉书》,中华书局,1962年,第731页。另见 [唐] 杜佑:《通典》,中华书局,1988年,第758页。[宋] 郑樵:《通志·二十略》,中华书局,1995年,第1112页。

从葬坑号	出土文物材料	出土文字材料	出土文字、对应官阶与文献来源	备注
DK18	坑内出土尺寸呈缩微化特征的宦者俑、白衣女俑等陶俑百余件	坑内出土"永巷丞印"、"永巷厨印"、"府印"、"西府"等鼻纽铜印四枚	"永巷丞"、"永巷厨"应属秦汉时期少府九卿。其它不详。《汉书·百官公卿表》:"少府"条记载有永巷等八官令丞[1]	坑体形制、结构不详
DK19	出土尺寸呈缩微化特征的木马4匹、木车1辆、武士俑20余件、动物俑10余件。以及铜、铁质兵器、车马器、陶器30余件。排	该坑另出土"徒府"鼻纽铜印一枚	"徒府"即"中官徒府"。"中官"为秦汉时期君主及其家族成员役使的官员。先秦和西汉时期并非全是阉人。又称奄人、中官、	

[1] [汉] 班固:《汉书》,中华书局,1962年,第731页。另见 [唐] 杜佑:《通典》,中华书局,1988年,第758页。[宋] 郑樵:《通志·二十略》,中华书局,1995年,第1112页。

肆 汉初至武帝代时对"天下"的视觉呈现的

从葬坑号	出土文物材料	出土文字材料	出土文字、对应官阶与文献来源	备注
DK19	列顺序：木车马在前，木车居中，武士俑两边护卫，动物俑及陶器放置在车后两侧	该坑另出土"徒府"鼻钮铜印一枚	内官，内臣等。北京故宫博物院即藏有秦代"中官"官印。《汉书·高后纪》："诸中官，宦者令丞，皆赐爵关内侯，食邑。"[唐]颜师古注解："诸中官，凡阉人给事於中者皆是也。"[1]	竖穴式长条形土坑，东西长20米，深度、宽度、结构与13号坑相同
DK20	出土尺寸呈缩化特征的陶俑、木车马、陶制动物及少量铁器等			坑体形制、结构不详

[1] [汉] 班固：《汉书》，中华书局，1962年，第100页。

从葬坑号	出土文物材料	出土文字材料	出土文字、对应官阶与文献来源	备注
DK21	坑内出土尺寸呈缩微化特征的男女人物陶俑若干	坑内另出土"山府"、"东织寝宫"鼻纽铜印两枚，另有一枚铜印无印文。另外还出土一枚"东织令印"封泥一枚。	"山府"一词不详，"东织"之"东织寝宫"为隶属秦汉时期少府九卿属官。《汉书·百官公卿表》："少府"条记载有东织等十六官今丞[1]	

（注：阳陵封土南侧另有从葬坑15座，内涵并不清楚。西侧有从葬坑20座，坑内出土骑兵、步兵，动物陶俑，陶、铜、漆器等。北侧有从葬坑21座，坑内有各式兵器，生活用具，兵器，车马器等。东北角的从葬坑发现有朱砂、漆皮、板灰等材料。但以上从葬坑的大规模发掘还未展开。）

〔1〕〔汉〕班固：《汉书》，中华书局，1962年，第731页。另见〔唐〕杜佑：《通典》，中华书局，1988年，第758页。〔宋〕郑樵：《通志·二十略》，中华书局，1995年，第1112页。

肆　汉初至武帝时代对天下的视觉呈现

156

表二 汉景帝阳陵陵园东南侧的南区从葬坑已出土文物、文字材料统计（截至2016年）

从葬坑号	出土文物材料	出土文字材料	出土文字材料对应官阶与文献来源	备注
2号坑	出土尺寸呈缩微化特征的彩绘骑兵俑若干件	出土龟纽"车骑将军"金印一枚	据《通典》、《通志》等文献记载，车骑将军，是中国古代高级将军官名。汉制，金印紫绶，位次于大将军及骠骑将军，而在卫将军及前、后、左、右将军之上，位次上卿，或比三公。典京师兵卫、掌宫卫，是统率车部队的统帅。汉时，车骑将军主要掌管征伐背叛、有战事时乃拜官出征，事成之后便罢官。东汉末年开始成为常设将军官名，唐朝后废除[1]	坑体形制、结构不详

[1] [唐] 杜佑：《通典》，中华书局，1988年，第800～801页。另见 [宋] 郑樵：《通志·二十略》，中华书局，1995年，第1145页。

从葬坑号	出土文物材料	出土文字材料	出土文字材料对应官阶与文献来源	备注
5 号坑	出土朱红色屏风及尺寸呈缩微化特征的执戟敛土俑若干			坑体形制、结构不详
6 号、8 号坑	出土陶俑头 527 个，仅能复原 27 个。另出土大量的铜、铁质兵器、农具、工具、车马器、衣饰、铜钱等			两坑均位于景帝陵园外东南侧的南区从葬坑东半部，分别长 291、288 米
17 号坑	该从葬坑分为南、北两区。北区放置尺寸呈缩微化特征的车马、俑。其中有两乘彩绘木车马，每车驾 3 马，均面向东方。一号车后及两侧有武士陶俑跟从，二号车位于一号车的后面，			该坑位于景帝陵园外东南侧。南区从葬坑西部。总长 37.4 米，深 3.14 ～ 5.2 米，宽 7.2 米。其南北两端各有长 7.6 米和 6 米的斜坡道

从葬坑号	出土文物材料	出土文字材料	出土文字材料对应官阶与文献来源	备注
17号坑	车前有 22 件成套的铜量器，后面有陶井、灶、木柄各 1 件。南区则被设计为一个粮仓			
20号坑	坑南部出土排列整齐、尺寸呈缩微特征的车马武士陶俑，共排列 55 行，每行 3～16 件，共 363 件。另有木俑 21 件。整个陶俑群的表现是拥车而行。该坑的北部内置 4 个朱红色的长方形大漆木箱。箱内有佩剑执盾的武士俑，以及各类兵器、生产工具、农具等			该坑南北全长 49.6 米，宽 4.5 米，深 8 米。位于南区最西一排，为竖穴式条形土扩，坑体为隆道式的土木结构。坑南北两端有斜坡式墓道，分别长 6.93 和 12.72 米

从葬坑号	出土文物材料	出土文字材料	出土文字材料对应官阶与文献来源	备注
21号坑	主坑内置一四角竖立柱的方形大木椁，并被木板分隔成许多木框和区间。每个木框内放置有各类生活类器物和粮食、家畜。该坑体西南另附有一木箱，内置有尺寸呈缩微化特征的车马。在其东部另清理出4匹枣红色木马，马后有车迹与铜车饰等。在木箱偏北的车舆上，弓一副撑开的圆形大伞，车舆左右侧各出土有承弓器、铜弩机、铜镞等武器若干			平面呈"中"字形，主坑体长10.4～12.4米，宽10.8米，深7米。南北坡道分别长10米和7.5米

续表

从葬坑号	出土文物材料	出土文字材料	出土文字材料对应官阶与文献来源	备注
		备注：据焦南峰描述，在南区第16、17、21号从葬坑中还出土军大右仓、军武库丞、军武库兵、军武库器、左府等军队编制密切相关印章[1]		

（注：北区从葬坑未大规模发掘，但据初步勘探，其面积、坑数、行数、排列均同南区。）

[1]．焦南峰：《汉阳陵从葬坑初探》，《文物》2006年第7期。焦南峰：《试论西汉帝陵的建设理念》，《考古》2007年第11期。

形象，还是这些从葬坑出土印文所显示的"宗正之印"、"太官丞印"、"导官令印"、"内官丞印"、"宦者丞印"、"永巷丞印"、"永巷厨印"、"东织寝宫"、"东织令印"等资料，实际上都揭示出这些视觉材料象征了为死者处理皇族事务或为其提供饮食、起居服务的地下近臣、内侍等具有皇帝"私官"性质的官僚机构。而对于这些材料，曾经有学者认为它们实际上反映了象征"宫观与百官位次"的整个帝国政府的机构设施[1]。但如果谨慎地对这些视觉材料、印文进行归类，就可以看出此种说法过于笼统。就目前出土的材料看，它们主要还是反映了与皇室生活密切相关的宗正、少府等官僚系统。亦即，它们更多体现的是为景帝灵魂平时生活、居住提供服务的"私人"空间。

对这种私人空间的视觉表现并不是孤立静止的，相反，它具有某种动态化特征。比如，位于该区域内第 11、19 号从葬坑就属于一种动态的情节表现。正如表一所显示的：第 11 号从葬坑南北两侧出土了 4 列面向东门，并在尺寸上呈缩微化特征的陶人木马骑兵俑，中间则为 4 列骑兵、2 列木车（图 4-8）。第 19 号坑的表现与之较为相似，共出土木马 4 匹、木车 1 辆，武士俑与动物俑各数十件。这两个坑的视觉表现场景似乎都在演示在骑兵、武士的保卫下，位于队伍行列中部的木车马正在向远处行驶的场面。而木马 4 匹、木车 1 辆的配置方式也使我们不由得注意到位于秦始皇陵园封土西侧"巾"字形陪葬坑出土的铜车马表现。"巾"字形陪葬坑出土的每件铜车马其主要形式也同样是呈

---

〔1〕 焦南峰：《试论西汉帝陵的建设理念》，《考古》2007 年第 11 期。焦南峰、马永嬴：《汉阳陵帝陵 DK11～21 号外藏坑性质推定》，中国社会科学院考古研究所、陕西省考古研究院、西安市文物保护考古所：《汉长安城考古与汉文化：汉长安城与汉文化：纪念汉长安城考古五十周年国际学术研讨会论文集》，科学出版社，2008 年，第 299～306 页。

图4－8　阳陵东侧第11号从葬坑彩绘男骑兵出土现场

（采自汉阳陵考古陈列馆：《汉阳陵考古陈列馆》，文物出版社，2004年，第23页，图28）

马4匹、车1辆的配置[1]。一些学者也注意到秦始皇陵出土的铜车马暗示着它将载驮着皇帝的灵魂出行四方。同理，在位于景帝陵墓封土东侧从葬坑内呈木马4匹、木车1辆配置方式的车马行列可能也象征着在骑兵的护卫下，皇帝的灵魂将凭借车马在陵园内巡游的场景。

这也就涉及到另外的问题，这些在特定场景下放置的车马将驶向何方？是否可以将封土东侧从葬坑中所出材料，与位于景帝陵园外部的南、北从葬坑的视觉表现看做是一个整体？如果能够以这样的视角进行观察，或许可以获得一些更为重要的信息。

在发掘较为完整的南区从葬坑第2、5、6、8、16、17、21号从葬坑（图4－9）中也出土了大量的生活物品，和一些具有保护职能的武士俑、车马、兵器等材料。如在第21号从葬坑中，其主坑体内放置有一四角竖立柱的方形大木椁，并用木板隔成许多区间。各个区间内放置有漆、盆、陶罐、温酒器、粮食、家禽等生

---

〔1〕　秦始皇兵马俑博物馆、陕西省考古研究所：《秦始皇陵铜车马发掘报告》，文物出版社，1998年，第8～13页。

图 4 – 9　位于阳陵陵园东南侧南区第 21 号从葬坑发掘现场

（采自汉阳陵考古陈列馆编：《汉阳陵考古陈列馆》，文物出版社，2004
年，第 49 页，图 79）

活用品和器物。此外，位于该坑西南的木箱东部清理出 4 匹枣红
色木马，马后有车迹及铜车饰。在木箱中部偏北的车舆之上，立
有一幅撑开的圆形大伞。在车舆左前方及右侧出土铜弩机、铜镞
若干。从目前发掘的遗存看，箱内有 2 车 4 马，车后还有陶俑 2
件，似为驭手[1]。这种将各类生活物品、粮食和带有武器的车
马、武士俑放置进坑内的做法，在第 17、20 号坑中也有相似体现。
如第 17 号坑的南区就设置有粮仓遗迹。第 20 坑中则明确地将各类
生活与生产的用具、农具放进长方形的大漆木箱中[2]。一些学者
也根据在这些陪葬坑中相伴随出土的"车骑将军"、"军大右仓"、
"军武库丞"、"军武库兵"、"军武库器"、"左府"等与军队编制
相关的印章，确定南区陪葬坑应该是西汉都城内南、北军在阳陵

〔1〕　发掘报告参阅陕西省考古研究所、汉陵考古队：《汉景帝阳陵南区从葬
　　　　坑发掘第一号简报》，《文物》1992 年第 4 期。陕西省考古研究所、汉
　　　　陵考古队：《汉景帝阳陵南区从葬发掘第二号简报》，《文物》1994
　　　　年第 6 期。咸阳市文物考古研究所：《西汉帝陵钻探调查报告》，文物
　　　　出版社，2010 年，第 36 ~ 43 页。
〔2〕　咸阳市文物考古研究所：《西汉帝陵钻探调查报告》，文物出版社，
　　　　2010 年，第 39 页。

地下宫殿世界的模拟与展现[1]。

本书的解释与前面的学者稍有不同。如果仅将这些从葬坑的丧葬主题用"南、北军"去解释，就不好回答为什么在这些从葬坑中会出土大量象征生活、生产、消费的用具。因此作者更倾向将此解释成供景帝灵魂及其近侍从地宫出游时暂时驻足、能够为他的生活提供一切物质需要与军事护卫职能的"行宫"[2]。假如这一新的解释获得成立，还需关注这些从葬坑出土的另一类材料。在南区从葬坑群第 17、20、21 号从葬坑内，均发现其内出土有具备交通工具属性的车马材料。虽然公开出版的报告并没有刊登这几个坑出土车马的实物图片，但报告中的描述还是提供了可供继续研讨的"桥梁"。例如，第 17 号坑北区就放置有两乘彩绘木车马，每车驾 3 马。一号车后和两侧有武士跟随。二号车位于一号车后面。与 17 号坑相似布列的是第 20 号坑，该坑南部表现为排列整齐的车马武士俑，共有 55 行，363 件，每行 3 ~ 16件，整个俑群的表现样式是拥车而行。与前两个坑对车马的表现相比，第 21 号从葬坑中对车马的表现更值得注意。该坑平面呈"中"字形，坑中所出土的车马位于该坑西南的木箱中。在箱子的东部清理出 4 匹枣红色木马，马后有车迹及铜车饰。在木箱中部偏北的车舆之上立有一幅撑开的圆形大伞。在车舆左前方及右侧出土铜弩机、铜镞若干。从目前发掘的遗存看，箱内有 2 车 4马，车后还有陶俑两件，似为驭手[3]。该木箱中对车马的表现

---

[1] 焦南峰：《汉阳陵从葬坑初探》，《文物》2006 年第 7 期。焦南峰：《试论西汉帝陵的建设理念》，《考古》2007 年第 11 期。

[2] 巫鸿认为它可能反映了汉代皇室生活的各个方面。参阅 Wu Hung, *The Art of the Yellow Springs——Understanding Chinese Tombs*, Honolulu, University of Hawai'I Press, 2010, p. 114.

[3] 咸阳市文物考古研究所：《西汉帝陵钻探调查报告》，文物出版社，2010 年，第 36 ~ 43 页。

也使我们不由得联想起位于秦始皇陵园封土西侧，"巾"字形车马坑中对秦始皇私人用车的表现，以及位于阳陵封土东侧从葬坑内与之相似的车马形态。当然从谨慎的角度去看，阳陵陵园南区内第17、20、21从葬坑中车马的配置方式都和前两者有别。如第17号从葬坑内虽然有两乘彩绘木车马，但每车仅驾3马，第20号坑内表现的形式则是拥车而行。第21号从葬坑内则属于2车4马的表现，这与在秦始皇陵园封土西侧"巾"字形车马坑中，反映皇家礼仪场景的车马出行还是有一些区别。因此，阳陵南区第17、20、21从葬坑中对车马的表现可能象征在皇帝的"行宫"内进行日常巡视的高级军官车马行列场景。在这些主坑体放置的充满各类生活化器物的方形大木椁箱，应是皇帝灵魂在地下世界巡游、驻足"行宫"时饮食起居的象征，而非单纯供士兵住宿的兵营。这些从葬坑中放置的各类武士陶俑可被视为担任行宫宿卫与警戒的士兵。而阳陵封土东侧从葬坑内的车马出行场景恰好与南区从葬坑内的车马出行场景形成了一个"衔接与对应"。前者重点表现的是护卫皇帝的灵魂出巡，后者则是皇帝灵魂进入行宫后，行宫内宿卫将士的巡视与警戒。它们都应该属于为陵园的主人——汉景帝的灵魂在地下世界出巡提供永久保护的重要道具。

因而可以看到，无论是阳陵封土东侧出土的从葬坑材料，还是该陵园东南的南区从葬坑材料，事实上都延续了自东周晚期以来为国君在地下世界安宅立家，以及为其提供保护的传统表现"格套"。它与为景帝建构一个永久依存的"地下宫廷"与"行宫"世界休戚相关。当然，如果再结合阳陵陵园的帝陵、后陵与陪葬坑墓园、陵邑来做一个整体观察，笔者大体也认同它可能也是一些学者如刘庆柱、李毓芳、焦南峰等人所认为的、属于陵墓的设计者借此展现西汉都城乃至西汉王国万千气象的一个组成部分[1]。不过从目前出土的材料看，它与秦始皇陵园陪葬坑显示的"并兼天下"观念还是有所不同。而这也似乎和景帝本人的性格、和文、景二帝时期治国的理念具有某种联系。

客观地说，在汉景帝时期虽然西汉帝国的经济实力已经逐渐走向繁盛，但他仍然遵行其父文帝订立下的"与民休息、轻徭役、薄赋税"的政策。他固然在晁错等臣下的力谏下实行削藩，希图加强中央集权，但事实上在他在处理这个问题上是比较矛盾的。换言之，他实行削藩、掌控天下的策略其实更倾向于以一种更为稳健与和缓的方式付诸实施。这一点，司马迁在其后的评价可谓一语中的："汉兴，孝文施大德，天下怀安。至孝景，不复忧异姓，而晁错刻削诸侯，遂使七国俱起，合从而西向，以诸侯太盛，而错为之不以渐也。及主父偃言之，而诸侯以弱，卒以安。安危之机，岂不以谋哉？"[2]削藩问题一直到汉武帝时代才最终得到解决，武帝参照主父偃的策略运用推恩令的办法，实际上要比晁错的激进主义手法高明许多。这也就可以解释为什么在七国之乱爆发后，景帝在袁盎的蛊惑下立即腰斩晁错以期望阻止事态的进一步恶化[3]。虽然他最终凭借周亚夫、梁王刘武、郦寄、栾布、窦婴等诸多大臣、王公的出色才干果断平定了叛乱，但困扰西汉王朝多年的诸侯国势力过大问题直到公元前141年汉景帝去世，历史进入到汉武帝时代后才最终解决。

---

[1] 刘庆柱、李毓芳：《关于西汉帝陵形制诸多问题探讨》，《考古与文物》1985年第5期。刘庆柱：《汉长安城考古发现及相关问题研究——纪念汉长安城考古工作四十年》，《考古》1996年第10期。焦南峰：《试论西汉帝陵的建设理念》，《考古》2007年第11期。

[2] [汉] 司马迁：《史记》，中华书局，1959年，第449页。

[3] [汉] 司马迁：《史记》，中华书局，1959年，第2743页。[汉] 班固：《汉书》，中华书局，1962年，第2271页。

二 汉武帝时代营造上林苑的动机与观念来源

和开创皇帝制度与初次建构皇权社会的秦始皇相似，汉武帝的一生也充满着奇幻色彩，而这种"奇幻"在一定程度上，也与他致力于营造一个永恒的帝国而做的各种努力息息相关。对此，当然可以从政治、经济、军事、文化等若干角度对他营造帝国、控制天下的政治企图深入分析，但由于这些问题前人已经多有研讨，并非新知，故而在这里也就不再复述。然而，通过细致地观察分析，可以看到，汉武帝时代营造的一些重要的视觉"景观"，却似乎在一定程度上呈现出他的某种政治思想观念。

客观地说，汉武帝时期对长安城内的营造并不突出，仅仅增筑了北宫，修建了桂宫和明光宫[1]。而从有关文献记载和考古发掘上看，这些建筑无一例外都是供后妃们或一些外戚们居住的宫殿。如《汉书·外戚传》记载："吕太后崩，大臣正之，卒灭

---

[1] 迄今为止，做为西汉时期后妃所居之宫的北宫、桂宫、明光宫的考古发掘还未完成。已经发掘出土的材料，参阅中国社会科学院考古研究所汉长安城工作队：《汉长安城北宫的勘探及其南面砖瓦窑的发掘》，《考古》1996年第10期。中国社会科学院考古研究所、日本奈良国立文化财研究所中日联合考古队：《汉长安城桂宫二号建筑遗址发掘简报》，《考古》1999年第1期。中国社会科学院考古研究所、日本奈良国立文化财研究所中日联合考古队：《汉长安城桂宫二号建筑遗址B区发掘简报》，《考古》2000年第1期。中国社会科学院考古研究所、日本奈良国立文化财研究所中日联合考古队：《汉长安城桂宫三号建筑遗址发掘简报》，《考古》2001年第1期。中国社会科学院考古研究所、日本奈良国立文化财研究所中日联合考古队：《汉长安城桂宫四号建筑遗址发掘简报》，《考古》2002年第1期。中国社会科学院考古研究所、日本奈良国立文化财研究所：《汉长安城桂宫1996～2001年考古发掘报告》，文物出版社，2007年。

吕氏。独置孝惠皇后，废处北宫。"同书《元后传》载汉成帝时"成都侯（王）商尝病，欲避暑，从上借明光宫。"同书《平帝纪》载，哀帝崩后，"贬皇太后赵氏为孝成皇后，退居北宫，哀帝皇后傅氏退居桂宫"[1]。而他对都城西部的皇家苑林——上林苑的营造，倒是能够在一定程度上呈现出他对"天下"观念的某种思考与心态。

"步登北芒坂，遥望洛阳山。洛阳何寂寞，宫室尽烧焚。垣墙皆顿擗，荆棘上参天"[2]。曹植的这首诗虽然是对东汉故都洛阳宫室遗迹的追忆与哀婉，但其诗文中所透露出的思古之幽情，以及对往昔美好事物的无限留恋与哀婉，也同样可以适用于分析像上林苑这样的汉代苑林废墟。上林苑是一所皇家苑林，因其内修建的若干宫室而又带有宫苑的性质。此苑林在战国晚期至秦代就已存在。如《史记·秦始皇本纪》就记载："乃营作朝宫渭南上林苑中。"[3]《三辅黄图》亦载："汉上林苑，即秦旧苑也。"[4]但战国至秦汉初期的上林苑相对规模较小，也不太受重视。真正对其进行大规模营造、扩建与踵事增华并使它具有多重政治与思想文化意义的还是在汉武帝时期。汉武帝刚刚即位的那几年，由于朝政受到具有强烈黄老清净无为观念的窦太后影响，在诸多方面还不能独立行事。然而他对上林苑的扩建在建元三年（公元前138年），在他与吾丘寿王、东方朔等人对此事的筹划与争议声中即已开始并逐渐使这一宫苑成为武帝时代长安城的一

---

〔1〕　［汉］班固：《汉书》，中华书局，1962年，第3940、4025、347页。另见何清谷：《三辅黄图校释》，中华书局，2005年，第136、184页。

〔2〕　［南朝·梁］萧统：《文选》，［唐］李善注，上海古籍出版社，1986年，第975页。

〔3〕　［汉］司马迁：《史记》，中华书局，1959年，第256页。

〔4〕　何清谷：《三辅黄图校释》，中华书局，2005年，第230页。

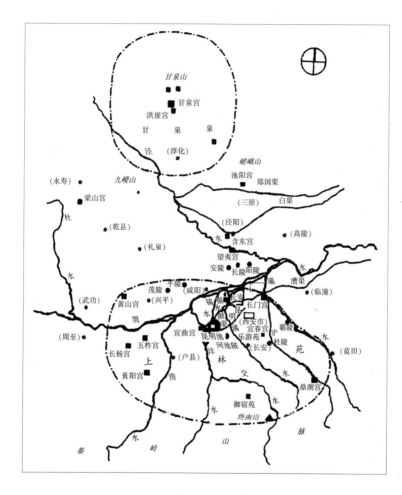

图 4－10　汉武帝时期上林苑的大体地理空间范围

（采自林通雁：《西都：汉长安城美术史遗迹的发现与研究》，陕西人民美术
出版社，2012 年，第 68 页，图 1－32）

图 4 - 11　已成为一片农田丘墟的上林苑部分遗址

（采自王仁波：《秦汉文化》，学林出版社、上海科技教育出版社，2001年，第118页，图一）

个重要组成部分（图 4 - 10、4 - 11）[1]。

汉武帝时期建构的上林苑无论就其空间实体来说，还是其显示的政治文化观念，都有一个渐进性的"形塑"化过程。除了为武帝本人提供必要的游猎、玩乐这一基本功能外，它在构建过程中也受到来自多方面因素的综合影响。如果要对这些因素加以分析，可以概括以下四个层面的观念来源：

[1]　[汉] 班固：《汉书》，中华书局，1962 年，第 2847 ~ 2851 页。何清谷：《三辅黄图校释》，中华书局，2005 年，第 230 页。对上林苑的一般性介绍和考古勘察，参阅胡谦盈：《汉昆明池及有关遗存踏查记》，《考古与文物》1980 年第 1 期。《蓝田汉时上林苑故地发现鼎湖延寿宫遗址》，《人民日报》1988 年 11 月 30 日。[日] 冈大路：《中国宫苑园林史考》，瀛生译，学苑出版社，2008 年，第 27 ~ 31 页。刘庆柱、李毓芳：《汉长安城》，文物出版社，2003 年，193 ~ 203 页。中国社会科学院考古研究所汉长安城工作队：《西安市汉唐昆明池遗址的钻探与试掘简报》，《考古》2006 年第 10 期。汪菊渊：《中国古代园林史》，上卷，中国建筑工业出版社，2012 年，第 51 ~ 57 页。

其一，汉初以来即活跃在宫廷内外的阴阳方士集团为武帝提供了一个关于宇宙空间、仙界的认知；其二，司马相如文学作品《上林赋》为其展现了一个理想化的杳远空间与"蓝图"；其三，武帝即位早期即具有的"内修法度、外攘夷狄"、"王者无外、天下一家"式的政治欲望与学术修养，对其产生了潜移默化的心理暗示；其四，秦至汉初宫苑池沼等视觉景观的创造为武帝时代的上林苑建构，提供了一个可以参照的"模本"和"画稿"。

首先，作为一个独立的社会群体，阴阳方士集团在战国晚期即在燕齐之地形成。由于靠近海洋，他们很早就形成了对域外世界的想象。如齐国的邹衍即想象中国并非天下的中心："于天下乃八十一分居其一耳。中国名曰赤县神州。赤县神州内自有九州，禹之序九州是也，不得为州数。中国外如赤县神州者九，乃所谓九州也。于是有裨海环之，人民禽兽莫能相通者，如一区中者，乃为州。如此者九，乃有大瀛海环其外，天地之际焉。"[1]按照《汉书·艺文志》的分类，邹衍及他所提出的大九州说可被归类于阴阳家一系[2]。《史记·封禅书》、《汉书·郊祀志》等文献都已揭示出邹衍与燕齐方士们的思想传承关系："自齐威、宣之时，邹子之徒论著终始五德之运，及秦帝而齐人奏之，故始皇采用。而宋毋忌、正伯侨、充尚、羡门高最后皆燕人，为方仙道，形解消化，依于鬼神故事。邹衍以阴阳主运显于诸侯，而燕齐海上之方士传其术不能通，然则怪迂阿谀苟合之徒自此兴，不可胜数也。"[3]而邹衍的思想也促使了战国时代以来形成的方

〔1〕 ［汉］司马迁：《史记》，中华书局，1959 年，第 2344 页。
〔2〕 ［汉］班固：《汉书》，中华书局，1962 年，第 1733～1744 页。
〔3〕 ［汉］司马迁：《史记》，中华书局，1959 年，第 1368～1369 页。［汉］班固：《汉书》，中华书局，1962 年，第 1203～1204 页。

士集团进而追寻遥远的域外神仙世界。这种追寻也同时伴随着秦汉时期地理大发现时代古代中国人对四方边域空间的认知，持续影响到汉武帝时代的宫廷或贵族生活中[1]。正如吕思勉所言秦汉时期"固仍一鬼神术数世界也"[2]。在当时喜好神仙、方术的帝王看来，方士集团始终带有一层魔幻般的色彩，无论是秦始皇时期鼓吹入海求仙的徐福、侯生与卢生，还是在汉文帝时期曾经怂恿文帝立渭阳五帝庙，并在山西汾阴立祠欲出九鼎的新垣平，都曾在秦汉之际的宫廷祭祀活动中留下浓墨重彩一笔。这些方士集团当然也会进行与天文相关的占卜活动。尽管他们手中曾经持有的占卜法器——式盘已经杳然无存，但 1977 年春在安徽阜阳双古堆汝阴侯墓（M1）出土的太乙九宫式盘和六壬式盘，还是提供了那一时代方士集团进行占卜活动时常用的器物标本（图 4 – 12、4 – 13）[3]。

安徽双古堆汝阴侯墓的年代大致被确定为西汉初期的文帝时代，墓主是袭封第一代汝阴侯夏侯婴侯位的夏侯灶[4]。正如李零所言："式是古代数术家占验时日的一种工具。"[5]在秦汉时代式盘也是与宫廷、贵族交往密切的方士们的常备器物。该墓出

---

〔1〕 顾颉刚：《秦汉的方士与儒生》，上海古籍出版社，1998 年，第 8 ~ 11、16 ~ 20 页。顾颉刚：《〈庄子〉与〈楚辞〉中昆仑与蓬莱两个神话系统的融合》，钱小柏：《顾颉刚民俗学论集》，上海文艺出版社，1998 年，第 41 ~ 80 页。

〔2〕 吕思勉：《秦汉史》，上海古籍出版社，2005 年，第 729 页。

〔3〕 考古发掘报告参阅安徽省文物工作队、阜阳地区博物馆等：《阜阳双古堆西汉汝阴侯墓发掘简报》，《文物》1978 年第 8 期。

〔4〕 安徽省文物工作队、阜阳地区博物馆、阜阳县文化局：《阜阳双古堆西汉汝阴侯墓发掘简报》，《文物》1978 年第 8 期。另见：［汉］班固：《汉书》，中华书局，1962 年，第 533 页。

〔5〕 李零：《式与中国古代的宇宙模式》，《中国文化》1991 年第 1 期。李零：《中国方术正考》，中华书局，2006 年，第 69 页。

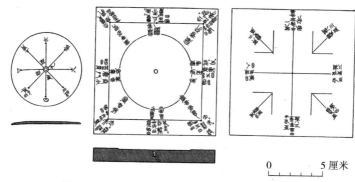

图 4 – 12 安徽阜阳双古堆 M1 出土太乙九宫式
盘之天盘、地盘与地盘背面

（采自安徽省文物工作队、阜阳地区博物馆、阜阳县文化局：《阜阳双古堆
西汉汝阴侯墓发掘简报》，《文物》1978 年第 8 期，第 25 页，图九）

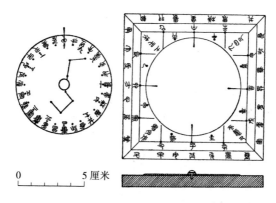

图 4 – 13 安徽阜阳双古堆 M1 出土六壬式盘之天盘、地盘

（采自安徽省文物工作队、阜阳地区博物馆、阜阳县文化局：《阜阳双古堆
西汉汝阴侯墓发掘简报》，《文物》1978 年第 8 期，第 25 页，图十）

土的太乙九宫式盘与六壬式盘虽然在具体的视觉表现形式上多有
不同，但都是基于一个比较成熟的宇宙、阴阳观念设计。如这两
种类型的式盘都分为"天盘"与"地盘"两个结构。天盘被塑
造为圆形，代表天圆之思想；地盘被塑造为方形，代表与之对应

的"地方"思想。天盘正中皆有左旋或右旋的"指针"如北斗，无论是天盘还是地盘都表现有代表宇宙空间方位与月令时序的十二月（神）、十天干、四方、八位、十六神、二十八宿。两种式盘所显现的思想观念都表达了对天、地、四方、八方、十二月、二十八宿等宇宙时序与空间方位等观念的思考[1]。因此从这个意义上讲，有关天、地、四方、时序等理论上的宇宙空间方位等知识观念，也应早已借方士们之口，被广泛地传播给秦汉之际的皇帝、贵族、臣僚群体中了。随着汉武帝的即位，这位被司马迁判定为"尤重鬼神之祀"的皇帝自然也不会免俗。在他的思想深处，围绕在他左右的诸多方士们对宇宙四方空间，以及域外世界中诸多珍奇瑞物的描述想必也在某种程度上，一直引诱着他在地上创造一个理想化的空间世界[2]。

也正是在此刻，一位来自帝国西南部的文士也为武帝提供了可以进一步想象理想空间的可能。这个人就是那位患有口吃但文采斐然、并终有佳人相伴的司马相如。早在司马相如创作《上林赋》之前，他在人生并不得意、郁郁寡欢之时创作的《子虚赋》即通过文学化的想象，为时人营造了一座可以供诸侯国君主游玩与享用的人间乐园。以楚王的云梦泽为例，这个乐园在空间范围上有一个较为明确的"方九百里"作为其边界。其内则广泛分布有茂林、山川、河流、平原、奇石、异草、百兽。而楚王则可以乘彤玉之舆，驾驯骄之驷，在面容娇媚、身材婀娜、宛若神仙之仿佛的美女陪伴下纵横驰骋[3]。《子虚赋》在汉景帝末年完

174

〔1〕 李零：《式与中国古代的宇宙模式》，《中国文化》1991 年第 1 期。李零：《中国方术正考》，中华书局，2006 年，第 69～140 页。

〔2〕 关于汉武帝时代与宫廷方士交往活动的研究，参阅顾颉刚：《秦汉的方士与儒生》，上海古籍出版社，1998 年。

〔3〕 ［南朝·梁］萧统：《文选》，［唐］李善注，上海古籍出版社，1986 年，第 349～355 页。

成以后并没有引起多大注意[1]。但当武帝即位以后，这篇文赋却由司马相如的同乡、时任狗监杨得意的重要引荐而获得武帝的独特青睐。之后，比《子虚赋》更为精彩的《上林赋》也在武帝的期盼下被司马相如创作完成。与前者相比，《上林赋》所描绘的地理空间范围更大，虽然赋中开头部分所谓的"终始灞浐，出入泾渭。酆、镐、潦、潏，纡余委蛇，经营乎其内"等描写被可以看做是对其边界进行的大致界定[2]。但文赋中对另外一些场面的描写，诸如"左苍梧、右西极"、"东西南北，驰骛往来，出乎椒丘之阙，行乎洲淤之浦，经乎桂林之中，过乎泱漭之野"、"其南则隆冬生长，涌水跃波"、"其北则盛夏含冻裂地，涉冰揭河"等则早已远远超出了真实的上林苑所拥有的实际空间地理框架[3]。无独有偶，在该赋文中还可以看到各类在长安本地并不出产的、来自边远甚至异域世界的瑞兽、草木也被移置入这个亦真亦幻的苑林世界中[4]。在这位年轻的少年帝王的心目中，司马相如笔下的那个如梦如幻、具有杳远空间特征的理想化皇家苑囿带给他的，当不仅仅是对一座皇家苑林的想象与文学呈现，他还想在未来将这一期许转化为现实的"景观"。从某种程度上

---

〔1〕 关于司马相如创作《子虚赋》与《上林赋》的时间，参阅［汉］班固：《汉书》，中华书局，1962年，第2529、2533页。［清］王先谦：《汉书补注》，中华书局，1983年，第1059～1060页。对于司马相如生卒年（公元前179～公元前117年）的论述可参阅金国永：《司马相如集校注》，上海古籍出版社，1993年，前言第1页。

〔2〕 ［南朝·梁］萧统：《文选》，［唐］李善注，上海古籍出版社，1986年，第361～363页。

〔3〕 ［南朝·梁］萧统：《文选》，［唐］李善注，上海古籍出版社，1986年，第362～368页。

〔4〕 ［南朝·梁］萧统：《文选》，［唐］李善注，上海古籍出版社，1986年，第367～371页。有关这类资料很多，这里就不一一列举。

说，司马相如笔下的《上林赋》在那一特殊的时代"情境"下，已然成为武帝借上林苑的建构而对他所憧憬的"天下"图景进行随意想象的心理"投射"。

　　然而，不得不说的是，尽管汉武帝一生也在追寻想象中的域外世界、神仙方术，同时也着迷于文学，但有一点却是不容回避的——他始终是一位对政治权力极度渴望的人间帝王。也许，司马相如文学作品在某种程度上，更激发了武帝年少时即已形成的建构"天下一家"式政治秩序空间的强烈欲望[1]。在建元元年（公元前140年）汉武帝发布的举贤良文学诏书中，即体现出他的这种政治意图，"伊（惟）欲风流而令行，刑轻而奸改，百姓和乐，政事宣昭，何修何饬而膏露降，百谷登，德润四海，泽臻草木，三光全，寒暑平，受天之祜，享鬼神之灵，德泽洋溢，施乎方外，延及群生"[2]，而他在元光元年（公元前134年）五月发布的另一征召贤良文学诏书中，也表达了与之相似的强烈政治欲望："朕闻昔在唐、虞，画像而民不犯，日月所烛，莫不率俾。周之成、康，刑错不用，德及鸟兽，教通四海，海外肃慎，北发渠搜，氐羌徕服。星辰不孛，日月不蚀，山陵不崩，川谷不塞；麟、凤在郊薮，河、洛出图书。呜乎，何施而臻此与！"[3]在他和董仲舒关于如何建构国家政治理念的三次策问对答中，董仲舒所强调的"春秋大一统"观念也时刻对武帝一朝的政治取向与学术态势产生着强烈影响[4]。作为一个具有极强政治抱负与雄心的少年帝王，和文、景二帝不同的是，汉武帝绝不会满足

---

〔1〕　参阅邢义田：《天下一家——皇帝、官僚与社会》，中华书局，2011年，第136～159页。逯耀东：《抑郁与超越——司马迁与汉武帝时代》，生活·读书·新知三联书店，2008年，第207～234页。

〔2〕　[汉]班固：《汉书》，中华书局，1962年，第2495～2497页。

〔3〕　[汉]班固：《汉书》，中华书局，1962年，第160页。

〔4〕　[汉]班固：《汉书》，中华书局，1962年，第2495～2523页。

于其政令局限于长城以南传统中原地区。汉初高祖征伐匈奴而反遭"白登之围"的奇耻大辱也促使他在政治、军事、外交等诸多领域改弦更张。在他通过各种手段对帝国进行所谓"内修法度、外攘夷狄"的建构过程中，尽管或许并非完全有意为之，但做为一个和他联系密切的皇家宫苑这一视觉空间，上林苑应该也在某种程度上呈现出这位年轻君主的政治欲望与心态。

进一步讲，当以历时性的视角去审视汉武帝对上林苑的营建过程时，也不能忽略在秦始皇至汉景帝时期的帝王推动下，这一时代对都城内外水面景观视觉表现的历史。这些形式表现在某种程度上也为汉武帝时代对上林苑内一些池苑景观的塑造提供了视觉"模本"。具体来说，秦始皇时代对咸阳东部兰池宫的经营，以及汉初对长安城未央宫沧池的塑造都值得格外注意。兰池宫位于秦咸阳宫的东部，即现在的咸阳城以东杨家湾一带。虽然该宫室由于年代久远早已无存，仅留存有少许考古遗迹[1]，但《三秦记》"兰池宫"条却如实地记载："始皇引渭水为长池，东西二百里，南北三十里，刻石为鲸鱼二百丈。"[2]而宋敏求在《长安志》中对《三秦记》的注引也保存了更为完整的信息："始皇引渭水为长池，东西二百里，南北三十里，筑为蓬莱山，刻石为鲸鱼，长二百丈。亦曰兰池陂。"相似记载也见诸于（清）毕沅《关中胜迹图志》中[3]。此外，在宫庭内的苑池中营造建筑或放置雕塑的风格惯例，在西汉早期即已兴建的未央宫

---

[1] 陕西省考古研究所：《秦都咸阳考古报告》，科学出版社，2004年，第15页。

[2] 刘庆柱：《三秦记辑注》，三秦出版社，2006年，第8~9页。

[3] ［宋］宋敏求：《长安志》，［清］毕沅校证，台北成文出版社有限公司，1970年，第67页。［清］毕沅：《关中胜迹图志》，张沛校点，三秦出版社，2004年，第272页。

中也可以见到相似的案例。考古发掘表明，在西汉早期由汉高祖刘邦丞相萧何督建的"非壮丽无以重威"的未央宫，其内的沧池即设置有渐台等建筑景观[1]。关于未央宫沧池内之渐台建筑，据班固《汉书》"邓通传"记载："文帝尝梦欲上天，不能，有一黄头郎推上天。顾见其尻带后穿，觉而之渐台，以梦中阴梦求推者郎，见邓通，其衣后穿，梦中所见也。"又，唐颜师古注曰："未央殿西南有苍池，池中有渐台。"[2]依据上述考古与文献材料，可认定此沧池与池塘内之渐台建筑在西汉初期已有存在。饶有意味的是，在魏晋以后成书的一些文献中，未央宫内尚存有一些假山式的建筑。如《西京杂记》就记录了"汉高帝七年，萧相国营未央宫。因龙首山制前殿，建北阙。未央宫周回二十二里九十五步五尺，街道周回七十里。台殿四十三，其三十二在外，其十一在后。宫池十三，山六，池一、山一亦在后"。从中即可看出未央宫中当存有对假山之类视觉景观的塑造[3]。又，《三辅故事》也记载："未央宫前有东山台、西山台、钓台，沧池中有渐台。"[4]虽然这些文献比较晚出，但它所显示出的与之极为相似的视觉景观表现，在汉武帝时代对上林苑昆明池、建章宫太液池的塑造中却能观察出与之相似的视觉形式塑造。如《三辅故事》、《三辅黄图》均记载："昆明池有豫章台及石鲸。刻石

〔1〕 参阅中国社会科学院考古研究所：《汉长安城未央宫：1980~1989年考古发掘报告》，中国大百科全书出版社，1996年，第6页。

〔2〕 ［汉］班固：《汉书》，中华书局，1962年，第3722页。相似记载另见［晋］佚名：《三辅故事》，［清］张澍辑，陈晓捷注，三秦出版社，2006年，第16页。

〔3〕 ［汉］刘歆：《西京杂记》，［晋］葛洪集，王根林校点，上海古籍出版社本社：《汉魏六朝笔记小说大观》，上海古籍出版社，1999年，第78页。

〔4〕 ［晋］佚名：《三辅故事》，［清］张澍辑，陈晓捷注，三秦出版社，2006年，第16页。

为鲸鱼，长三丈，每至雷雨，常鸣吼，鬐尾皆动。"[1]东汉晚期以后成书的《汉武故事》也载："（汉武帝）凿昆池，积其土为山，高三十余丈。"[2]《三辅黄图》另注引《关辅记》云："建章宫北有池，以像北海。刻石为鲸鱼，长三丈。"又，《汉书·郊祀志》记载："建章宫其北治大池，渐台高二十余丈，名曰泰池。池中有蓬莱、方丈、瀛洲、壶梁象海中神山龟鱼之属。"[3]因此，再来分析汉武帝元狩三年（公元前120年），他对上林苑昆明池及该池内、外景观的建构时，就会发现在宫廷中营造苑池，并在其内建构雕塑、高台、假山等视觉行为，在秦始皇至西汉初期就有其最初的视觉"模本"。这一模本如同后世所称的画家在创作前的画稿一样，应该对其后武帝推动营造上林苑昆明池、建章宫太液池产生了一定影响。

三　昆明池、太液池的开凿与
"天下一家"、"普天之下"

前文认为武帝时代对上林苑的兴建背后隐现着多重观念来源。然而，如何将这种"天下一家"式的政治与文化欲望以视觉艺术的形式转化为可见的"景观"，还有一个历时性

〔1〕[晋] 佚名:《三辅故事》，[清] 张澍辑，陈晓捷注，三秦出版社，2006年，第23页。另参阅何清谷:《三辅黄图校释》，中华书局，2005年，第253~254页。[唐] 佚名:《三辅旧事》，[清] 张澍辑，陈晓捷注，三秦出版社，2006年，第22页。另参阅胡谦盈:《汉昆明池及有关遗存踏查记》，《考古与文物》1980年第1期。刘庆柱、李毓芳:《汉长安城》，文物出版社，2003年，第186~203页。

〔2〕佚名:《汉武故事》，王根林校点，收录上海古籍出版社本社:《汉魏六朝笔记小说大观》，上海古籍出版社，1999年，第169页。

〔3〕何清谷:《三辅黄图校释》，中华书局，2005年，第261页。[汉] 班固:《汉书》，中华书局，1962年，第1245页。

的过程。譬如，武帝对昆明池的开凿这一标志性事件，以及对昆明池内外巨型雕塑的放置就发生在司马相如创作《上林赋》若干年后的元狩三年才完成（公元前 120 年）[1]。换言之，汉武帝对上林苑的"历时性"建构也不是一蹴而就的。下文将以他对上林苑内所做的几处关键景观的营造作为论述中心。

在汉武帝开始对上林苑进行建构的早期阶段，他就将各类来自远方异域的动植物从遥远的边疆移动至上林苑内。如《三辅黄图》记载："武帝初修上林苑，群臣远方，各献名果异卉三千余种植其中。亦有制为美名，以标奇异。"[2]《西京杂记》又载，武帝"初修上林苑，群臣远方，各献名果异树，亦有制为美名，以标奇丽"[3]。又，上林苑积草池中就有南越王赵佗所献高一丈二尺的珊瑚树[4]。而在汉武帝元鼎六年（公元前 111 年）以后，也将来自南越地区的奇草异木移至新建立的扶荔宫中[5]。至于上林苑中来自帝国各地和异域的珍禽异兽就更多了，这些记录在司马相如《上林赋》、班固《西都赋》、扬子云《长杨赋》、

---

〔1〕　［汉］班固：《汉书》，中华书局，1962 年，第 177 页。

〔2〕　何清谷：《三辅黄图校释》，中华书局，2005 年，第 230 页。

〔3〕　［汉］刘歆：《西京杂记》，［晋］葛洪集，王根林校点，收录上海古籍出版社：《汉魏六朝笔记小说大观》，上海古籍出版社，1999 年，第 83 页。

〔4〕　何清谷：《三辅黄图校释》，中华书局，2005 年，第 268 页。此外，该书卷三"建章宫"条又记录："奇华殿，在建章宫旁，四海夷狄器服珍宝，火浣布、切玉刀、巨象、大雀、狮子、宫马，充塞其中。"

〔5〕　何清谷：《三辅黄图校释》，中华书局，2005 年，第 208 页。按，扶荔宫虽属于甘泉宫建筑群，并不在上林苑中。但武帝将来自远域的奇花异草，移至到自己可以随意控制的长安附近这一行为却是值得特别注意的。

张衡《西京赋》里也不胜枚举[1]。对此，一些学者还专门撰文整理了汉武帝时代上林苑内自远方、异域移植来的珍果、异树、珍禽、鸟兽的品种及数量[2]。如果将上述视觉行为与他在昆明池周围营造的视觉景观连缀在一起进行综合考虑的话，就会注意到在汉武帝的视野里，上林苑在那一时代已然成为他所认识大千世界的一个缩影。通过视觉艺术的"形塑"，他所认知的世界被人为的"缩微化"，成为在长安附近他可以随意控制与建构的"视觉景观"。

这个"景观"当然在武帝进入盛年以后还会持续建设。在汉武帝对外征伐并进而建构统一帝国日趋频繁的元狩三年（公元前120年），他在上林苑内营造了昆明池（图4-14）[3]。在有关文献的记述中，上林苑共有池十五所，但最为重要的苑池即为昆明池[4]。对昆明池的开凿活动本身当然与武帝借此训练水军、讨伐西南夷等军事战略密切相关。如《汉书·武帝纪》记载："汉使求身毒国，而为昆明所闭。今欲伐之，故作昆明池象之，以习水战。"[5]《汉书·食货志》、《史记·平准书》等文献也载："是时粤欲与汉用船战逐，乃大修昆明池，列馆环之。"[6]一些学者也认

---

〔1〕［南朝·梁］萧统：《文选》，［唐］李善注，上海古籍出版社，1986年，第5~28、47~92、361~386、403~414页。

〔2〕林通雁：《西都：汉长安城美术史遗迹的发现与研究》，陕西人民美术出版社，2012年，第69~70页。

〔3〕［汉］班固：《汉书》，中华书局，1962年，第177页。发掘报告参阅中国社会科学院考古研究所汉长安城工作队：《西安市汉唐昆明池遗址的钻探与试掘简报》，《考古》2006年第10期。

〔4〕参阅何清谷：《三辅黄图校释》，中华书局，2005年，第248页。另见：［唐］徐坚：《初学记》，中华书局，1962年，第148页。

〔5〕［汉］班固：《汉书》，中华书局，1962年，第177页。

〔6〕［汉］班固：《汉书》，中华书局，1962年，第1170页。［汉］司马迁：《史记》，中华书局，1959年，第1436页。

北

彪池

水口

水口 镐池

T3 出水渠 出水渠

出水口 出水口

昆 一号高地

石婆庙

石爷庙 二号高地 三号高地 四号高地

明 三号建筑遗址

进水口 进

进水口 水

出 渠

水 进

渠 水

出水口 淤沙带 渠

T1 池

T2

0 1000 米

一号建筑遗址 二号建筑遗址

图 4-14 汉代上林苑昆明池钻探试掘平面图

（采自中国社会科学院考古研究所汉长安城工作队：《西安市汉唐昆明池遗
址的钻探与试掘简报》，《考古》2006 年第 10 期，第 54 页图 2）

为它的开凿除了用于军事外，也与为长安城的居民提供水源联系密切[1]。但正如前文中曾指出的，来自宫廷方士对宇宙空间的想象、文学创作、武帝本人的政治抱负以及前代帝王对都城内外水面景观的视觉表现"模本"，可能都会对包括昆明池在内的上林苑景观的构建产生直接的推动。而从武帝在昆明池两岸放置牵牛、织女雕塑，并在池内营造石鲸鱼等视觉艺术行为看，其背后隐藏的政治与文化意义当更为复杂。据《三辅故事》记载，"昆明池有豫章台及石鲸。刻石为鲸鱼，长三丈，每至雷雨，常鸣吼，鬣尾皆动"，"昆明池中有二石人，立牵牛、织女于池之东西以象天河"（图 4 – 15）[2]。正如巫鸿所言："织女像和牛郎像分别被放置在相对的两岸，使该池成为对银河的模拟，池中有一巨大的石鲸，把这个人工湖泊转化成一个汪洋大海。"[3]在武帝充满想象力的视野中，天上的银河、来自边远异域地区的奇特生

---

〔1〕 参阅刘振东、谭青枝：《汉唐昆明池杂议》，中国社科学院考古研究所、陕西省考古研究院、西安市文物保护考古所：《汉长安城考古与汉文化——汉长安城与汉文化：纪念汉长安城考古五十周年国际学术研讨会论文集》，科学出版社，2008 年，第 263～264 页。刘庆柱、李毓芳：《秦汉上林苑遗址考古发现与研究》，中国社会科学院考古研究所、广州市文物考古研究所编著：《西汉南越国考古与汉文化》，科学出版社，2010 年，第 284 页。

〔2〕 ［晋］佚名：《三辅故事》，［清］张澍辑，陈晓捷注，三秦出版社，2006 年，第 23 页。何清谷：《三辅黄图校释》，中华书局，2005 年，第 253～254 页。［唐］佚名：《三辅旧事》，［清］张澍辑，陈晓捷注，三秦出版社，第 22 页。有关考古发掘报告及著作参阅胡谦盈：《汉昆明池及有关遗存踏查记》，《考古与文物》1980 年第 1 期。刘庆柱、李毓芳：《汉长安城》，文物出版社，2003 年，第 186～203 页。

〔3〕 Wu Hung（巫鸿），*Monumentality in Early Chinese Art and Architecture*，Stanford，Stanford University Press，1995. p. 173. 中译本见 ［美］巫鸿：《中国古代艺术与建筑中的纪念碑性》，上海人民出版社，李清泉、郑岩等译，2009 年，第 227 页。

图 4 – 15　汉武帝开凿昆明池后分别放置在东岸、西岸的牵牛、织女像

（采自中国美术全集编辑委员会：《中国美术全集·雕塑 2：秦汉雕塑》，人民美术出版社，1985 年，第 36 页，图 34；第 37 页，图 35）

物等都可以借视觉艺术的形式，从远方"移动"至上林苑内并得到不断的感神通灵式"复制"以便尽量地接近于"真实"。通过视觉艺术的手法刻画物象，以达到"真实"和"通灵"式的效果，自汉代以来就已经形成了一个视觉表现传统。如在汉武帝时期，齐人少翁便建议汉武帝"上即欲与神通，宫室被服非象神，神物不至"[1]。

　　对上林苑的视觉"形塑"在武帝统治的中晚期仍在继续进行。从这一历史进程中也可以感受到汉武帝"包容天下于一苑内"的某种心态。在太初元年二月（公元前 104 年）左右，已经进入统治晚期的汉武帝开始建造建章宫。至太始四年（公元前 93 年）左右这个建筑大致完成。《汉书·武帝纪》载："太初元

---

〔1〕　[汉] 班固：《汉书》，中华书局，1962 年，第 1219 页。此外，石守谦通过对汉代以后画史研究的梳理也对这个问题进行了深入讨论。参阅石守谦：《"幹惟画骨不画肉"——兼论"感神通灵"观在中国画史上的没落》，石守谦：《风格与世变——中国绘画十论》，北京大学出版社，2008 年，第 52～84 页（原刊台北《艺术学研究年报》1990 年第 4 期，石守谦：《风格与世变——中国绘画十论》，台北允晨文化出版公司，1996 年）。

年二月，起建章宫"，"太始四年夏五月，还幸建章宫。大置酒，
赦天下。"〔1〕由此可知，建章宫的建设在武帝太初元年二月即已
开始，至太始四年实际已经完工。该工程最引人注目的地方在于
武帝在建章宫西北部营造的太液池。太液池遗址位于前殿基址西
北450米处，面积15.16万平方米。在池塘内东北部则另有渐台
遗址。该台遗址现存东西长60米，南北长40米，残高8米〔2〕。
令人感兴趣的则是太液池内设置的体量巨大的雕塑等视觉"景
观"。《关辅记》云："建章宫北有池，以像北海。刻石为鲸鱼，
长三丈。"〔3〕《史记·封禅书》记载："建章宫其北治大池，渐台
高二十余丈，命曰太液池，中有蓬莱、方丈、瀛洲、壶梁，象海
中神山龟鱼之属。"〔4〕《汉书·郊祀志》也载："建章宫其北治大
池，渐台高二十余丈，名曰泰池。池中有蓬莱、方丈、瀛洲、壶
梁象海中神山龟鱼之属。其南有玉堂、壁门、大鸟之属。"〔5〕又
《关中记》载："建章宫北有池，以象海，北刻石为鲸鱼，长三
丈。"〔6〕《三辅旧事》亦载："太液池北岸有石鱼，长三丈，广五
尺。西岸有石龟两枚，并长六尺。"〔7〕

　　到目前为止，能够被找到并确认的属于原建章宫太液池中
的遗物，仅有陕西历史博物馆馆藏的在1973年发现于西安三

〔1〕　〔汉〕班固：《汉书》，中华书局，1962年，第199、207页。另见．刘
　　　　庆柱：《关中记辑注》，三秦出版社，2006年，第55页。

〔2〕　刘庆柱、李毓芳：《汉长安城》，文物出版社，2003年，第186~190页。

〔3〕　何清谷：《三辅黄图校释》，中华书局，2005年，第261页。

〔4〕　〔汉〕司马迁：《史记》，中华书局，1959年，第1402页。

〔5〕　〔汉〕班固：《汉书》，中华书局，1962年，第1245页。佚名：《汉武
　　　　故事》，王根林校点，上海古籍出版社：《汉魏六朝笔记小说大观》，
　　　　上海古籍出版社，1999年，第174页。

〔6〕　刘庆柱：《关中记辑注》，三秦出版社，2006年，第51页。

〔7〕　〔唐〕佚名：《三辅旧事》，〔清〕张澍辑，陈晓捷注，三秦出版社，
　　　　2006年，第59页。

桥北高堡子村西的石鲸鱼残件。它由砂石雕刻而成，整体呈橄榄形，仅略微雕饰鱼眼。石鱼残件全长4.9米，最大直径1米，头径0.59米，尾径0.47米，在汉代应属大型的石质景观雕塑（图4－16）[1]。结合上述的历史文献记载，仍然能够想象历史上的建章宫及太液池在刚刚竣工后的视觉图景。这也正如班固在《西都赋》中所记述的："前唐中而后太液，览苍海之汤汤。扬波涛于碣石，激神岳之嶈嶈。滥瀛洲与方壶，蓬莱起乎中央。"[2]班固的描述虽然为夸大之辞，但也应当看到，汉武帝通过视觉手段将太液池转化为在杳远的帝国边域存在的海洋世界，将来自异域世界的图景移至帝国的中心，以便在某种程度上呈现融"天下"景观于一苑的心态却是非常明显的。

图4－16　陕西历史博物馆正门前放置的建章宫太液池石鲸鱼残件
（陕西历史博物馆壁画保护修复研究中心主任文军摄影）

〔1〕 考古发掘报告参阅黑光：《西安汉太液池出土一件巨型石鱼》，《文物》1975年第6期。对这件作品归属地的研究，参阅刘庆柱：《关中记辑注》，三秦出版社，2006年，第59页。郑岩：《风格背后——西汉霍去病墓石刻新探》，《陕西历史博物馆馆刊（第18辑）》，2011年，第142页。

〔2〕 ［南朝·梁］萧统：《文选》，［唐］李善注，上海古籍出版社，1986年，第17页。

建章宫的使用及太液池内诸视觉景观的营造，都在一定程度上标志着汉武帝穷尽一生所营造的皇家苑林——上林苑最终被塑造完成并呈现在世人的面前。无论是他将帝国四边的奇花异草、瑞兽移至上林苑中，还是在其统治中期所开凿的昆明池。在其内放置石鲸、设立牵牛、织女像，抑或是其后他在建章宫以北太液池内放置石鲸鱼，营造象征域外未知世界的"蓬莱、方丈、瀛洲、壶梁象海中神山龟鱼之属"。诸如此类的视觉表现都明确表达了他希望借此将"普天之下"世界以"缩微性景观"的视觉表现手法立体性呈现出来。而用于处理政务的建章宫之建立则又使上林苑及周边地区具有了一个政治中心。据《汉书·郊祀志》载："汉武帝于是作建章宫，度为千门万户。前殿度高未央。"〔1〕又《关中记》云："建章宫'制事兼未央'。"〔2〕这表明在汉武帝时代，作为上林苑中一个有机组成部分的建章宫实际上是承担了重要的政治功能的。亦即，以上关于对武帝塑造"上林苑"的历时性复原与分析，都揭示出汉武帝时代的"上林苑"已然成为一个具有强烈政治文化意义的、由缩微性视觉形式表现出来的"天下"世界，而不仅仅作为一个单纯的娱乐休憩场所而存在。

饶有意味的是，考古学家于 20 世纪 50 年代在上林苑东北建章宫遗址中也发掘出土了大量的瓦当文字材料，其中一些瓦当就篆刻"汉并天下"这一带有强烈政治信息的纪年文字〔3〕。

---

〔1〕　[汉] 班固：《汉书》，中华书局，1962 年，第 1245 页。

〔2〕　刘庆柱：《关中记辑注》，三秦出版社，2006 年，第 50 页。另见：[宋] 宋敏求：《长安志》，[清] 毕沅校证，台北成文出版社有限公司，1970 年，第 78 页。

〔3〕　俞伟超：《汉长安城西北部勘察记》，《考古通讯》1956 年第 5 期。图片见第 22 页，图 3。对相关瓦当材料的著录另参阅徐锡台、楼宇栋、魏效祖：《周秦汉瓦当》，文物出版社，1988 年，图 320。

图 4-17　陕西省周至县八云塔文管所收藏上林苑长杨宫遗址
出土"汉并天下"瓦当（拓片）

（采自陕西省考古研究所秦汉研究室：《新编秦汉瓦当图录》，三秦出版
社，1986 年，第 223 页）

据刘庆柱论述，在上林苑建章宫遗址中出土的带有"汉并天下"字样的瓦当材料并不只一件，而是有若干件。这也是一个值得注意的现象[1]。此外，陕西省周至县八云塔文管所也收藏一件汉武帝时期上林苑长杨宫遗址内出土的"汉并天下"文字瓦当（图 4-17）[2]。另外，1990 年在陕西省淳化县铁王乡东嘴村甘泉宫遗址附近也采集到一件汉武帝时期制作的"汉兼天下"文字瓦当[3]。

这些在内容上较为相似的文字瓦当已经被确定为属于汉武帝

---

〔1〕　刘庆柱：《战国秦汉瓦当研究》，《汉唐与边疆考古研究（第一辑）》，科学出版社，1994 年，第 1~30 页。刘庆柱：《汉长安城遗址及其出土瓦当研究》，刘庆柱：《古代都城与帝陵考古学研究》，科学出版社，2000 年，第 354、359~360 页。

〔2〕　陕西省考古研究所秦汉研究室：《新编秦汉瓦当图录》，三秦出版社，1986 年，第 223 页。

〔3〕　姚生民：《新中国出土瓦当集录·甘泉宫卷》，西北大学出版社，1998 年，前言，第 1~20 页，第 298 页。

时期扩建上林苑，修建建章宫、甘泉宫时的遗物[1]。虽然这些瓦当的文字内容较为简略，但这些在武帝时期修筑建章宫等其他宫室时所遗存的文字信息，却也在不经意间流露出武帝时代对拥有"天下"世界的政治欲望与情感。据学界普遍研究，汉代的纪年文字瓦当大约在西汉初期已开始出现[2]。据陈直著录与考证，在陕西省南郑地区西汉初期的宫室遗迹中，即出土有"佳汉三年，大并天下"、"当王天命"等反映西汉初年一统"天下"思想的文字瓦当材料[3]。但这些在西汉初期制作出的显现新近统一"天下"观念的材料，其所涵盖的政治疆域范围显然要小于在汉武帝时期被广泛用于上林苑、建章宫、甘泉宫中的、带有相似文字主题的瓦当资料。对于后者而言，这里的"汉并天下"、"汉兼天下"所指代的疆域，不一定只是西汉王朝实际能掌控到的"天下"世界，它所暗示的很可能是随着汉武帝开疆拓土与域外地理大发现时代，皇帝与臣僚们所能想象的"理想化了的天下世界"。而这一特殊的、看似不经意的零碎历史"遗存"，则或许可被视为汉武帝构建上林苑时所显现的"王者无外"、"天下一家"、"普天之下"式政治心态的注脚。

在张骞通西域前后的汉武帝中后期，汉帝国对域外世界的了解已越来越清晰。这在学界对《史记·大宛列传》、《汉书·西域传》、《魏略·西戎传》、《后汉书·西域传》等文献的解读中

〔1〕 刘庆柱：《汉长安城遗址及其出土瓦当研究》，刘庆柱：《古代都城与帝陵考古学研究》，科学出版社，2000 年，第 359～360 页。

〔2〕 刘庆柱：《战国秦汉瓦当研究》，《汉唐与边疆考古研究（第一辑）》，科学出版社，1994 年，第 20～21 页。另可参阅申云艳：《中国古代瓦当研究》，文物出版社，2006 年。

〔3〕 陈直：《关中秦汉陶录（上册）》，中华书局，2006 年，第 210～211、236～237 页。陕西省考古研究所秦汉研究室：《新编秦汉瓦当图录》，三秦出版社，1986 年，第 220～223 页。

已有专论[1]。在汉武帝的脑海中，上林苑中的诸多视觉景观可以像一件被随意玩赏的器物一样，作为他对整个"天下"空间进行永久性控制与占有的象征图像。同时，该宫苑也成为武帝借此款待外国蛮夷，以示"华夷一体，天下一家"的象征道具。如《汉书·西域传》中就曾经记录武帝在上林苑中"设酒池肉林以享四夷之客，作巴俞都卢、海中砀极、漫衍鱼龙、角抵之戏以观视之"，极尽炫耀与夸张为能事[2]。而他所认为的"天下"应该也包括了现实、域外、仙界等不同层次的空间世界。换言之，秦汉时代所理解的"天下"在狭义上讲当然是指中央政权能够有效控制的疆域。但从广义上讲，则指一种理想化的、包含了帝国疆域、四方、域外、仙界等普天之下的"世界"。对此，游逸飞注意到在一些汉代铜镜铭文中，即有所谓"见日之光，天下大明"、"尚方作镜真大好，上有仙人不知老。渴饮玉泉饥食枣，浮游天下遨四海"、"顺天下，宜阴阳"等之类将"天下"的概念理解为"天之下"的趋势[3]。甘怀真则依据《诗经·大雅·皇矣》篇指出西周以后就有所谓"天之下"的立体化的天下观念出现[4]。

由此，就能够理解为什么这一时代的某些帝王，会将来自于域外、仙界等一些远离自己国土的题材都以"缩微化"的形式移动、复制到都城附近，以展现其对"普天之下"观念的思考。而对这种视觉景观的表现其实也并不需要考虑武帝在现实中是否

〔1〕　余太山：《古代地中海和中国关系史研究》，商务印书馆，2012 年。余太山：《两汉魏晋南北朝正史西域传研究》，商务印书馆，2013 年。

〔2〕　［汉］班固：《汉书》，中华书局，1962 年，第 3928 页。

〔3〕　游逸飞：《四方、天下、郡国——周、秦、汉天下观的变革与发展》，台湾大学文学院历史学系硕士学位论文，2009 年 7 月。

〔4〕　甘怀真：《东亚历史上的'天下'与'中国'概念》，台湾大学出版中心，2009 年，第 104～105 页。

真正完成了对这些"世界"的实际控制。这一理念与秦始皇在扫灭六国后"写放其宫室，作之咸阳北阪上"以示对"天下"世界的独占也具有一定联系[1]。换句话说，运用视觉表现手法在都城附近展现一个"缩微式的天下世界"或许在秦始皇时代就已有最初的视觉表现雏形。只不过相对于后者，汉武帝在有关官僚、工匠的协助下通过"缩微式景观"的视觉表现手法去形塑一个"永恒天下"则要比前者更为复杂一些。

实际上，这种将域外世界以缩微化的形式，移动、复制到都城长安附近的做法。在武帝元狩六年（公元前117年）于茂陵以东为霍去病修建的陵墓也有一定体现。虽然目前学术界对霍去病墓的地望还未有一致的看法[2]，但该墓依据"为冢象祁连山"的总体设计意图则是毋庸置疑的。很多学者也已普遍注意到该墓封土的形式与反映汉代仙山的形象——博山炉十分相似。甚至有些学者结合最新的考古勘察，注意到霍去病墓葬封土上不仅仅包括像《马踏匈奴》、《卧马》之类人们能够马上"发现"的艺术作品，同时也包括一些不太好被确认，但其实属于霍去病墓整体景观系统的大量巨型石材。这一空间"景观"布置也与借此对域外仙界的想象息息相关[3]。循着这一思路，可进一步注意到这处"景观"的基本视觉表现原理也仍然属于"缩微式"格套。即在一个有限场景中，通过运用"缩微"式景观处理

〔1〕 ［汉］司马迁：《史记》，中华书局，1959年，第239页。

〔2〕 参阅贺西林：《"霍去病墓"的再思考》，《美术研究》2009年第3期。

〔3〕 马子云、谢阁兰、水野清一、安·帕卢丹（Ann Paludan）、陈诗红、贺西林、郭伟其、程征、林通雁、郑岩等学者都已经对这些问题做了分析。有关学术史回顾参阅郑岩：《风格背后——西汉霍去病墓石刻新探》，《陕西历史博物馆馆刊》第18辑，2011年，第149页。

的手法来展现广阔的域外世界图景，以达到象征具有某种政治性或宗教性的目的。而这种表现手法其实也和秦始皇"写放其宫室，作之咸阳北阪上"，营造空间象征意义强烈的兰池，汉武帝借上林苑呈现缩微"天下"世界的观念具有异曲同工之处。

具有吊诡意味的是，虽然汉武帝毕生致力于以军事征伐、政令、外交、祭祀、视觉艺术等方法营造"天下一家"、"普天之下"式的政治与文化秩序观[1]，但在他统治的末期，他的事业实际上已经在走下坡路。如田余庆即认为武帝在政治、军事上所获得的巨大成就主要是在其统治中期即元狩与元鼎年间（公元前122年~公元前111年）完成的，有少数成就则是在元封年间（公元前110年~公元前105年）完成[2]。随着征和二年（公元前91年）巫蛊之乱、诸多战事失利，尤其是其宠信的外戚李广利在征和三年（公元前90年）兵败投降匈奴[3]，他的这种雄心壮志也就伴随着这一系列的来自军事、政治上的巨大打击，和国内经济形势的恶化而慢慢地趋于减退。在他生命历程的最后几年，大概也只有上林苑这个理想化的视觉空间可以作为他一生政治与理想追求的侧影聊以慰藉了。

"天下没有不散的筵席"，这句话如用来形容汉武帝时期的上林苑上就再合适不过。公元前87年汉武帝病逝，并被葬于自

---

〔1〕 陈苏镇在研究西汉时期《公羊春秋》对政治策略的影响时，注意到从高祖—武帝相继采取的"内其国而外诸夏"、"内诸夏而外夷狄"、"远夷之君，内而不外"的策略，恰好与《公羊春秋》中所强调的"三世异治"（衰乱世、升平世、太平世）息息相关，具有重要启发意义。参阅陈苏镇：《汉代政治与〈春秋〉学》，中国广播电视出版社，2001年，第195~314页。陈苏镇：《〈春秋〉与汉道——两汉政治与政治文化研究》，中华书局，2011年，第221~240页。

〔2〕 田余庆：《秦汉魏晋史探微》，中华书局，2004年，第32页。

〔3〕 ［汉］班固：《汉书》，中华书局，1962年，第209页。

建元二年（公元前 139 年）就开始兴建的茂陵。而上林苑在其后的一段时期仍然保持着一定的政治地位。如汉昭帝始元元年（公元前 86 年）春二月，"黄鹄下建章宫太液池中。公卿上寿，赐诸侯王、列侯、宗室金钱各有差"[1]。但自汉昭帝元凤二年（公元前 79 年）"自建章宫徙未央宫"以后，它作为除长安都城未央宫外另一个政治中心的地位已然慢慢失去[2]。

公元 9 年王莽篡位建立新朝，这个新式政权最引人注目的地方在于它的建立者王莽是一位深受儒家思想熏染的统治者，在其朝中也豢养了一大批像他这类的官僚、文士。在他和他的那些具有良好儒学修养的大臣与文士们看来，上林苑所显示出的一切浮华、怪异与张扬是不可能为他的新王朝提供任何法理上的皇权正当性基础的。当然，就更不用说它在武帝一朝所显现的那种"天下一家"、"普天之下"式的政治欲望、文化认知与象征意义，能够对王莽这个虔诚的、致力于复兴古典文化的儒教徒以多少吸引力了。具有强烈对比与讽刺意味的是，王莽地皇元年（20 年）七月以后，上林苑中的诸多雄伟与华丽的宫殿被依次拆除，并用于营造能够显示其王朝统治正统性与历史传承性的九庙建筑群。《汉书·王莽传》记载："莽乃博征天下工匠诸图画，以望法度算，及吏民以义钱穀助作者，骆驿道路。坏撤城西苑中建章、承光、包阳、大台、储元宫及平乐、当路、阳路馆。凡十余所，取其材瓦，以起九庙。"[3]对此，颜师古注释："自建章以下至阳

---

〔1〕　[汉] 班固：《汉书》，中华书局，1962 年，第 218 页。

〔2〕　[汉] 班固：《汉书》，中华书局，1962 年，第 228 页。

〔3〕　[汉] 班固：《汉书》，中华书局，1962 年，第 4162 页。有关长安以南王莽九庙遗迹考古发掘报告，参阅考古研究所汉城考古队：《汉长安城南郊礼制建筑遗址群发掘简报》，《考古》1960 年第 7 期。黄展岳：《汉长安城的发掘：礼制性建筑遗址》，中国社会科学院考古研究所：《新中国的考古发现与研究》，文物出版社，1984 年，（转下页注）

禄，皆上林苑中馆。"[1]从这个历史事件上看，上林苑在此时期也已经完全退化成为一个无关紧要的、仅供帝王休憩的闲暇空间。它重新回归到它原先所具有的单纯的娱乐、休憩与闲暇功能。它在刻意标榜节俭、礼仪、德治与复古主义传统的王莽一朝的政治生活与理念中已不再占据重要位置。东汉初年的历史学家班固曾云："徒观迹于旧墟，闻之乎故老。"[2]随着上林苑连同长安城逐渐消逝成为仅供后人凭吊的废墟，属于汉武帝与上林苑的那个特殊时代也就此完全落下帷幕[3]。

四　小结

从前文中可以获知，汉初诸帝对"天下"观当然有一定思考，其运用视觉艺术形式去展现"天下"观念的行为也有一定存在。无论是陕西南郑地区西汉早期宫室遗址出土的所谓"佳汉三年，大并天下"、"当王天命"等反映西汉初年大一统思想的文字瓦当材料，还是同一时期，通过将原来在秦始皇时代用以宣示皇帝权力与并兼天下意志的"十二金人塑像"移动至汉长乐宫前的政治行为。抑或是西汉初年萧何在汉高祖默许下营建的用

第 396～397 页。黄展岳：《汉长安城南郊礼制建筑遗址》，《中国大百科全书·考古卷》，中国大百科全书出版社，1986 年，第 162 页。中国社会科学院考古研究所：《西汉礼制建筑遗址》，文物出版社，2003年。近年来的研究参阅刘瑞：《汉长安城的朝向、轴线与南郊礼制建筑》，中国社会科学出版社，2011 年。

〔1〕　[汉] 班固：《汉书》，中华书局，1962 年，第 4163 页。

〔2〕　[南朝·梁] 萧统：《文选》，[唐] 李善注，上海古籍出版社，1986年，第 23 页。

〔3〕　对中国古代废墟遗迹的研究参阅 [美] 巫鸿：《废墟的故事——中国美术和视觉文化中的"在场"与"缺席"》，肖铁译，巫鸿校，上海人民出版社，2012 年。

以展现所谓"非壮丽无以重威"的未央宫室，种种迹象都表明，这一时期的西汉宫廷在皇帝意志的推动下依然可以通过诸多视觉艺术形式去有意无意地展现控驭长城以内"天下"世界的欲望，但对于长城以外的异域，他们则爱莫能助。

随着汉武帝即位，他借各类视觉形式对"天下"的关注与思考则更为明显。因此，本章第二、三节进一步研讨了汉武帝时代对上林苑营造的若干动机，以及他在建构上林苑中一些重要视觉景观过程中显示的"王者无外"、"天下一家"式的观念。通过分析，作者认为除进行游猎、玩赏这一基本性动机之外，武帝时代所营造的上林苑主要与下列四个层面的思想渊源有关：其一，自汉初以来就活跃在宫廷内外的方士集团为武帝提供了关于宇宙空间与仙界的认知；其二，司马相如在文学作品《上林赋》中则又为其呈现了一个理想化的杳远空间与"蓝图"；其三，武帝即位早期即具有的"内修法度、外攘夷狄"、"王者无外、天下一家"式的政治欲望与学术修养则为其建构上林苑提供了某种程度上的心理暗示；其四，秦至汉初宫苑池沼景观的修建则为其提供了可以依据的视觉模本。接下来的章节中则通过研讨汉武帝时代对上林苑中一些关键性视觉景观如昆明池、建章宫太液池进行营造的历时性分析，注意到武帝时代对以上景观的建构，应该与他希冀借此呈现的"王者无外、天下一家、普天之下"这一理想化的政治与文化观念联系密切。尽管从现实角度，要将武帝早已知晓的整个"天下"世界全部纳入到他的政治统治秩序中是不可能的事情。但在他意志、观念、趣味的直接推动下，借"缩微景观"的视觉处理手法，通过营造都城附近的皇家苑林——上林苑，从而对理想化的"普天之下"世界进行视觉艺术表达与永久控驭，却是一种可以有效设计与实施的方案。

伍 中央、地方与边域：秦皇汉武时代的"天下"观在视觉建构中的交融与对抗

正如前文中已经指出的，秦皇汉武时代虽然是帝国的重要形成期。但这种"形成"却并非铁板一块，而是具有比较复杂的历史演进与呈现特征。在研讨该课题时，同时也要密切关注此时代在一些地方与边域上被制作的视觉材料。之所以有这样的考虑，是因为它们可能在某种程度上参与到了秦汉王朝借视觉图像对"天下"观念的视觉建构过程中。在这个问题上，有必要着重考虑，有些渊源于地方上的原本与空间方位观念联系密切的祭祀活动与视觉图像，可能会在特殊的历史情境下被统治者加以利用，并进而被其转化为维系其控驭"天下"正当性的重要"媒介"。同时，来自帝国边域王国中的一些视觉材料也可能会呈现出对秦汉时期中央政权建构"天下"观念的某种认知与反馈。因此，本章的讨论更加侧重于分析此一时代位于地方和边域中的视觉材料如何在一定的历史情境下，在其拥有者与使用者手中，以何种方式来参与融合或对抗这一时代中央帝王对"天下"观念的建构。从这个角度看，本章恰可作为前几章的重要补充。

一 齐地"八主"祭祀与秦汉之际皇权建构

本节的论述将从对山东地区发掘的一批零碎的、与齐地"八主"祭祀有关的视觉材料及文献的分析出发。

概而言之,"八主"又称八神,包括天、地、兵、阴、阳、月、日、四时八种祭祀对象。在西汉中期,司马迁在《史记·封禅书》中曾经对所谓"八主"问题进行了说明:"于是始皇遂东游海上,行礼祠名山大川及八神,求仙人羡门之属。八神将自古而有之。或曰太公以来作之。齐所以为齐,以天齐也。其祀绝莫知起时。八神:一曰天主,祠天齐。天齐渊水,居临淄南郊山下者。二曰地主,祠泰山梁父,盖天好阴,祠之必于高山之下,小山之上,命曰'畤';地贵阳,祭之必于泽中圜丘云。三曰兵主,祠蚩尤。蚩尤在东平陆监乡。齐之西境也。四曰阴主,祠三山。五曰阳主,祠之罘。六曰月主,祠之莱山。皆在齐北,并渤海。七曰日主,祠成山。成山斗入海,最居齐东北隅,以迎日出云。八曰四时主,祠琅邪。琅邪在齐东方,盖岁之所始。皆各用一牢具祠,而巫祝所损益,珪币杂异焉。"[1]

考古学家根据实地考察与发掘,已大致确定了战国至秦汉时期山东齐地八主祭祀的地点。它们分别位于临淄县故城南(天主)、泰山梁父(地主)、东平县陆监乡(兵主)、招远市西参山(阴主)、烟台市北部芝罘岛(阳主)、龙口市莱山(月主)、成山头三山子西南麓(日主)、胶南市西南琅邪台(四时主)。其中,能够确切指明的有"天主"、"日主"、"月主"、"阳主"、"四时主"。有大致范围但尚未发现确切地点的有"地主"、"兵

---

[1] [汉] 司马迁:《史记》,中华书局,1959年,第 1367~1368 页。另见 [汉] 班固:《汉书》,中华书局,1962年,第 1202 页。

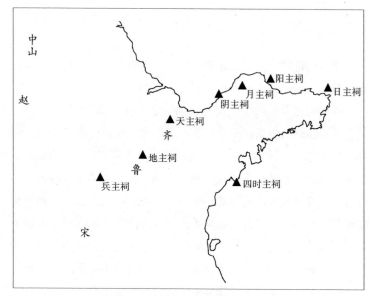

中山

赵

阳主祠

月主祠

阴主祠

日主祠

天主祠

齐

地主祠

鲁

兵主祠

四时主祠

宋

图5-1 战国晚期齐地八主祭祀的地点示意图（刘弘绘制）

主"、"阴主"（图5-1）其祭祀流行时间大致在战国晚期至西汉中期[1]。

虽然在历史上的八主祭祀活动兴盛一时，但由于年代久远和人为破坏，目前留存的八主遗迹材料并不多。在已经确定了具体祭祀地点的"天主"、"日主"、"月主"、"阳主"、"四时主"中，位于临淄县故城南的"天主"遗迹已遭破坏，只在平整过的岩石表面上凿有五个圆形凹槽、六个柱洞及少量汉代陶片[2]。位于龙口市莱山的月主遗迹则出土有带有简单纹饰特征的瓦当材料[3]。而位于胶南市西南琅琊台"四时主"遗迹在今天已无直接的祭

〔1〕 王睿：《"八主"祭祀研究》，北京大学中文系博士学位论文，2011年。
〔2〕 王睿：《"八主"祭祀研究》，北京大学中文系博士学位论文，2011年。
〔3〕 王睿：《"八主"祭祀研究》，北京大学中文系博士学位论文，2011年。

祀材料留存[1]。

在现有遗存的齐地"八主"祭祀遗迹中，具有一定艺术史研究价值的则主要是位于烟台市北部芝罘岛的阳主遗址，和位于成山头三山子西南麓日主遗址内出土的少量玉器资料。就"阳主"遗址而言，考古学家在烟台北部芝罘山与老爷山之间，建于战国晚期的阳主庙后殿前土坑内发现了两组玉器（图5-2）。一组为一璧、一圭、二觿。璧平放在土坑内，圭放置在璧孔中央。圭端朝向东北，直指芝罘岛最高峰老爷山，二觿则放置在璧的两侧。第二组玉器与第一组玉器相同，惟器形略小。据发掘简报的作者分析，这组器物可能是在秦始皇三登芝罘祭祀"阳主"遗留下的器物[2]。而就"日主"遗迹而言，考古学家在成山头三山子南峰南侧海边的土堆中，发掘了由一件玉璧、两件玉圭、一件玉璜，以及由一件玉璧、两件玉璜组成的两组玉器（图5-3）[3]。虽然由于历史年代久远和人为的破坏，与齐地"八主"祭祀直接有关的视觉材料已经十不存一，数量比较少。但如果结合其他相关的视觉表现器物、画像与文献材料，就可以注意到这些材料所显示出的观念。

〔1〕 王睿：《"八主"祭祀研究》，北京大学中文系博士学位论文，2011年。

〔2〕 发掘报告与研究参阅烟台市博物馆：《烟台市芝罘岛发现一批文物》，《文物》1976年第8期。孙善德：《四件出土玉器》，《青岛日报》1981年11月9日。王永波：《成山玉器与日主祭——兼论太阳神崇拜的有关问题》，《文物》1993年第1期。林仙庭：《齐地八神与东夷古国》，烟台市文物管理委员会、烟台市博物馆：《胶东考古研究文集》，齐鲁书社，2004年，第357~364页，谢治秀：《齐鲁文博——山东省首届文物科学报告月文集》，齐鲁书社，2009年，第372~384页。王睿：《"八主"祭祀研究》，北京大学中文系博士学位论文，2011年。

〔3〕 王永波：《成山玉器与日主祭——兼论太阳神崇拜的有关问题》，《文物》1993年第1期。

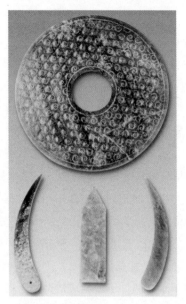

图 5 - 2 烟台市北部芝罘岛上芝罘山与老爷山之间
阳主庙遗址出土玉器组合

（采自王睿：《"八主"祭祀研究》，北京大学中文系 2011 届博士学位论文，
第 16 页，图六）

图 5 - 3 成山头三山子西南麓日主祠遗址出土玉器组合

（采自王睿：《"八主"祭祀研究》，北京大学中文系 2011 届博士学位论文，
第 24 页，图十六）

在对齐地"八主"祭祀活动的形成与性质问题的讨论上，王睿注意到其与战国之际齐地盛行的阴阳五行学说的渐趋盛行息息相关，并指出该祭祀的实质是"由天地日月和四时构成了空间和时间的宇宙体系，体现了事物的阴阳分类和阴阳对等的观念"[1]。同时，在观察"八主"中对"天"、"地"、"四时"的祭祀过程中，也要注意到与这一活动相伴随的一些重要的视觉图像如玉器材料，其实也与那一时代人们借此对天、地、日、月等四方空间的关注与理解具有密切的关系。

早在新石器时代晚期，玉器在礼仪中就具备了祭祀天、地、四方空间的功能。如张光直、刘敦愿等人均曾认为新石器时代晚期，良渚文化遗存中出土的玉琮就与当时的巫师群体利用此物件沟通天地、上下空间的功能息息相关[2]。相似的案例，也见诸安徽含山出土新石器时代晚期的玉版。在此件器物上也同样刻绘了展现中心意识的内、外同心圆与代表八个空间方位的直线与矢形图案。虽说这件器物未必与对天地、四方的祭祀有关，但它展现出的对宇宙方位观念的思考却是值得注意的（图5-4）[3]。玉器所反映的天地四方观念当然在商周时期也有延续，这在林巳奈夫、孙庆伟等学者对商周时代玉器的研究中也早已指

---

〔1〕 王睿：《"八主"祭祀研究》，北京大学中文系博士学位论文，2011年。

〔2〕 张光直：《谈"琮"在中国古史的意义》，张光直：《中国青铜时代二集》，生活·读书·新知三联书店，1990年，第67～81页。刘敦愿：《天圆地方思想的起源及其艺术表现形式》，《台北故宫文物月刊》，1994年，第12卷第3期，第52～63页。

〔3〕 安徽省文物考古研究所：《安徽含山凌家滩新石器时代墓地发掘简报》，《文物》1989年第4期。安徽省文物考古研究所：《凌家滩——田野考古发掘报告之一》，文物出版社，2006年。唐晓峰：《从混沌到秩序——中国上古地理思想史论述》，中华书局，2010年，第96～99页。

图 5-4　新石器时代晚期安徽含山文化墓葬出土玉版

（采自安徽省文物考古研究所：《凌家滩——田野考古发掘报告之一》，文
物出版社，2006 年，彩版 20）

出[1]。而在战国以来成书的文献中，同样可以看到由璧、琮、
圭、璋、琥、璜组成的"六瑞"玉器组合，具有祭拜天、地四
方空间的重要功能。如《周礼·春官·大宗伯》记载："以玉
作六器，以礼天地四方。以苍璧礼天，以黄琮礼地，以青圭礼
东方，以赤璋礼南方，以白琥礼西方，以玄璜礼北方。"[2]虽然
在齐地八主遗址内出土的与祭祀天、地、四方空间联系密切的视
觉材料目前仅有璧、圭、璜等零碎的器物，但这已经能够在某种
程度上说明上述的这些零碎的视觉材料，与文献中记载的以"六
瑞"玉器作为对天、地等宇宙四方空间进行拜祭的行为是存在密
切关联的。

　　在这个问题上，夏鼐曾认为在汉代玉器组合中或许只有璧和

〔1〕　[日] 林巳奈夫：《中国古玉研究》，杨美莉译，台北艺术图书公司印
　　　行，1997 年，第 43 页。另见孙庆伟：《周代用玉制度研究》，上海古
　　　籍出版社，2008 年，第 192~193 页。
〔2〕　[清] 孙诒让：《周礼正义》，王文锦、陈玉霞点校，中华书局，1987
　　　年，第 1389~1390 页。[汉] 郑玄注、[唐] 贾公彦疏：《周礼注疏
　　　（中册）》，上海古籍出版社，2010 年，第 687 页。

图 5 - 5 甘肃礼县鸾亭山汉代祭祀遗址 F3 出土之璧、圭组合
（采自王睿：《"八主"祭祀研究》，北京大学中文系博士学位论文，2011 年，第 67 页，图 27）

圭这两种重要的玉器还在实际的祭祀礼仪中存在。从齐地八主祭祀遗存中所出玉器组合看，他的这一判断是比较准确的[1]。同时，考古学家在甘肃礼县鸾亭山汉代时期祭祀遗址 F3、G4 中，也已发掘出数组组合较为完整的璧、圭（图 5 - 5、5 - 6）[2]。这些组合无一例外地由璧、圭构成，也就进一步论证了夏鼐前述观点的合理性。这些材料应该都与祭祀天、地、四方等空间观念联系密切。

但问题是，当秦始皇、汉武帝以帝王之尊在山东地区对"齐地八主"进行祭祀时，这一原本属于对天地、四方祭祀的视觉活动，有没有可能被"转化"为别种与之相关的观念或功能呢？

要解决以上问题，首先就要注意齐地八主祭祀所处的地理

〔1〕 夏鼐：《汉代的玉器——汉代玉器中传统的延续和变化》，《考古学报》1983 年第 2 期。
〔2〕 早期秦文化联合考古队：《2004 年甘肃礼县鸾亭山遗址发掘主要收获》，《中国历史文物》2005 年第 5 期。

图 5-6 甘肃礼县鸾亭山汉代祭祀遗址 G4 出土之璧、圭组合

（采自王睿：《“八主”祭祀研究》，北京大学中文系博士学位论文，2011年，第 67 页，图 28）

空间问题。王睿曾注意到秦始皇、汉武帝对八主进行祭祀均在山东半岛地区，并进而认为秦至西汉时代的皇帝亲临山东地区祭祀八主神，应该与自古以来的巡狩、封禅礼仪有关。同时也与东方的神仙方术在这一时期国家宗教活动中的突出地位密切相关[1]。但也要注意到该地区在战国时期也属于关东六国旧地之一齐国的统治区域。秦始皇在统一六国后频繁巡视中国东部，似乎也与他借此威慑该地区的旧贵族势力有关[2]。而本书前文中也指出，秦始皇在统一六国以后在帝国东部原燕、齐、楚等国家境内放置出巡立石其实也具有同样的震慑、威仪功能。考虑到秦至西汉早中期的中央政府对该地区的统治并不牢固，诸侯国势力尾大不掉的顽疾一直到汉武帝时期才最终解除[3]。因此，秦至西汉中期的皇帝们对八主神灵的祭祀活

［1］ 王睿：《“八主”祭祀研究》，北京大学中文系博士学位论文，2011年。

［2］ 参阅傅斯年：《夷夏东西说》，《庆祝蔡元培先生六十五岁论文集（下册）》（历史语言研究所集刊外编第一种），1933年，第 1093～1134页。夏应元选编并监译：《内藤湖南博士中国史学著作选译（上册）》，社会科学文献出版社，2004年，第 165～166页。

［3］ 参阅陈苏镇：《〈春秋〉与“汉道”——两汉政治与政治文化研究》，中华书局，2011年，第 7～132页。

动，或可看作是他对中国东部地区格外看重，并借以维系其统治稳固的重要举措之一[1]。同时，本书认为在秦皇汉武时代，与祭祀"八主"密切相关的其它祭祀活动与图像制作行为也值得特别关注。换言之，不能把"齐地八主"祭祀活动看做孤立的祭祀现象，而应该将其看做秦汉时期，帝王在山东地区进行"天、地、阴阳"祭祀并将其纳入国家祭祀礼仪活动的有机组成部分。比如，这一时期的帝王在泰山的封禅活动及所反映的政治观念就值得特别重视。

秦汉时期，帝王对山川的祭祀蔚为大观，当时全国的名山大川基本上都渐次进入到国家祭祀系统之中。一些学者也进而指出"五岳四渎"的国家祭祀方位观念也在汉武帝时期成为常规祭祀[2]。而至少在春秋时期，泰山已经成为君主在想象中借封禅仪式展现其德政、威仪与统治合法性的场所。这在《史记·封禅书》、《汉书·郊祀志》记载齐桓公与管仲的那段著名对话中就可以明显看出[3]。降及战国晚期至秦汉之际，随着四岳、五岳等空间方位观念的慢慢形成，泰山作为其中重要的组成部分也慢慢地获得了独尊的地位[4]。因此，在秦始皇统一六国以后，除了祭祀各地的名山大川外，在泰山举行封禅，祭祀"天"与"地"，以期获得统治的合法性就成为一个非常迫切的任务。这一点也正如田天所言："秦人统一六国，无意夷平六国的所有传

〔1〕 参阅李零：《中国方术续考》，中华书局，2006年，第109页。

〔2〕 田天：《秦汉国家祭祀史稿》，生活·读书·新知三联书店，2015年，第277～327页。李零：《秦汉祠畤通考》，《中国方术续考》，中华书局，2001年，第142～156页。

〔3〕 [汉] 司马迁：《史记》，中华书局，1959年，第1361页。[汉] 班固：《汉书》，中华书局，1962年，第1197页。

〔4〕 [美] 巫鸿：《五岳的冲突——历史与政治的纪念碑》，郑岩、王睿：《礼仪中的美术——巫鸿中国古代美术史文编（下册）》，生活·读书·新知三联书店，2005年，第616～641页。

统。相反，将六国祭祀纳入彀中、获得祭祀他国神祇系统的权力，才更能体现征服者的威权。秦人的名山大川祠，体现的就是这种思路。"〔1〕封禅泰山的核心是在泰山之巅祭天，在梁父山祭地。而对天、地的祭祀实际上在齐地"八主"祭祀系统中也同样占有非常重要的地位。

到了"尤敬鬼神之祭"的汉武帝时代，对帝国东部的重视也依然在延续。这从他数次往返于长安与泰山之间进行封禅就可以看出。元封年间的汉武帝可谓是意气风发。从建元年间开始的"内修法度、外攘夷狄"政策，至此时已基本实现。经过元狩四年（公元前 119 年）的汉匈漠北大战，元鼎五年至元鼎六年间（公元前 112 年～公元前 111 年）的征讨南越国，以及其后几年内陆续平定的东越、且兰、夜郎、卫氏朝鲜等割据势力。汉帝国已初步建构了全新的"天下"边界〔2〕。而继元鼎元年（公元前116 年）山西汾水出鼎后，元鼎四年（公元前 113 年）巫锦在山西汾阴挖掘再次获得的宝鼎，则又使武帝掌控的王朝获得了吉兆。面对山西汾阴出鼎的事件，汉武帝的大臣们无论是认为它是周鼎也好，还是其后吾丘寿王认为它是汉鼎也好，种种讨论，都指向同一个判断——随着象征国家正当权力、天命、瑞应、道德等多种观念集合的宝鼎之出现，汉帝国统治"天下"的正当性也具备了坚实可靠的依据与物证〔3〕。

经过多年的精心准备，汉武帝于元封元年（公元前 110 年）三月份即开始进行封禅典礼的筹备活动。"东幸缑氏，礼登中岳

〔1〕 田天：《秦汉国家祭祀史稿》，生活·读书·新知三联书店，2015 年，第 65 页。

〔2〕 ［汉］司马迁：《史记》，中华书局，1959 年，第 2967～2998 页。［汉］班固：《汉书》，中华书局，1962 年，第 3837～3869 页。

〔3〕 ［汉］司马迁：《史记》，中华书局，1959 年，第 1392 页。［汉］班固：《汉书》，中华书局，1962 年，第 1225～1226、2797～2798 页。

太室"只是他准备封禅典礼的第一步。其后,在第一次登上泰山以后,他又"遂东巡海上,行礼祠八神"。至该年四月还至奉高后,汉武帝先是攀登了梁父山"礼祠地主"。接着在泰山下东方,用玉牒在"广丈二尺,高九尺"的封上祠祭"太一"这一在汉武帝时代被新创造出的"天"之象征。其后,他与奉车子侯又一同上泰山,再次对"天"进行了祭祀。并在最后"禅泰山下阯东北肃然山,如祭后土礼"[1]。透过对这段文献的解读,可以注意到在他于该年三、四月间进行的封禅活动中,对齐地八主神灵的祭祀及相应的视觉表现应该也成为他在这段时间内,一系列祭祀天、地等空间方位神灵活动的必要组成部分。事实上,正如王睿所观察到的,汉武帝时代对八主神灵的祭祀仍然延续[2],并且已经被整合进帝王借国家祭祀典礼来彰显统治"天下"合法性的体系中。只不过,相对于在武帝一朝新近被强调的天神——"太一","齐地八主"仅仅属于他借此建构的祭祀天、地空间体系的一个微小组成部分而已。由此,就要解决另一个问题——汉武帝时代对"太一"这一新的天神祭祀及所呈现出的视觉图像到底蕴含着何种理念?它有没有暗示出武帝借此控驭"天下"并宣示其统治合法性的观念?下文即以汉武帝时代对"太一"祭祀及所呈现的"祥瑞景观"作为论述中心。

二 君权天授:汉武帝时期的太一祭祀与"祥瑞景观"

据学界研究,"太一"一词在战国时期的文献中就已经存

---

〔1〕 [汉]司马迁:《史记》,中华书局,1959年,第1397~1398页。[汉]班固:《汉书》,中华书局,1962年,第1234~1235页。
〔2〕 王睿:《"八主"祭祀研究》,北京大学中文系博士学位论文,2011年。

在，并在汉代文献中渐渐盛行。从其诞生之日起，就具有哲学、星宿、地域神灵三重含义的概念，并互相影响[1]。"太一"的身份与图像意义也经历了从地域神灵向中央天帝神灵的重要转化。在概念、思想、视觉表现、信仰意义等方面都有较大的不同。比如，在战国时期的楚地就长期流行所谓"东皇太一"的神灵信仰，并在流行于该地的文学作品中已有所显现[2]。对此，一些学者已考证出这里的"东皇太一"即是"太一"，并借助官方文献和民间信仰进入西汉宫廷[3]。此外，1993 年 10 月在湖北荆门郭店 1 号楚墓中出土的简牍中，就有所谓："太一生水，水反辅太一，是以成天。天反辅太一，是以成地。天地互相辅也，是以成神明……天地者，太一之所生也。是故太一藏于水，行于时，周而又始，以己为万物母。一缺一盈，以己为万物经……"其中对"太一"的认识显然更偏重于哲学化的层面[4]。太一作为一种地域神灵在战国楚地出土的一些文物上也有呈现。如在

---

〔1〕 钱宝琮：《太一考》，《燕京学报》1932 年第 12 期。李零：《中国方术续考》，中华书局，2006 年，第 158～181 页。葛兆光：《众妙之门：北极与太一、道、太极》，《中国文化》1991 年第 3 期。罗世平：《关于汉画中的太一图像》，《美术》1998 年第 4 期。

〔2〕 [宋]洪兴祖：《楚辞补注》，白化文、许德楠、李如鸾、方进点校，中华书局，1983 年，第 57～59 页。[南朝·梁]萧统：《文选》，[唐]李善注，上海古籍出版社，1986 年，第 881 页。

〔3〕 葛兆光：《众妙之门：北极与太一、道、太极》，《中国文化》1991 年第 3 期。

〔4〕 李零：《郭店楚简校读记》，北京大学出版社，2002 年，第 32 页。另参阅陈鼓应：《道家文化研究（第十七辑：郭店楚简专号）》，生活·读书·新知三联书店，1999 年，第 297～411 页。[日]谷中信一：《〈太一生水〉考释——论述其与今本〈老子〉的关系》，潘浩译，中国社会科学院简帛研究中心、李学勤、谢桂华：《简帛研究（2002－2003）》，广西师范大学出版社，2005 年，第 51～59 页。田天：《秦汉国家祭祀史稿》，生活·读书·新知三联书店，2015 年，第 122～123 页。

1960 年湖北荆门市漳河车桥战国中晚期墓出土的一件青铜戈的援上，就发现一位头戴分羽冠冕、耳饰蛇形、身披铠甲、双手和胯下各画有一龙的武士形象。在该青铜戈内部穿孔的两侧正背还各刻两字"兵避太岁"[1]。一些学者已指出它应该就是战国时期流行于该地区之"太一"神的图像化表现[2]。而 1973 年湖南长沙马王堆 3 号墓出土的《避兵图》中也表现了与前者相类似的主神形象。在其画面前端刻画有三龙，其正中则刻画与荆门出土青铜戈上表现较为相似的"大"字形神物。根据其头部东侧的"大（太）一将行□□□……神从之与……"题记，可确认该形象即为具有避兵功能的"太一"（图 5 - 7）[3]。另外，汪悦进在对马王堆 1 号墓葬内出土帛画主题意义的探讨中，认为此帛画表现了男女通过合气而达到不死境界。帛画最下部的力士则为太一的外在化表现。类似观点在作者对马王堆三号墓出土帛画的研究中也都存在，值得注意[4]。

---

〔1〕 王毓彤：《荆门出土一件铜戈》，《文物》1963 年第 1 期。李零：《中国方术续考》，中华书局，2006 年，第 167 页。

〔2〕 李零：《湖北荆门"兵避太岁"戈》，《文物天地》1992 年第 3 期。

〔3〕 参阅周世荣：《马王堆汉墓的神祇图帛画》，《考古》1990 年第 10 期。李零：《中国方术续考》，中华书局，2006 年，第 158～181 页。来国龙：《马王堆〈太一祝图〉考》，浙江大学艺术与考古研究中心：《浙江大学艺术与考古研究》第一辑，浙江大学出版社，2014 年，第 1～27 页。

〔4〕 Eugene Wang, "Why Pictures in Tombs? Mawangdui Once More", *Orientations* (March, 2009)：27 - 34；Eugene Wang, "Ascend to Heaven or Stay in the Tomb? Paintings in Mawangdui Tomb 1 and the Virtual Ritual of Survival in Second - Century B. C. E. China", in Amy Olberding and Philip J. Ivanhoe (eds.) *Mortality in Traditional Chinese Thought*, Albany：State University of New York, 2012, pp. 37 - 84. 汪悦进：《如何升仙？——马王堆棺绘与帛画新解》，《东方早报》2011 年 12 月 19 日；汪悦进：《入地如何再升天？——马王堆美术时空论》，《文艺研究》2015 年第 12 期。

图 5 - 7　1973 年湖南长沙马王堆 3 号墓葬出土的《避兵图》
（采自李零：《中国方术正考》，中华书局，2006 年，图版二）

　　无论文献中的"东皇太一"，还是楚地出土的太一图像，实际都属于具有强烈地域性色彩的神灵。一直到西汉文帝时期，"太一"神作为中央天帝的崇高地位都还没有确立。如汉文帝在赵人新垣平的蛊惑下在渭阳立五帝庙，显然是继承了春秋以后秦国在雍地立四畤以及西汉初期高祖增建北畤的传统。但他当时也并没有对"太一"神进行祭祀[1]。在西汉中期的汉武帝时代，"太一"却逐步具有了中央天帝神灵的地位。如《史记·天官书》中就有所谓"中宫，天极星，其一明者，太一常居也"的

〔1〕〔汉〕司马迁：《史记》，中华书局，1959 年，第 1382 页。〔汉〕班固：《汉书》，中华书局，1962 年，第 1213～1214 页。

观念[1]。又,《淮南子·本经训》载:"帝者体太一,王者法阴阳,霸者则四时,君者用六律。秉太一者,牢笼天地,弹压山川。"[2]这表明在当时,太一与宇宙中央、帝王的联系已经非常密切。皇帝就是天子,同时也与北极星互为一体,代表天统治天下万民。这显示出汉初以后的理论界对"太一"的全新认识。虽然武帝即位初年依然延续了之前在雍地祭祀五畤的传统[3],但其后不久,他在方士亳人谬忌的诱惑下已经开始祭拜太一形象,并于长安东南郊祠祭太一。《史记·封禅书》、《汉书·郊祀志》均记载:"亳人谬忌奏祠太一方,曰'天神贵者太一,太一佐曰五帝。古者天子以春秋祭太一东南郊,用太牢,七日,为坛开八通之鬼道。'于是天子令太祝立其祠长安东南郊,常奉祠如忌方。其后人有上书,言'古者天子三年壹用太牢祠神三一:天一、地一、太一'。天子许之,令太祝领祠之于忌太一坛上,如其方。后人复有上书,言'古者天子常以春解祠,祠黄帝用一枭破镜;冥羊用羊祠;马行用一青牡马,太一、泽山君地长用牛;武夷君用干鱼;阴阳使者以一牛。'令祠官领之如其方,而祠于忌太一坛旁。"[4]凌纯声、李零考证此太一坛是在元光

---

[1] [汉]司马迁:《史记》,中华书局,1959年,第1289页。

[2] 刘文典:《淮南鸿烈集解》,冯逸、乔华点校,中华书局,1989年,第259页。

[3] [汉]司马迁:《史记》,中华书局,1959年,第1384页。[汉]班固:《汉书》,中华书局,1962年,第1218页。值得注意的是,梁云对2004年甘肃礼县鸾亭山出土战国至西汉时代祭祀遗址、玉器的考察中,已经注意到这些材料可能与西汉时期帝王在雍地对五帝进行祭祀有关。参阅早期秦文化联合考察队:《2004年甘肃礼县鸾亭山遗址发掘主要收获》,《中国历史文物》2005年第5期。梁云:《对鸾亭山祭祀遗址的初步认识》,《中国历史文物》2005年第5期。

[4] [汉]司马迁:《史记》,中华书局,1959年,第1386页。另见[汉]班固:《汉书》,中华书局,1962年,第1218页。

二年或三年立（公元前 133 年或公元前 132 年），是比较符合史实的[1]。

另据梁云研究，1971 年在汉长安城东南约 4.5 公里的西安北郊大明公社联志村，出土共计达 85 件各类玉人、玉璧、玉琮、玉圭、玉璋、玉璜、玉觿等玉器材料，这些材料也应该与汉武帝时代在长安城东南设计太一坛密切相关。假如它们果真如作者所言，属于汉武帝在长安东南所立太一坛后的祭祀活动遗存，则展示了武帝在都城附近对太一进行祭祀活动的历史碎片（图 5 – 8）[2]。

其后不久，汉武帝在方士少翁的建议下在长安附近的甘泉宫以画像的形式祭祀"天、地、太一"诸神："文成言曰：'上即欲与神通，宫室被服非象神，神物不至。'乃作画云气车，及各以胜日驾车辟恶鬼。又作甘泉宫，中为台室，画天、地、太一诸鬼神，而置祭具以致天神。"[3]随着武帝对太一神灵的重视，在此时太一神已成为汉朝国家宗教祭祀的中心神灵之一。少翁后来虽然被武帝所杀，但他提出的祭祀太一的活动却并未废止。在其后武帝病于鼎湖期间，被从上郡召来的"寿宫神君"借"太一"神成功治愈而慢慢地成为国家祭祀活动的中心[4]。其后又为其配置了"后土"神灵。这在李零、田天等学者的研究中已有论

---

〔1〕 凌纯声：《秦汉时代的畤》，《民族研究所集刊》第 18 期。李零：《待兔轩文存》，广西师范大学出版社，2011 年，第 49 页。

〔2〕 梁云：《对鸾亭山祭祀遗址的初步认识》，《中国历史文物》2005 年第 5 期。另参阅师小群、王蔚华：《秦代祭祀玉人》，《文博》2006 年第 3 期。许卫红：《再论甘肃礼县鸾亭山等地出土玉人的功用》，《中国国家博物馆馆刊》2015 年第 4 期。

〔3〕 ［汉］司马迁：《史记》，中华书局，1959 年，第 1388 页。另见 ［汉］班固：《汉书》，中华书局，1962 年，第 1219 ~ 1220 页。

〔4〕 ［汉］司马迁：《史记》，中华书局，1959 年，第 1388 页。另见 ［汉］班固：《汉书》，中华书局，1962 年，第 1220 页。

图5-8 1971年西安北郊大明公社联志村出土的部分玉器材料

（采自王睿：《"八主"祭祀研究》，北京大学中文系博士学位论文，2011年，第68页，图29）

述，此不赘言[1]。

结合历史文献梳理，也会发现"太一"也并非单纯的祭祀活动。它已经成为武帝借此展现政治意图的一个组成部分。元狩至元封年间的汉武帝可谓是意气风发。从建元年间开始的"内修法度、外攘夷狄"政策，至此时已基本实现。经过元狩四年（公元前119年）的汉匈漠北大战，元鼎五年至元鼎六年间（公元前112年～公元前111年）的征讨南越国，以及其后几年内陆续平定的东越、且兰、夜郎、卫氏朝鲜等割据势力。汉帝国已初

---

[1] 李零：《我们的中国·第二编：周行天下——从孔子到秦皇汉武》，生活·读书·新知三联书店，2016年，第177～266页。田天：《秦汉国家祭祀史稿》，生活·读书·新知三联书店，2015年，第121～158页。

步建构了一个全新的"天下"边界[1]。而元鼎元年（公元前116 年）山西汾水出鼎，以及元鼎四年（公元前 113 年）巫锦在山西汾阴再次获鼎，则又使武帝掌控的王朝获得了吉兆[2]。有关"秦始皇捞鼎"的传说重新进入到汉代帝王的视野中，由此也大大刺激了汉武帝借助宝鼎、祭祀仪式等道具来诠释汉朝统治合法性与君主德治的欲望。面对山西汾阴连续出鼎的事件，汉武帝的大臣们无论认为它是周鼎也好，还是其后吾丘寿王认为它是汉鼎也好。种种讨论，都指向同一个判断——随着象征国家正当权力、天命、瑞应、道德等多种观念集合的宝鼎出现，汉帝国统治"天下"的正当性也具备了坚实可靠的依据与物证[3]。而元鼎四年（公元前 113 年）武帝在山西汾阴祭祀后土以后，在甘泉宫中祭祀"太一"天神、在山西汾阴祭祀"后土"地神就成为汉武帝统治中后期国家宗教祭祀的"中心"："其明年冬（元鼎四年，公元前 113 年），天子郊雍，议曰：'今上帝朕亲郊，而后土无祀，则礼不答也。'有司与太史公、祠官宽舒议：'天地牲角茧栗。今陛下亲祠后土，后土宜於泽中圜丘为五坛，坛一黄犊太牢具，已祠尽瘗，而从祠衣上黄。'于是天子遂东，始立后土祠汾阴脽丘，如宽舒等议。上亲望拜，如上帝礼。"[4]

又，元鼎五年（公元前 112 年）冬十月记载："五年冬十月，行幸雍，祠五畤"，"冬十一月辛巳朔旦，冬至。立泰畤于

---

[1]　[汉] 司马迁：《史记》，中华书局，1959 年，第 2967～2998 页。另见[汉] 班固：《汉书》，中华书局，1962 年，第 3837～3869 页。

[2]　[汉] 司马迁：《史记》，中华书局，1959 年，第 1392 页。另见 [汉] 班固：《汉书》，中华书局，1962 年，第 181、1225～1226 页。

[3]　[汉] 司马迁：《史记》，中华书局，1959 年，第 1392 页。另见 [汉] 班固：《汉书》，中华书局，1962 年，第 1225～1226、2797～2798 页。

[4]　[汉] 司马迁：《史记》，中华书局，1959 年，第 1389 页。另见 [汉] 班固：《汉书》，中华书局，1962 年，第 1221－1222 页。

甘泉。"[1]"上遂郊雍,至陇西,西登崆峒,幸甘泉。令祠官宽舒等具太一祠坛,祠坛放薄忌太一坛,坛三垓。五帝坛环居其下,各如其方,黄帝西南,除八通鬼道。太一,其所用如雍一畤物,而加醴枣脯之属,杀一狸牛以为俎豆牢具。而五帝独有俎豆醴进。其下四方地,为醊食群神从者及北斗云。已祠,胙馀皆燎之。其牛色白,鹿居其中,彘在鹿中,水而洎之。祭日以牛,祭月以羊彘特。太一祝宰则衣紫及绣。五帝各如其色,日赤,月白。"

元鼎五年(公元前112年)冬,"十一月辛巳朔旦冬至,昧爽,天子始郊拜太一。朝朝日,夕夕月,则揖;而见太一如雍郊礼。其赞飨曰:'天始以宝鼎神策授皇帝,朔而又朔,终而复始,皇帝敬拜见焉。'而衣上黄。其祠列火满坛,坛旁亨炊具。有司云'祠上有光焉'。公卿言'皇帝始郊见太一云阳,有司奉瑄玉嘉牲荐飨。是夜有美光,及昼,黄气上属天'。太史公、祠官宽舒等曰:'神灵之休,祐福兆祥,宜因此地光域立太畤坛以明应。'令太祝领,秋及腊间祠。三岁天子一郊见。"[2]

"太一"神在之后的一段时间内虽然仍旧保持有在楚地形成的兵辟、震慑功能。如元鼎六年(公元前111年)武帝"为伐南越,告祷太一。以牡荆画幡日月北斗登龙,以象太一三星,为太一锋,命曰'灵旗'。为兵祷,则太史奉以指所伐国"[3]。但总体来说,正如王柏中所言:太一神在这其后的地位已经上升成为汉代国家宗教中的至上神[4]。

〔1〕[汉]司马迁:《史记》,中华书局,1959年,第185页。

〔2〕[汉]司马迁:《史记》,中华书局,1959年,第1394~1395页。另见[汉]班固:《汉书》,中华书局,1962年,第1230~1231页。

〔3〕[汉]司马迁:《史记》,中华书局,1959年,第1395页。另见[汉]班固:《汉书》,中华书局,1962年,第1231~1232页。

〔4〕王柏中:《神灵世界:秩序的构建与仪式的象征——两汉国家祭祀制度研究》,民族出版社,2005年,第94~98页。

"太一"神独尊的情况在武帝元封年间在泰山举行封禅活动期间更为明显。如汉武帝在元封元年封禅泰山前就先祭拜"太一":"（汉武帝）既至甘泉，为且用事泰山，先类祠太一。"[1]到了他于元封年间正式封禅泰山之时，对"太一"、"后土"这一新式天地神灵的祭祀就成为他借此显示皇帝权力与对"天下"占有合法性的重要手段:"元封元年（公元前110年）四月，还至奉高。上念诸儒及方士言封禅人人殊，不经，难施行。天子至梁父，礼祠地主。乙卯，令侍中儒者皮弁荐绅，射牛行事。封泰山下东方，如郊祠太一之礼。封广丈二尺，高九尺，其下则有玉牒书，书秘。礼毕，天子独与侍中奉车子侯上泰山，亦有封。其事皆禁。明日，下阴道。丙辰，禅泰山下阯东北肃然山，如祭后土礼。"[2]应劭《风俗通义》对一些细节的记载更为清楚:"封者，立石高一丈二赤（尺），刻之曰:'事天以礼，立身以义，事父以孝，成民以仁，四守之内，莫不为郡县，四夷八蛮，咸来贡职，与天无极，人民蕃息，天禄永得。"[3]从以上文献的记述中已可以确定太一、后土祭祀的地位已经基本等同于先秦以来的天、地之祭。

依据文献记录，在汉武帝举行封禅和对天地进行祭祀活动的过程中，除了用立石这一在秦始皇时代特别强调的视觉方式来塑造天子统治万民的观念指向外，这一手段在有的时候还同时伴随着汉武帝有意布置的、具有重要政治与祭祀礼仪功能的"视觉景观"来实现:"天子皆亲拜见，衣上黄而尽用乐焉。江淮间一茅三脊为神藉。五色土益杂封。纵远方奇兽蜚禽及白雉诸物，颇以

---

〔1〕［汉］司马迁:《史记》，中华书局，1959年，第1396页。另见［汉］班固:《汉书》，中华书局，1962年，第1233页。

〔2〕［汉］司马迁:《史记》，中华书局，1959年，第1398页。另见［汉］班固:《汉书》，中华书局，1962年，第1235页。

〔3〕［汉］应劭:《风俗通义》，中华书局，1981年，第68页。

加礼。兕牛犀象之属不用。皆至泰山祭后土。封禅祠；其夜若有光，昼有白云起封中。"[1]

这里记录的所谓"奇兽蜚禽及白雉诸物"、"其夜若有光，昼有白云起封中"在与帝王联系密切的宫廷礼仪与祭祀文化中具有重要的思想意义。这些被人为"塑造"的"视觉景观"在汉人眼中即被称为祥瑞或与祥瑞有关的物象。按照汉代今文经学学者的观点，祥瑞的出现可以被视作统治者统治德政的表现，是上天对人间帝王统治正当性与有效性的重要确认。如《春秋繁露》即曰："故德侔天地者，皇天右而子之，号称天子……帝王之将兴也，其美祥亦先见；其将亡也，妖孽亦可见……有非力之所能致而自至者，西获狩麟，受命之符是也。"[2]在汉代，祥瑞的"出现"已经不止一次，尤其在西汉中期以后更是频繁。如（晋）张华《博物志》云："汉兴多瑞应，至武帝之世特甚，麟凤数见。"[3]又，（清）赵翼《廿二史札记》载："两汉多凤凰，而最多者，西汉则宣帝之世，东汉则章帝之世。"[4]虽然从后世关于对两汉、魏晋、南北朝等时代的祥瑞进行的专门记录看，汉武帝时代较之于西汉中晚期已成泛滥之势的祥瑞数量还是较少，但也绝不是没有。例如《汉书·武帝纪》载："元狩元年（公元前122年），冬十月，行幸雍，祠五畤，获白麟，作白麟之

---

〔1〕 [汉]司马迁：《史记》，中华书局，1959年，第1398页。另见：[汉]班固：《汉书》，中华书局，1962年，第1235页。

〔2〕 苏兴：《春秋繁露义证》，钟哲点校，中华书局，1992年，第410、358、157页。

〔3〕 [晋]张华：《博物志》，[宋]周之用注，王根林校点，上海古籍出版社本社：《汉魏六朝笔记小说大观》，上海古籍出版社，1999年，第222页。

〔4〕 [清]赵翼：《廿二史札记（上册）》，王树民校证，中华书局，1984年，第63页。

歌。"[1]对于此事，《史记·封禅书》、《汉书·郊祀志》记："其明年，郊雍，获一角兽，若麃然。有司曰：'陛下肃祗郊祀，上帝报享，锡一角兽，盖麟云。'于是以荐五畤，畤加一牛以燎。锡诸侯白金，风符应合于天也。"[2]又如，汉武帝于元鼎元年（公元前 116 年）于山西汾水，元鼎四年（公元前 113 年）于山西汾阴前后两次获得了宝鼎。围绕着这一奇妙的视觉"景观"，武帝和他的朝臣们也都倾向于认为那是上天赐予汉王朝应天受命的征兆[3]。此外，《汉书·礼乐志》也记录汉武帝元封二年（公元前 109 年）由于芝生甘泉齐房，对此，兴致勃勃的武帝还特意命人作诗："齐房产草，九茎连叶。宫童效异，披图按谍。玄气之精，回复此都。蔓蔓日茂，芝成灵华。"[4]即便在汉武帝统治晚期的太初三年（公元前 102 年）二月五日，他还意犹未尽地"行幸东海，获赤雁"[5]。在他那充满传奇的一生中，"祥瑞景观"也总是如影随形。

由此观之，通过对在祭祀太一、后土等具有国家祭祀性质的礼仪活动中，人为营造一些具有祥瑞色彩的"视觉景观"，武帝也借此向世人传递出他的统治具有某种道德性与合法性的色彩。对此，吕宗力曾指出："秦末汉初的社会政治语境中，流行'布

---

〔1〕［汉］班固：《汉书》，中华书局，1962 年，第 174 页。

〔2〕［汉］司马迁：《史记》，中华书局，1959 年，第 1387 页。［汉］班固：《汉书》，中华书局，1962 年，第 1219 页。该记载另见《汉书》，第 2814 页。［南朝·梁］沈约：《宋书》，中华书局，1974 年，第 791 页。

〔3〕［汉］班固：《汉书》，中华书局，1962 年，第 182 页、184 页、第 1225～1226 页。另见［汉］司马迁：《史记》，第 1392 页。

〔4〕［汉］班固：《汉书》，中华书局，1962 年，第 1065 页、第 2814 页。另见：逯钦立辑校：《先秦汉魏晋南北朝诗（上册）》，中华书局，1983 年，第 153 页。［南朝·梁］沈约：《宋书》，中华书局，1974 年，第 861 页。

〔5〕［南朝·梁］沈约：《宋书》，中华书局，1974 年，第 870 页。

衣而有天下'、'王侯将相宁有种乎'论述。汉高祖'以匹夫起事，角群臣而定一尊……其徒亦自多亡命无赖之徒'。但随着宗室、外戚、豪族、官僚世家蚕食、分割政治经济文化资源，布衣君臣的政治格局逐渐褪色，以家世、门阀对应天命符应，成为两汉时期皇室权贵维持特权正当性的必备论述。"[1]从这个意义上看，西汉时代的帝王也大多乐于见到可以作为诠释其自身统治合法性或德政的瑞像。即便是一向以清静无为示人的汉文帝，在面对方士新垣平关于周、秦之际"九鼎"话题的谈论后，也依然幻想着有朝一日能够打捞出象征权力正当性、带有祥瑞色彩的"九鼎"："（新垣）平言曰：'周鼎亡在泗水中，今河溢通泗，臣望东北汾阴直有金宝气，意周鼎其出乎？兆见不迎则不至。'于是上使使治庙汾阴南，临河，欲祠出周鼎。"[2]而当汉武帝元鼎四年（公元前113年）山西汾阴再次出土宝鼎，其宠臣吾丘寿王不随众说指出此宝鼎虽非周鼎，但它的出现却预示着汉朝的继续兴盛时。汉武帝立刻就转怒为喜，不以吾丘寿王之言为罪，反而对其大事赏赐[3]。

因而，秦皇汉武时代对天、地等宇宙方位神灵的祭祀，无论

---

〔1〕 吕宗力：《汉代的谣言》，浙江大学出版社，2011年，第143页。

〔2〕 ［汉］司马迁：《史记》，中华书局，1959年，第1383页。另见［汉］班固：《汉书》，中华书局，1962年，第1214页。

〔3〕 ［汉］班固：《汉书》，中华书局，1962年，第2798页。巫鸿、包华石、曾蓝莹都曾经对汉代祥瑞艺术所呈现的天命观、道德训诫问题进行过较为细致的讨论。参阅 Wu Hung（巫鸿），*The Wu Liang Shrine: The Ideology of Early Chinese Pictorial Art*, Stanford, Stanford University Press, 1989, pp. 91 – 96. Martin J. Powers（包华石），*Art and Political Expression in Early China*, New Haven & London: Yale University Press, 1991, pp. 224 – 278. Lillian Lan – ying Tseng（曾蓝莹），*Picturing Heaven in Early China*, Cambrige（Massachusetts）And London, Harvard University, 2011, pp. 89 – 147.

是对齐地传统的、自先秦晚期即已形成的八主祭祀而言，还是对同样源自战国时期，并在汉武帝时代新近被确立的太一、后土这一天地神灵系统而言，它们所呈现出来的，也绝不仅仅是单纯的对方位空间所进行一般性思考的宇宙观念，而是更为复杂的希冀借助对天、地四方的祭祀活动及其图像，来展现君权天授与帝国统治的正当性。它蕴含着帝王借此显示对其统治的"天下"进行有效控制的希冀。王爱和指出："秦汉时期的宇宙观不是简单地维护固有政权，而是不断地构建和界定皇权并包容了帝国形成中社会力量之间的矛盾与张力。这些矛盾与张力，在于宇宙相生相克的循环中展开了象征性的斗争，又进而完全改变了宇宙观及皇权的内涵。"[1]

因此笔者认为，秦皇汉武时代在祭祀天地、四方等活动中衍生的各类视觉图像，无论是这一时代祭祀八主神灵所用各类玉器组合，还是汉武帝时代为祭祀太一、后土神灵所营造之各种祭坛、雕像、画像，抑或是他在泰山、肃然山举行封禅仪式时特意营造的各种视觉景观场景，都可做为他们为实现这一政治意图而有意运用的"法器"。而与之相类似的行为，无论是在其后王莽代汉自立时运用的各类符命，抑或是刘秀在重建汉朝的过程中运用的各种谶书、图谶都只是前述视觉行为的又一变体，也就是所谓的"旧瓶换新酒"。

另外，武帝在元封二年（公元前109年）于祭祀太一神灵之处的甘泉宫"作甘泉通天台"。（唐）颜师古注："通天台者，言此台高，上通于天也。"[2]《汉旧仪补遗》、《三辅故事》、《三辅

---

〔1〕 王爱和：《中国古代宇宙观与政治文化》，［美］金蕾、徐峰译，徐峰校，上海古籍出版社，2011年，第28页。

〔2〕 ［汉］班固：《汉书》，中华书局，1962年，第193页。另见 ［汉］司马迁：《史记》，中华书局，1959年，第1400页。

旧事》等文献又云："通天台高三十丈，望云雨悉在其下，去长安三百里，望见长安城。"[1]又《关中记》和《长安志》载："甘泉宫在甘泉山上，汉书单于烽侯以应甘泉，即此山也。左有通天台，高三十余丈，祭天时于此候天神下也。"[2]目前在陕西淳化铁王乡梁武帝村东北发现的两座东西并列的夯土高台基址（图5-9）[3]，二基址平面均为圆形，相距约70米，径约200～220米，残高约15～16米，似乎与通天台具有一定联系。通过在甘泉宫营造通天台，武帝借助这些建筑与画像使其地成为沟通天地鬼神的视觉媒介，这似乎成为他所塑造的另一天地"中心"。

如果说武帝在元封元年（公元前110年）通过在泰山附近祭祀太一、后土，以及在祭祀过程中通过营造具有诠释皇权正当性的"祥瑞景观"，来表达其对控制"天下"的合法性，那么他在元封二年（公元前109年）通过在甘泉宫营造沟通天地功能的通天台，则又使甘泉宫在武帝时代成为一座类似于秦咸阳宫、阿房宫的天地轴心。塑造"天下"中心观的思想意识在这里也得到了更为明显的表达。至此，和八主相似，太一作为原先来自于战国时代地方上的神灵和图像，经过秦皇汉武时代漫长的观念积淀与形式塑造，遂在武帝时代俨然成为带有强烈中央天帝色彩的独尊神灵和图像，并成为武帝时代构建其政治与祭祀一元化的观念承载物与视觉媒介。在某些具体的场合与历史情境下，又借人为

---

〔1〕 ［汉］卫宏：《汉旧仪补遗》，［清］孙星衍等辑：《汉官六种》，中华书局，1990年，第91页。［晋］佚名：《三辅故事》，［清］张澍辑，陈晓捷注，三秦出版社，2006年，第20页。［唐］佚名：《三辅旧事》，［清］张澍辑，陈晓捷注，三秦出版社，2006年，第18～20页。

〔2〕 刘庆柱：《关中记辑注》，三秦出版社，2006年，第62页。［宋］宋敏求：《长安志》，［清］毕沅校证，台北成文出版社有限公司，1970年，第91页。

〔3〕 刘庆柱、李毓芳：《汉长安城》，文物出版社，2003年，第190～193页。

图 5－9　位于陕西淳化铁王乡梁武帝村的疑似通天台遗址

（采自王仁波：《秦汉文化》，学林出版社、上海科技教育出版社，2001 年，第 113 页，图Ⅴ－4）

的"祥瑞图像"被笼罩上了一层神秘的"君权天授"政治色彩。这或许是战国时代的人们在创造"太一"神灵时并没有设想到的结局。

　　当然，在讨论这个问题时，也不能够回避这一时代，来自帝国边域的一些政治势力同样也会借助于视觉艺术来诠释对国家、天下意识的思考。下文将会对此再做探寻。

三　宅院、国家、天下：南越王墓与
宫苑遗址出土遗存探究

　　秦汉之际，中土板荡。在各种政治势力为获取"天下"而如火如荼地进行争霸时，位于中国大陆最南部的岭南一隅，却在任嚣、赵佗等这些来自中原汉地官僚老练地统治与经营下，展现

出相对的平静与繁荣。即便在汉高祖及其后的统治者们已经坐拥天下，并试图构建统一帝国的时侯，由于岭南特殊的地理位置、已然勃兴的经济与军事力量以及汉帝国初期暂时的虚弱、政治上的权衡等各种因素的交互影响，位于秦汉帝国边域的南越王国，却依然持续不断地历经五帝统治达近百年之久（公元前206年～公元前111年）。如果不是由于南越国统治末叶祸起萧墙、策略失当以及汉武帝以娴熟的政治谋略和雄厚的经济、军事征伐实力作为支撑，那么南越王国的统治或许会更持久些[1]。南越国虽然位于帝国的边域，但从有关的王陵、宫苑等美术考古遗存与文献上看，该国较为系统地继承了中原汉地的政体、礼乐、丧葬文化，同时有些材料反映的却是对独立国家政体的建构，甚至是对"天下"的觊觎。在下文中，我将结合文献与美术考古资料的解读，对广州西汉南越王墓、宫苑遗址出土部分材料反映的对中原汉地文化的传承、独立国家意识和对"天下"观念的觊觎进行三个层次的解读。

1. 南越王墓与"阴宅"

虽然南越王国已经消逝在历史尘埃中，但在最近三十年来，随着广州南越王墓、南越国宫苑等遗存的部分发掘，可以对这些材料进行近距离观察[2]。其中，1983年8月发掘出土的南越国第二代国王文帝赵胡（赵眜）墓为探究南越国的丧

---

〔1〕 参阅余天炽、覃圣敏、蓝日勇、梁旭达、覃彩銮：《古南越国史》，广西人民出版社，1988年。张荣芳、黄淼章：《南越国史》，广东人民出版社，1995年。

〔2〕 考古发掘报告参阅《考古》杂志部：《广州发现西汉南越王墓》，《考古》1983年第12期。广州象岗汉墓发掘队：《西汉南越王墓发掘初步报告》，《考古》1984年第3期。广州市文物管理委员会、中国社会科学院考古研究所、广东省博物馆：《西汉南越王墓》，文物出版社，1991年。麦英豪、黄淼章、谭庆芝：《广州南越王墓》，生活·读书·新知三联书店，2005年。广州市文物考古研究所、南越（转下页注）

葬文化观念提供了重要信息。该墓形制为竖穴式石室墓，坐北向南。由墓道、前室及东西耳室、主室及东、西、北侧室组成（图 5 - 10），与同一时期中原核心文化区的王侯或王侯夫人的墓葬形制如河南永城窑山 1、2 号墓、僖山 1、2 号墓较

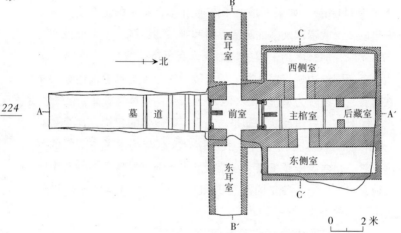

图 5 - 10　广州西汉南越王墓墓葬形制平面图

（采自广州市文物管理委员会、中国社会科学院考古研究所、广东省博物馆：《西汉南越王墓（上册）》，文物出版社，1991 年，第 10 页，图五）

王宫博物馆筹建办公室：《广州南越国宫署遗址 1995 ~ 1997 年发掘简报》，《文物》2000 年第 9 期。南越王宫博物馆筹建处、广州市文物考古研究所：《南越宫苑遗址：1995、1997 年考古发掘报告》，文物出版社，2008 年。南越王第一代国王武帝赵佗的王陵还未找到，另外 1983 年在广州市区凤凰岗还发现了一座规模巨大的木椁墓，出土少量的陶器与玉器材料。但墓葬由于盗掘破坏严重，遗存材料极少。虽然有学者根据墓葬形制和出土遗存，提出此墓可能是第三代国王赵婴齐墓，但目前看来缺少足够的材料作为支撑。有关发掘报告参阅广州市文物管理委员会：《广州西村凤凰岗西汉墓发掘简报》，广州市文物考古研究所：《广州文物考古集》，文物出版社，1998 年，第 197 ~ 206 页。

为类似[1]。该墓室的南边为狭长形并带有斜坡和台阶状的墓道，有 10.46 米长。墓室的墓门前则有一个长 4.12 米、宽 2~2.3 米的深坑，坑中放置有已经腐朽的木椁箱。椁内东侧靠南放置殉人棺具，其余部分为各种器物所充填。据发掘报告分析，此椁箱应为外藏椁。该墓的前室连接着墓门与主室，其内出土有具备供灵魂出行功能的漆木车，以及各类铜器、玉器、铁器、石砚等器物。与前室不太明确的主题不同，位于前室东侧的东耳室则更具有开放式的礼仪功能。该室放置有大量供礼仪宴乐活动使用的器物。除了在其内放置有铜、石、漆木制乐器和盛酒的容器外，还可以注意到在该室北壁靠近过道处有一套铜纽钟、两套石编磬、一套铜甬钟和一套铜句鑃。此外，还有琴、瑟若干（图 5－11）[2]。而这种放置场景也非孤例，如在湖北随县曾侯乙墓中椁箱中出土的一套青铜编钟和石磬就象征着墓主生前举行公共活动的礼仪大厅。有关研究已有专论，此不赘述[3]。因此，在东周以后于地下为君主灵魂构建"阴宅"的视觉文化传统慢慢形成的大背景下，南越王墓前室东侧的东耳室即具有为墓主死后提供象征公共空间职能的礼仪宴会场所。

与前者相比，与之对应的墓葬前室西耳室则存储有大量与墓主平时生活息息相关的铜器、铁器、陶器、玉石器、金银器、玻璃器、漆木器、丝织品、象牙器等材料。因此它更像是一个专门

〔1〕 中国社会科学院考古研究所：《中国考古学·秦汉卷》，中国社会科学出版社，2010 年，第 350－351 页。

〔2〕 广州市文物管理委员会、中国社会科学院考古研究所、广东省博物馆：《西汉南越王墓（上册）》，文物出版社，1991 年，第 18、37 页。

〔3〕 参阅随县擂鼓墩一号墓考古发掘队：《湖北随县曾侯乙墓发掘简报》，《文物》1979 年第 7 期。Wu Hung, *The Art of the Yellow Springs—Understanding Chinese Tombs*, Honolulu, University of Hawai'I Press, 2010, pp. 38－40.

图 5 - 11　西汉南越王墓前室东耳室出土的纽钟与石磬

（采自广州市文物管理委员会、中国社会科学院考古研究所、广东省博物馆：《西汉南越王墓（下册）》，文物出版社，1991 年，图版十二）

为墓主的灵魂提供生活所需的"库房"。别具意味的是，该室亦出土了一套较为重要的车马器。计有铁镳、铜衔、铜伞柄箍、盖弓帽、当卢、络管饰、缨座、节约、带扣、泡钉、环、车辕饰、圆片饰等构成一套完整车马结构的部件。虽然同时出土的并没有马的骸骨，但这套已经出土的车马结构部件却象征性地显示了"真马"的存在[1]。因此，南越王墓前室西耳室的丧葬主题也与秦汉时代在中原地区的墓葬中，为死者营造一个地下"车库"，从而方便死者的灵魂借助车马自由出行的观念相关[2]。

---

〔1〕 广州市文物管理委员会、中国社会科学院考古研究所、广东省博物馆：《西汉南越王墓（上册）》，文物出版社，1991 年，第 94～101 页。此外，在作者对广州南越王墓博物馆进行实地考察时，也注意到该博物馆的图录介绍中也曾指出，该墓前室西耳室是通过车马结构部件框定一个真实的"车马"位置。

〔2〕 巫鸿：《从哪里来？到哪里去？——汉代丧葬艺术中的"枢车"与"魂车"》、《说"俑"：一种视觉文化传统的开端》，郑岩、王睿：《礼仪中的美术——巫鸿中国古代美术史文编》，生活·读书·新知三联书店，2005 年，第 260～273、587～615 页。

图5-12　西汉南越王墓主室中出土丝缕玉衣

（采自广州市文物管理委员会、中国社会科学院考古研究所、广东省博物馆：《西汉南越王墓（下册）》，文物出版社，1991年，彩版三）

南越王墓的主棺室原有一巨大的由外椁和内椁共同组成的椁箱。内棺中的墓主人身穿丝缕玉衣（图5-12）。在玉衣上部和内外棺内周围则放置有各类具有不同材质的器物，以及标识其政治身份的玺印[1]。与象征墓主生前居所的主棺室相比，位于主棺室东部的侧室的营建则更有意味。该侧室的前面立有一五联式黑红相间式漆木屏风。依据文献和近人研究，这件屏风在属性上应该属于《荀子·礼论》篇所谓"死者生时所用之器"，也即原来属于死者的私人物件而在葬礼中被随葬进坟墓之器，具有"文而不功"的功能[2]。而这一放置也使得位于屏风后的东侧室成为一个更具私人属性的封闭式空间（图5-13）[3]。在东侧室这个私人空间中另外还随葬有南越王生前宠爱的四位姬妾的骸骨和标识其身份的玺印，同时也出土有大量的供其日常生

---

〔1〕　广州市文物管理委员会、中国社会科学院考古研究所、广东省博物馆：《西汉南越王墓（上册）》，文物出版社，1991年，第144~218页。

〔2〕　［清］王先谦：《荀子集解·卷十三·礼论篇第十九》，《诸子集成（第二册）》，中华书局，1954年，第245页。另参阅巫鸿：《"生器"的概念与实践》，《文物》2010年第1期。

〔3〕　广州市文物管理委员会、中国社会科学院考古研究所、广东省博物馆：《西汉南越王墓（上册）》，文物出版社，1991年，第147~148页。

图5-13　西汉南越王墓主室中出土漆木屏风（复原）
（刘晓达2012年7月21日拍摄于西汉南越王博物馆）

活的器物[1]。与之相对应的西侧室则出土了7个用来殉葬的女性和相关生活化的器物。从其穿戴和随身携带的玉器上看应属于墓主生前的奴仆[2]。最后，位于主棺室后面的后藏室则出土了大量与庖厨有关的器物如鼎、煎炉、烤炉等器物，有些器物甚至还盛放有各类禽畜的躯体。所有这些都显示出该室的丧葬主题与为死者营造生活所需的"阴宅"思想有关[3]。综合而论，南越王墓整体的设计思想基本出发点在于为死者营造一个在地下世界居住的"宅院"。然而，从对该墓葬出土的一些特殊器物与印玺的观察中却发现问题远没有那么简单。有些具有特殊功能与意义的材料，也使我们有机会对其所显示出的政治观念问题进行再思考。

〔1〕　广州市文物管理委员会、中国社会科学院考古研究所、广东省博物馆：《西汉南越王墓（上册）》，第219~253页。

〔2〕　广州市文物管理委员会、中国社会科学院考古研究所、广东省博物馆：《西汉南越王墓（上册）》，第251~272页。

〔3〕　广州市文物管理委员会、中国社会科学院考古研究所、广东省博物馆：《西汉南越王墓（上册）》，第273~299页。

2. 文化传承、独立国家与觊觎"天下"

邢义田在论及秦汉帝国与边缘地域独立势力之间的关系时，曾经对此问题有过如下评论："所谓居于秦汉帝国边缘的独立势力，主要是由汉人主导在帝国边缘地区建立的小王国，不包括纯然由诸如匈奴、西羌、乌桓、鲜卑、百越等外族建立的部落联盟或国家。这些汉人小王国大多出现在中国陷入动乱或统治力趋于衰落的时期。他们在中国统治力较为薄弱的边缘地区，依恃边缘社会中的汉人与外来的助力，伺机坐大，甚至有取天下而代之的野心。"[1]准此，作为在秦末至西汉中期，实际控制岭南地区达百年之久的南越王国，应该属于邢氏所称谓的那些"所谓居于秦汉帝国边缘，但由汉人主导的小王国"一类。这一判断，应该可以作为以下讨论的出发点。

作为由北方迁居岭南、耳濡目染汉文化的赵氏王族，虽然属于位于秦汉帝国边域上的小王国，但其在政体、律令、礼仪丧葬等诸多文化上对中原王朝的继承是显而易见的[2]。以丧葬文化为例，正如前文指出的，一方面南越王墓的丧葬形制传承自中原地区，带有强烈的汉地贵族墓葬形制风格。无论墓主所穿丝缕玉衣、玉佩，还是墓葬中已发掘出土的部分器物如各类铜器、铁器、陶器、漆器、金银器等都受到来自中原丧葬文化礼仪的影响。而另一方面，该墓的设计思想也与东周晚期以来在汉地出现的为死者"安宅立家"的观念息息相关。

此外，从宫室建筑的角度上看，在南越王墓墓道和外藏椁出土的底部有"长乐宫器"铭文字样的陶瓮也进一步表明，南越王

伍 中央、地方与边域：秦皇汉武时代的"天下"观在视觉建构中的交融与对抗

---

〔1〕 邢义田：《从古代天下观看秦汉长城的象征意义》，邢义田：《天下一家——皇帝、官僚与社会》，中华书局，2011年，第130页。

〔2〕 余天炽、覃圣敏、蓝日勇、梁旭达、覃彩銮：《古南越国史》，广西人民出版社，1988年，第57～80、157～189页。张荣芳、黄淼章：《南越国史》，广东人民出版社，1995年。

国的宫殿名称也颇受到来自中原汉王朝宫室文化的强烈影响，其宫室名称和建筑形制也仿效自汉庭[1]。这种证据当然也非孤例，如最近二十年来的考古发掘资料显示，在今天广州中山路以北，伴随着南越王国时代修建的大型宫殿建筑基址和宫苑园林水景遗迹的发掘，还出土了大量带有"居室"、"华音宫"、"未央"、"中共（供）厨"、"殿中"等陶文的砖瓦、陶器，以及带有"中府啬夫"字样的封泥材料[2]。此外，在南越国时代大型宫殿建筑遗存东侧出土的蕃池遗址东北部，还发现了向西南倾倒的叠石柱和散落的大量板瓦、铜瓦、以及"万岁"瓦当等建筑构件。依据出土遗存可以推测出蕃池中间必定有建筑。而这种在宫苑池塘中修建建筑的表现形式也颇类似于西汉未央宫内沧池渐台，上林苑昆明池中豫章台的建筑样式（图5–14、5–15）[3]。

另外，1973年在广州市淘金坑发现的22座西汉墓中，有21座墓属于南越国时期，出土的部分陶器也多戳印有诸如"长秋居室"、"常御"等字样的陶文[4]。从这些陶文的内容上看，有些字样的命名如"未央"、"长秋"很明显是来自西汉时期中原汉地宫室文化的留脉。除了"未央"二字应源自西汉初年在长安建立的"未央宫"外，"长秋"二字也同样源自西汉时期的宫室

---

〔1〕 广州市文物管理委员会、中国社会科学院考古研究所、广东省博物馆：《西汉南越王墓（下册）》，文物出版社，1991年，图版五1、2。

〔2〕 南越王宫博物馆筹建处、广州市文物考古研究所：《南越宫苑遗址：1995、1997年考古发掘报告（上册）》，文物出版社，2008年，第308～310页。

〔3〕 南越王宫博物馆筹建处、广州市文物考古研究所：《南越宫苑遗址：1995、1997年考古发掘报告（上册）》，第301页。近年来，作者对此曾有过专门研究。参阅刘晓达：《南越国王宫蕃池的营造特点与形式、观念来源》，《广东第二师范学院学报》2018年第1期。

〔4〕 南越王宫博物馆筹建处、广州市文物考古研究所：《南越宫苑遗址：1995、1997年考古发掘报告（上册）》，第308页、第14页。

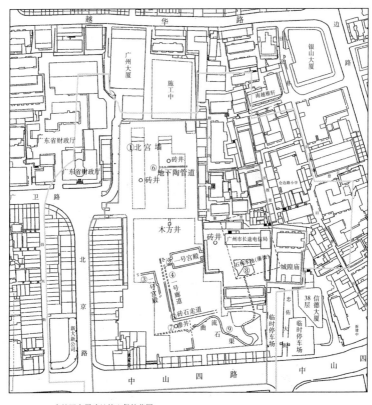

图 5 - 14　广州西汉南越国宫署遗址保护区重要遗迹分布图

（采自南越王宫博物馆：《南越国宫署遗址：岭南两千年中心地》，广东省出版集团、广东人民出版社，2010 年，第 27 页，图 1.2.1）

文化。如《三辅黄图》"长乐宫"条记述："长信宫，汉太后常居之。按《通灵记》：'太后，成帝母也。后宫在西，秋之象也。秋主信，故宫殿皆以长信、长秋为名。'"[1]又，（晋）潘岳《关

---

[1]　何清谷：《三辅黄图校释》，中华书局，2005 年，第 150 页。

图 5－15　西汉南越国宫殿东侧蕃池遗址池底和叠石柱遗存
（采自南越王宫博物馆筹建处、广州市文物考古研究所：《南越宫苑遗址：
1995、1997 年考古发掘报告（上册）》，文物出版社，彩版五）

中记》云："长乐宫，本秦之兴乐宫也。周回二十余里，有殿十四。汉太后常居之。长乐宫有信宫、长秋、永寿、永宁四殿。"[1]因此，以上这些材料也从一个侧面展现了南越赵氏王族即是以系统地传承汉地王朝的政体、礼仪、艺术等作为其立国基础的。

　　值得注意的是，2004 年 11 月～2005 年 1 月在广州南越王宫署遗址中发掘的一口古井（编号 J264）中，也出土了一批重要的木简。在这座南越国时期古井中共计出土整简与残简一百多枚，均为木质。内容多是籍簿与法律文书等反映南越国各项政治制度和

---

〔1〕［晋］潘岳：《关中记》，刘庆柱辑注，三秦出版社，2006 年，第 37 页。

王宫生活的物件。其中第91号、第116号木简尤其值得注意：

> 第091号简："张成，故公主诞舍人，廿六年十月属，将常使□□□蕃禺人。"
>
> 第116号简："受不能□痛，乃往二日中陛下。"
（图5 - 16）[1]

虽然木简所述内容较为简略，但这也从一个侧面表明，这套木简中所涉及之带有"公主"、"陛下"等内容的文字，已向我们传递了在南越诸王的心目中，自己所在的岭南地区就是一个政令日趋完备的独立性国家。

早在秦朝末期中央王朝趋于崩溃之时，已经接替任嚣成为岭南地区实际统治者的赵佗就"击并桂林、象郡，自立为南越武王"[2]。即便在汉高祖已经完成初步统一、御宇中原以后，已经成为南越王国实际统治者的赵佗，仍然时刻显露出欲与中原王朝一较长短的气魄。比如在汉高祖死后，由于吕后与南越国的关系极为紧张，赵佗就断然与中央王朝势力进行对抗"佗因此以兵威边，财物赂遗闽越、西瓯、骆，役属焉，东西万余里。乃乘黄屋左纛，称制，与中国侔"[3]。甚至在汉文帝初年，随着陆贾的出使南越，赵佗与汉朝的关系得以极大的缓解，但在他实际统

---

[1] 广州市文物考古研究所、中国社会科学院考古研究所、南越王宫博物馆筹建处：《南越国宫署遗址出土木简》，广州市文物考古研究所：《羊城考古发现与研究（一）》，文物出版社，2005年，第31～34页。广州市文物考古研究所、中国社会科学院考古研究所、南越王宫博物馆筹建处：《广州市南越国宫署遗址西汉木简发掘简报》，《考古》2006年第3期。

[2] ［汉］司马迁：《史记》，中华书局，1959年，第2967页。另见［汉］班固：《汉书》，中华书局，1962年，第3847页。

[3] ［汉］司马迁：《史记》，中华书局，1959年，第2969页；另见［汉］班固：《汉书》，中华书局，1962年，第3848页。

图 5 – 16　西汉南越国宫署遗址古井中出土的第 091 号、第 116 号木简
（采自南越王宫博物馆：《南越国宫署遗址：岭南两千年中心地》，广东省出版集团、广东人民出版社，2010 年，第 85 页，图 1.5.2；第 86 页，图 1.5.3）

治区域内仍然"窃如故号名"。这表明在南越王的眼中，或许自己所处的岭南地区是另一个他实际建构的"天下"，只不过这个"天下"比起中央王朝控制的"天下"要远为缩小而已[1]。而这种观念在他与汉初出使岭南的使节陆贾的私人对话中，也能够得到明确地显现。比如赵佗在与陆贾讨论朝中人物优劣时，就问

〔1〕　［汉］司马迁：《史记》，中华书局，1959 年，第 2970 页。另见［汉］班固：《汉书》，中华书局，1962 年，第 3853 页。

陆贾："我孰与皇帝贤？"在获得陆贾明确地批评性回应后，他仍旧不依不饶："吾不起中国，故王此。使我居中国，何渠不若汉？"[1]平心而论，赵佗在不经意间对作为中央政权的特使陆贾的回应虽然看似比较简略，但从这言语中也可以看出，在以赵佗为代表、在中原王朝统治边缘立足的边域政治势力，在面对来自中央政权的政治、经济、军事与文化压力下，自身也会对此做出某种意义上的积极回应，以便促使地方边缘势力在与中央王朝进行斡旋、对抗的反复过程中占据一个有利于自己发展的地位。

实际上，在南越王国与汉王朝进行交往的过程中，双方之间的敌视、对抗、猜忌一直都是存在着。即便在双方曾产生良好互动的那一段相对和平时期依然如此。一方面就西汉政权而言，在与南越王国维持睦邻友好的那段时期，西汉中央政权依旧在长沙国与南越国的边界上驻防了大量军队，以备随时进击[2]。而另一方面，作为西汉帝国边域的南越国本身也不会对北方这个咄咄逼人的政权没有提防之心。除了南越武帝时期就已经在南越国北部边界设置大量边防堡垒和驻军外，有些具体的历史事件也能够呈现出其面对中央政权的某种微妙心态。如在南越国文帝赵胡（赵眜）统治时期，由于面对近邻闽越王的军事挑衅，他采取了比较稳妥的向中央政权求助的明智方法，从而获取了汉王朝的积极回应与信任。他又积极派遣了太子赵婴齐入宫宿卫，以增进与西汉政权的政治互信。但由于其身旁大臣们的提醒，以及自身对南越国自身国家安全与独立问题的权衡、考虑，赵胡仍然推掉了

---

[1] ［汉］司马迁：《史记》，中华书局，1959年，第2698页。另见［汉］班固：《汉书》，中华书局，1962年，第2112页。

[2] 张荣芳、黄淼章：《南越国史》，广东人民出版社，1995年，第388～394页。

先前已经计划好的入朝谢恩并以加强与汉王朝沟通与交流的机会
与举措:

> 天子使严助往谕意,南越王胡顿首曰:"天子乃为臣兴
> 兵诛闽粤,死无以报德!"遣太子婴齐入宿卫。谓助曰:
> "国新被寇,使者行矣。胡方日夜装入见天子。"助去后,
> 其大臣谏胡曰:"汉兴兵诛郢,亦行以惊动南粤。且先王言
> 事天子期毋失礼,要之不可以说好语入见。入见则不得复
> 归,亡国之势也。"于是胡称病,竟不入见。[1]

对此,刘瑞曾指出南越王国并非汉朝控驭下的诸侯国,而是
一个高度独立的边域王国[2]。王子今也已敏锐观察到这一时期
匈奴、南越两个国家实际上是与汉朝关系对等的政治实体[3]。
平心而论,南越文帝赵胡(赵眜)统治时期与汉王朝之间的政
治关系还是比较良好的。可以说,这段时间与其祖父武帝赵佗统
治南越国时代的后半段,一起构成了南越国与西汉王朝之间政治
交往的"蜜月期"。但即便如此,仍然能够看到在这看似温情脉
脉的政治、文化交往背后所隐现的虚伪矫饰与刀光剑影。

有意味的是,在广州南越文帝赵胡(赵眜)墓中,一些特
殊器物中所显现的墓主对这一政治关系格局与权力欲望的真实思
考。比如,在该墓主室中考古学家已经发掘出带有"文帝行玺"
四字金印、"帝印"二字玉印(图5-17)。同时,在该墓前室东

---

〔1〕 〔汉〕司马迁:《史记》,中华书局,1959年,第2971页。另见〔汉〕
班固:《汉书》,中华书局,1962年,第3853~3854页。

〔2〕 刘瑞:《南越国非汉之诸侯国论》,中国秦汉史研究会、中山大学历史
系西汉南越王博物馆:《南越国史迹研讨会论文选集》,文物出版社,
2005年,第9~22页。

〔3〕 王子今:《秦汉边疆与民族问题》,中国人民大学出版社,2011年,第
398页。

图 5－17　南越王墓主室出土"泰子"、"文帝行玺"、
"右夫人玺"覆斗盖纽金印及印文

（采自广州市文物管理委员会、中国社会科学院考古研究所、广东省博物馆：《西汉南越王墓（下册）》，文物出版社，1991年，彩版二）

图 5－18　南越王墓前室东耳室中出土刻有
"文帝九年乐府工造"八字的青铜錍（第六件）

（采自王仁波：《秦汉文化》，学林出版社、上海科技教育出版社，2001年，第368页，图 XIII 五二）

耳室中也同样出土了刻有"文帝九年乐府工造"八字的八件青铜錍（图 5－18）。

"文帝行玺"是两汉时期皇帝使用六玺制度的缩影。如《汉旧仪》、《汉官仪》、（宋）郑樵《通志二十略》等文献就对此种

制度有过准确记载——"皇帝行玺"、"皇帝之玺"、"皇帝信玺"、"天子行玺"、"天子之玺"、"天子信玺"〔1〕。因此两相对比,"文帝行玺"这四字虽然与两汉时期皇帝用玺的制度稍有不同,但也可以明显看出在南越王文帝赵胡(赵眜)思想的深处,在岭南地区这一原先属于所谓"荒服不至"、"天高皇帝远"的地域,构建以赵氏集团作为统治中心的独立王国甚至是帝国,从而不受中原汉王朝的任何制约,以展现其对"天下"的某种程度上的觊觎,也仍然是一个或许可以实现的夙愿。而带有"帝印"二字的玉印、"文帝九年乐府工造"八字的若干件青铜镛,也都同样呈现出了这一心态。

其实,这种政治夙愿在其先祖武帝赵佗的脑海中就已经形成。如在汉武帝初年,汉王朝帮助南越国出兵解决临近的闽越入侵南越国的事件后,正如前文中指出的,对于要不要去长安朝拜汉朝天子的问题上,南越文帝的大臣们就劝告国君:"汉兴兵诛郢,亦行以惊动南越。且先王昔言'事天子期无失礼,要之不可以说好语入见。入见则不得复归,亡国之势也'。"〔2〕换言之,在南越国君臣的心理深处,自己的国家其实就是一个独立于中央王朝的政治实体。即便在一段时间内自身与中央政权保持有良好的关系,但如何维系其自身政权的独立性,甚至像南越武帝赵佗那样希冀在汉族统治中心之外,再构建出另一个与之相类似的"天下",或许都是他们曾经认真思考过的问题。如南越王朝第三代国君赵婴齐在即位之初,就"藏其先武帝、文帝玺"。这种不毁却藏的举动如果假设被西汉君臣知晓的话,那么

---

〔1〕 [清] 孙星衍:《汉官六种》,周天游点校,中华书局,1990 年,第 30~31、62、187 页。[宋] 郑樵:《通志二十略 (上册)》,中华书局,1995 年,第 828 页。

〔2〕 [汉] 司马迁:《史记》,中华书局,1959 年,第 2971 页。另见 [汉] 班固:《汉书》,中华书局,1962 年,第 3853~3854 页。

也将是一个非常危险而不可饶恕的政治信号[1]。因此，无论南越王墓主室出土的诸如"文帝行玺"、"帝印"字样的金印、玉印，还是该墓前室东耳室中出土八件刻有"文帝九年乐府工造"八字的青铜镬，都多少显示出南越君臣借此对有关国家、帝国的觊觎与自我想象。在营建墓葬的国君家人、臣僚们看来，将这些反映此种观念的器物材料放置在墓葬中，以使国君死后的灵魂依然可以凭此控制想象中的地下帝国世界，也应该是一种可以实际操作的有效手段。因此从这一点看，南越王墓葬就已经不再是一个单纯的"阴宅"，而是一个在无尽的想象中被无限放大的地下王国乃至"天下"的有机组成部分。

而这一点，却恰恰是汉朝统治者所无法容忍的事情。因为他们深知，一旦对这种藐视中央皇权、妄自尊大的行为太过迁就，那么势必会在自己统治区域的边境产生多米诺骨牌效应。其他位于汉王朝统治边缘地区的诸多割据势力，无论是由汉族人建立的小王朝，还是由受到汉文化侵染的蛮夷建立起的割据政权，都有可能对汉王朝的"天下"一统地位产生非常严重的实际威胁。比如，就在汉朝大军平定南越国土之际，东越王余善就刻"武帝玺"自立为帝[2]。这一行为当然是中央政权绝不能姑息迁就的，必欲除之而后快。

在这些挑衅行为中，由汉族后裔在帝国四边建立的小王朝这一类势力，是最不能被中央政权接受的。这也正如邢义田所言："在中国天子眼中，这些人比真正的匈奴、西羌、乌桓等外族更可怕。边远的外族因饮食衣服不同于中国，文化远为落后，虽常

---

〔1〕 ［汉］司马迁：《史记》，中华书局，1959 年，第 2971 页。另见 ［汉］班固：《汉书》，中华书局，1962 年，第 3854 页。

〔2〕 ［汉］司马迁：《史记》，中华书局，1959 年，第 2982 页。另见 ［汉］班固：《汉书》，中华书局，1962 年，第 3862 页。

入侵骚扰，但如无中土人士相助，无入主中原的野心，尚不足以动摇中国天子的地位。在边缘地域称雄的中原人士可就不同了。他们是中国人，有些曾在中土为官（如赵佗、卫满、张纯、张举），知道中国的治术，如果坐大，即足以取天下而代之。这是为什么汉天子尚可忍受外族，与之和亲妥协，但对汉人建立的小王国视为眼中钉，必除之而后快。"[1]即便是那些位于帝国边域、由非汉族人建立的小型政权，只要经济、政治、军事等条件允许，对这些边域王国进行征伐也成为一些好大喜功的中央帝王乐意做的事情。如武帝建元三年（公元前138年）闽越举兵围东瓯，面对当权的丞相田蚡的阻挠，武帝依然在严助的支持下发兵救助东瓯[2]。到了建元六年（公元前135年）闽越发兵击南越时，面对淮南王刘安所谓"天子之兵，有征无战"之类的谏言，武帝仍旧调军征讨闽越[3]。正如王健文所言："'中国'对待'蛮夷戎狄'的态度一直是汉代边政上的最重要议题，议论者总是存在着对立的两种立场。一是天子声威，远播四海；中国（华夏）之政教，无远弗届。一是站在服制的历史—理论基础上，将四夷界定为中国（华夏）化外（天子政教所不及）的'他者'"[4]当西汉的力量较为虚弱、自顾无暇之时，后者显示的外交政策当然是一个合乎情理的选择。但当经过六七十年休养生息、国势已成的武帝时代，如再按照传统的五服、九服制度去处理华、夷关

---

〔1〕邢义田：《从古代天下观看秦汉长城的象征意义》，邢义田：《天下一家——皇帝、官僚与社会》，中华书局，2011年，第130~131页。

〔2〕[汉] 司马迁：《史记》，中华书局，1959年，第2980页。[汉] 班固：《汉书》，中华书局，1962年，第3860页。

〔3〕[汉] 班固：《汉书》，中华书局，1962年，第2777~2785、3860~3861页。[汉] 司马迁：《史记》，中华书局，1959年，第2981页。

〔4〕王建文：《帝国秩序与族群想象——帝制中国初期的华夏意识》，《新史学》十六卷四期，2005年12月，第212页。

系显然已非必要。在武帝的脑海里，天子声威、远播四海；王者无外、天下一家式的政治欲望才是他最为看重的政治愿景。

其后事态的发展果然如南越文帝时期的朝臣所预料，在汉武帝羽翼渐丰，并且通过军事征伐成功解决了匈奴问题后，就于元鼎五年至元鼎六年间（公元前112年～公元前111年）借南越王国内部骤起的内讧，运用军事手段一举荡平了南越国，并于其后几年内又陆续乘胜平定了东越、且兰、夜郎、卫氏朝鲜等诸多位于帝国东部、南部、西南、东北等割据势力[1]。至此，除了匈奴等尾大不掉的外族势力一时尚难完全征服外，在汉武帝统治的鼎盛时期，位于西汉王朝四边的各种政治割据势力，尤其是由中原人士在帝国的边缘建立的小型汉族王国都被他一一剿灭。汉武帝也初步实现了他"天下一家、王者无外"式的个人政治欲望与抱负。

值得注意的是，考古学家于1995年后在广州市区中山四路与中山五路之间发掘的南越国时期宫署遗址中，出土了大量带有"万岁"字样的瓦当。带有"千秋万岁"、"长生无极"、"与天无极"等类似字样的瓦当在西汉早期以后的宫廷遗址中多有发现[2]。它既带有长寿万年、富贵安康的祈福之意，同时也有较为强烈的皇权建构之政治意图。从中即可看出南越王宫殿不独名称多取自中原汉地文化，就连瓦当等建筑构件也受到中原王朝的影

---

〔1〕［汉］司马迁：《史记》，中华书局，1959年，第2967～2998页。另见［汉］班固：《汉书》，中华书局，1962年，第3837～3869页。

〔2〕中国社会科学院考古研究所：《汉长安城未央宫：1980～1989年考古发掘报告》，中国大百科全书出版社，1996年。郑洪春、姚生民：《汉甘泉宫遗址调查》，《人文杂志》1980年第1期。淳化县文化馆、姚生民：《汉甘泉宫遗址勘察记》，《考古与文物》1980年第2期。陕西省考古研究所、华仓考古队：《汉华仓遗址勘察记》，《考古与文物》1981年第3期。

响。另外在这些瓦当遗存中，有一种独特的现象也颇值得注意，这些文字瓦当有些是在南越王国时期的地层中发掘的，有些则是在西汉中期至东汉时代的地层中发掘出土的[1]。虽然这些材料在风格与内容上是完全一致的，但它们的使用者身份却代表了两类不同的政治集团。如果说前者是南越王国时期，由那些割据岭南的南越王所掌控，代表的是一种带有模仿西汉宫廷瓦当风格、并具有某种政治希冀思想物件的话，那么后者的被频繁制作和使用，则可看作是岭南地区复归汉王朝统治后，由朝廷派到这里的官员或一般的官僚、臣民使用，并用以表明该地区已经被重新纳入"天下一家"式的政治秩序空间框架的思想理念。因此从这个意义上讲，这些图像材料虽然看起来风格与内容与前者比较一致，但它们显示出的政治观念却是大相径庭的（图 5-19）。

　　南越王国虽然已经在西汉中叶灭亡，但在周边国家编撰的历史著作中，它的影响还远未逝去。譬如，在越南后黎圣宗洪德年间（1470 年~1497 年），由宫廷文士吴士连编撰的《大越史记全书》就将秦汉时期南越国的历史文献收录进此书中。作者在其后的评注特别值得注意："五岭之于我越者是为险塞，国之门户。犹郑之虎牢、虢之下阳也。帝越者固宜设险守国，不可使之失也。赵氏一失其守，国亡统绝、土宇瓜分，我越又分，南北之势成矣。后有帝王之兴，地险已失，复之必难。故征女王虽能略定岭南之地，不能据得岭险，旋底于亡。士王虽复全盛，然犹为当

---

[1] 广州市文物考古研究所、南越王宫博物馆筹建办公室：《广州南越国宫署遗址 1995~1997 年发掘简报》，《文物》2000 年第 9 期。南越王宫博物馆筹建处、广州市文物考古研究所：《南越宫苑遗址：1995、1997 年考古发掘报告》，文物出版社，2008 年，第 16~18 页。有关研究参阅李灶新：《南越国宫署遗址 2000 年发掘出土瓦当研究》，广东省文物考古研究所、广州市文物考古研究所、深圳博物馆：《华南考古 1》，文物出版社，2004 年，第 122~137 页。

图 5 - 19　广州西汉南越王宫署遗址出土的南越国（左上、右上）
与西汉中期至东汉时期的"万岁"瓦当（左下、右下）
（刘晓达 2012 年 8 月 7 日拍摄于广州南越王宫博物馆）

时诸侯、未正位号，没后又失之。而丁、黎、李、陈止有交州以
南之地。不复赵武之旧，势使然也。"[1]从 15、16 世纪越南官方
的历史记述中，我们也能够明显看到秦汉时期兴盛一时的南越王
国，在此已经被纳入到越南王国自身建构的政治话语与王朝演进
的历史谱系中。在作者看来，假如一千年前南越国能够保有岭
南，则或许如今的越南国的疆域也不至于缩小到所谓的"交州以
南之地"，而整个五岭以南的地域或许都可以脱离中央政权的控
制而独立存在。这一看法也许在某种程度上也延续了秦汉时期南

〔1〕　陈荆和编校：《大越史记全书（（中文版））》，外纪：卷之二，日本东
京大学东洋文化研究所，1984 年，第107～121 页。

越王国朝臣们的思维理路，这也正如刘敏所言："外有君臣之名，内有敌国之实，这应是汉越关系的实质。"[1]

四　小结

秦始皇至汉武帝时代的中国虽然已慢慢走向统一，但也并非一蹴而就。譬如，即便在秦始皇至汉武帝统治的前半期，他们对位于边域的岭南仍旧缺乏有力的控驭。就这个论题而言，一方面应注意此一时代，中央王朝借视觉艺术形式建构或呈现"天下"观念的历史。但同时，也应该考虑到来自地方或边域的某些视觉材料，分别被中央政权与边域王国加以利用，进而呈现出相似政治欲望的历史事实。

本章第一节注意到东周晚期以后齐地八主祭祀活动及相伴随而来的视觉图像，是如何被秦皇汉武时代的上层统治集团所利用，并参与到这些帝王借以构建大一统政治、文化秩序空间观念中的。从某种角度上说，这一时期的"八主"祭祀及相伴随的图像建构活动更像是统治者借以展现其统治"天下"秩序的一次"预演"。

本章第二节指出，到了汉武帝时代，随着以"太一"、"后土"这一对新式的天、地神灵祭祀观念与图像系统的慢慢生成。统治者对"天、地"的祭祀以及相伴随的诸多视觉活动，就已经不再是单纯的宇宙方位观念，而是更为复杂的借祭祀天、地等空间方位的图像来建构"天下"观念这一和皇权统治合法性紧密相关的观念。它从某种角度也诠释了祭祀图像在建构秦汉时期

---

〔1〕　刘敏：《"开棺"定论：从"文帝行玺"看汉越关系》，中国秦汉史研究会、中山大学历史系、西汉南越王博物馆：《南越国史迹研讨会论文选集》，文物出版社，2005年，第23~30页。

"天下"观念、维系皇权正当性的重要作用。

本章第三节选取广州南越王墓与宫苑遗址出土的一些重要材料作为论述的中心。通过分析认为虽然从南越王墓葬的考古形制、墓室的设计观念、出土之各类器物,以及南越国宫苑遗址出土的一些材料上看,它们均显示出墓主对中原汉地政体、礼仪、丧葬文化观念的继承。但从南越王墓前室东耳室内所出"文帝九年乐府工造"青铜镈,主墓室出土"文帝行玺"、"帝印"金印与玉印等资料看,在秦汉之际,地处岭南的南越王国统治集团无论是南越王国早期的创者武帝赵佗,还是其后的文帝赵胡,在他们的思想深处,都蕴藏着在岭南地区构建不受中原汉王朝制约的独立"国家"意识,甚至是对"天下"的某种觊觎。尽管在现实的政治、军事、经济实力对比面前,这一夙愿不太可能实现。但这并不妨碍他们借工匠之手,以视觉艺术的形式在平时的政治、礼仪活动中频繁使用。甚至在他们死后的墓葬中,也同样可以看到对上述观念的反映。在某种程度上,它显示出秦汉时期位于中央政权边域的汉式小王国在面对前者所显露出的紧张、猜忌与独立化意识,和对诸如国家、天下等政治话语的思考与觊觎。

陆 余论

　　作为东周至秦汉时期政治与社会结构转型的关键时段，秦皇汉武时代对"天下"观念的关注已经成为当时政治生活中的重要问题。在那一时代的帝王看来，使用何种方式来表达对"天下"的控制、占有与建构，并宣示其皇帝权力的合法性与合理性，已然成为统治者必须面对的问题。这种方式当然可以借经济、军事、政令、文字、思想、国家祭典等一系列措施完成。但通过运用在地上与地下两个空间中呈现的视觉艺术来对该观念进行建构或呈现，也已成为统治者实际运用的手段。

　　秦皇汉武时代虽然早已逝去，但这一时代却在各个方面"形塑"了有关天下、国家的观念意识。从近几十年来各地出土的铜镜铭文上看，可以发现西汉晚期以后，天下、国家的观念已日趋深入到普通民众的思想中，并常常以图像化的形式表现。比如，湖南出土的一些西汉晚期制作的铜镜中，就带有"□氏作镜四夷服、多贺国家人民息。胡虏殄灭天下复，风雨时节五谷熟"、"中国大宁，子孙益昌，黄常（裳）元吉有纪刚（纲）"等强烈的希望国家安定、四夷皆服的重要政治信念（图6-1）[1]。另外，

---

〔1〕 葛兆光：《中国思想史（第一卷）》，复旦大学出版社，2001年，第223～226页。另参阅周世荣：《湖南出土汉代铜镜文字研究》，《古文字研究（第14辑）》，中华书局，1986年。涂师平：《和平祈盼、千年可鉴——西汉鎏金"中国大宁"铜镜鉴赏》，《宁波通讯》2010年第9期。

图 6 - 1　1952 年湖南长沙伍家岭出土新莽时期 "中国大宁" 铭文铜镜
（采自王仁波：《秦汉文化》，学林出版社，2001 年，第 194 页，图Ⅷ二七）

制作于新莽时期的一件铜镜也有所谓 "王氏昭镜四夷服，多贺新家人民息，胡虏殄灭天下复，风雨时节五谷孰，百姓宽喜得佳德，长保二亲受大福，传吉后世子孙力，千秋万年乐毋极" 之类的吉语[1]。这种措辞在稍后制作的铜镜中更为普遍。如制作于东汉时代的若干件铜镜中，也同样刻有 "李氏乍（作）竟（镜）四夷服，多贺国家人民息，胡虏殄灭天下复，风雨时节五谷孰，长保二亲得天力，传告后世乐无极，宜孙子"、"尚方作竟（镜）四夷服，多贺国家人民息，胡虏□灭天下复，风雨时节五谷享，长保二亲得" 之类的套词[2]。

这种思想当然在内蒙古中南部出土的西汉晚期墓葬中也有明确体现。如在 1954 年以后陆续在内蒙古南部召湾地区出土的

〔1〕　郭玉海：《故宫藏镜》，紫禁城出版社，1996 年，第 32 页。
〔2〕　郭玉海：《故宫藏镜》，紫禁城出版社，1996 年，第 43、50 页。

图 6 - 2　内蒙古中南部西汉晚期汉人墓葬出土
"四夷尽服"、"单于天降"、"单于和亲"瓦当

（采自陈永志：《内蒙古出土瓦当》，文物出版社，2003 年，第 82 页，图版
30；第 83 页，图版 31；第 84 页，图版 32）

M8、M25、M47、M63、M86、M95 等西汉晚期汉人墓葬中，就
大量发掘出诸如"四夷尽服"、"单于天降"、"单于和亲"等文
字瓦当。据一些学者考证，这种文字瓦当的制作当与西汉宣帝、
元帝以后北方匈奴部族与西汉王朝进行和亲、民族交融的历史背
景息息相关（图 6 - 2）[1]。它们也表明在国家力量空前强盛的
汉武帝时代以后，有关天下、中国、国家等观念已经初步普及到
一般的民众阶层中[2]，尽管这一观念也往往伴随着祝愿风雨和
睦、万物调和、后代子孙昌盛等与民众自身利益息息相关的吉语
或祈福"套辞"而出现[3]。

---

[1]　魏坚：《内蒙古中南部汉代墓葬》，中国大百科全书出版社，1998
年，第 200～201、250～251、347 页。陈永志：《内蒙古出土瓦当
概论》、张海斌：《包头出土的"单于天降"和"单于和亲"瓦
当》，陈永志：《内蒙古出土瓦当》，文物出版社，2003 年，第 3～
31、32～42 页。

[2]　王子今：《秦汉边疆与民族问题》，中国人民大学出版社，2011 年，第
391～405、406～420 页。

[3]　我在另文中曾系统讨论了渊源于秦皇汉武时代与"天下"观念联系颇
为密切的"秦始皇捞鼎而不得"的事件，是如何借西汉中期以后在画
像砖、画像石上频繁出现的"泗水捞鼎"题材，呈现出与（转下页注）

同时，虽然随着汉武帝的逝去，对"天下"观念的视觉建构与呈现暂时告一段落，但是，在这一时期显现的多种对此观念的视觉表现图式与观念，却也在某种程度上对其后的中国古代皇家艺术的表现产生了一定影响。譬如汉武帝以后西汉王朝确立的对"五岳"的祭祀活动，以及汉成帝即位以后将祭祀天地的地点由武帝时代甘泉、汾阴移至都城长安南、北郊。虽然这些都属于国家祭典范畴，但在这些祭祀活动中曾广泛使用的祭坛、祭服、玉器等已湮灭无存的视觉图像却也深刻地表达出对天地、中心、四方等天下观念的理解，其与秦皇汉武时代祭祀活动中对"天下"的视觉图像塑造也联系密切[1]。此外，在西汉晚期，虽然长安城的总体框架已然定型，但王莽于23年推动建立的明堂建筑却也同时向万民传递了理想中的天子居于宇宙空间的中心，用以祭祀祖先、宣布政令、统治"天下"万民的政治与文

文本叙述完全不同的观念与形式表现的，并对其中一部分画像所呈现的为死者及其子孙共同祈福的意义进行了分析。参阅刘晓达：《历史镜像与墓中祈福：汉代"泗水捞鼎"画像意义再探》，《广东第二师范学院学报》2014年第1期（该文另收录中国汉画学会主办：《图像的表征——中国汉画学会第十五届年会论文集》，人民美术出版社，2015年，第540～559页）。

〔1〕　［汉］班固：《汉书》，中华书局，1962年，第1249、1254、1255页。对这些问题的讨论参阅［美］巫鸿：《五岳的冲突——历史与政治的纪念碑》，郑岩、王睿：《礼仪中的美术——巫鸿中国古代美术史文编》，生活·读书·新知三联书店，2005年，第616～641页。王柏中：《神灵世界：秩序的构建与仪式的象征——两汉国家祭祀制度研究》，民族出版社，2005年。甘怀真：《秦汉天下政体——以郊祀礼改革为中心》，《新史学》第16卷第4期，2005年，第17～19页。甘怀真：《皇权、礼仪与经典诠释——中国古代政治史研究》，台北喜玛拉雅研究发展基金会，台湾大学出版中心，2003年，第33～78页。田天：《秦汉国家祭祀史稿》，生活·读书·新知三联书店，2015年，第302～320页。

化"中心"观念[1]。这种对天下"中心"的强调和缩微式的表现方法在后世的都城与建筑的修建中也多有显现。比如,一些学者注意到曹魏时期洛阳宫城、东晋孝武帝时期建康新宫、北魏洛阳宫等宫室的修建,实际模仿了天上星辰的中心紫微宫的配置特征[2]。这些建筑行为不光是体现出传统的"法天象地"的观念,同时也与秦始皇时代以后借咸阳都城凸显天地轴心的思想联系密切。以上这些行为似乎都显示了秦皇汉武时代通过视觉形式,展现中心威仪与控驭四方的观念,在西汉晚期以后也被广泛地借视觉艺术的形式呈现出来。

尤其值得注意的是,在秦皇汉武时代通过"缩微化"的视觉景观处理将来自现实和域外世界的场景移动、复制到帝王宫苑中,部分地展现"天下"世界的做法,在后世的皇家苑林建构中也有更为明显的表现。如《洛阳伽蓝记》"瑶光寺"条记载:"瑶光寺,世宗宣武皇帝所立,在阊阖城门御道北,东去千秋门二里。千秋门内道北有西游园,园中有凌云台,即是魏文帝所筑者。台上有八角井,高祖于井北造凉风观,登之远望,目极洛川;台下有碧海曲池;台东有宣慈观,去地十丈。观东有灵芝钓台,异木为之,出于海东,去地二十丈。风生户牖,云起梁栋,丹楹刻桷,图写列仙。刻石为鲸鱼,背负钓台,既如从地涌出,又似空中飞下。钓台南有宣光殿,北有嘉福殿,西有九龙殿,殿前九龙吐水成一海。"[3]以上"景观"

---

〔1〕 参阅 Wu Hung(巫鸿),*Monumentality in Early Chinese Art and Architecture*, Stanford, Stanford University Press, 1995. pp. 176 – 187. 中译本见[美]巫鸿:《中国古代艺术与建筑中的纪念碑性》,李清泉、郑岩等译,上海人民出版社,2009 年,第 231~245 页。

〔2〕 [日]渡边信一郎:《中国古代的王权与天下秩序——从日中比较史的视角出发》,徐冲译,中华书局,2008 年,第 106~107 页。

〔3〕 周祖谟:《洛阳伽蓝记校释》,中华书局,1963 年,第 54~55 页。范祥雍:《洛阳伽蓝记校注》,上海古籍出版社,1978 年,第 46 页。杨勇:《洛阳伽蓝记校笺》,中华书局,2006 年,第 46~47 页。

中的视觉表现特征即在于将位于异域世界的海洋、鲸鱼题材以"缩微化"的手法呈现在北魏都城洛阳宫室中。

无独有偶，《北史·魏收传》亦载，北齐武成帝太宁年间，"帝于华林别起玄洲苑，备山水台观之丽"[1]。虽然这段记载语焉不详，但顾炎武在《历代宅京记》中的记录则更加详尽：玄洲苑、仙都苑，"苑中封土有五岳，并隔水相望。五岳之间，分流四渎为四海，汇为大池，又曰大海。其中岳嵩山北，有平头山，东西有轻云楼，架云廊十六间。南有峨眉山。山之东头有鹦鹉楼，其西有鸳鸯楼。北岳南有玄武楼，楼北有九曲山，山下有金花池，池西有三松岭。次南有凌云城，西有陛道，名曰通天坛。大海之北，有飞鸾殿，其南有御宿堂。其中有紫微殿、宣风观、千秋楼，在七盘山上。又有游龙观、大海观、万福堂、流霞殿、修竹浦、连璧洲、杜若洲、靡芜岛、三休山。西海中有望秋观、临春观隔水相望。海池中又有万岁楼。北海中有密作堂、贫儿村、高阳王思宗城。已上并在仙都苑中"[2]。此外，据《大业杂记》记载，隋炀帝大业元年（605 年）于东都洛阳营造西苑："苑内造山凿海，周围十余里，水深数丈。其中有方丈、蓬莱、瀛洲诸山，相去各三百步，山高出水面一百余尺。"[3]宋代传奇小说《炀帝海山记》对此也有更为细致的描述："（炀）帝自为素死，益无惮，乃辟地，周二百里，为西苑，役民力常百万。内为十六院，聚巧石为山，凿池为五湖四海。诏天下境内所有鸟兽草木，驿至京师。天下共进花木鸟兽鱼虫，莫知其数。此不具载……又凿五湖，每湖方四十里：南曰迎阳湖，东

〔1〕［唐］李延寿：《北史》，中华书局，1974 年，第 2034 页。

〔2〕［清］顾炎武：《历代宅京记》，中华书局，1984 年，第 186～188 页。

〔3〕［唐］杜宝：《大业杂记》，辛德勇辑校，三秦出版社，2006 年，第 14 页。

曰翠光湖，西曰金明湖，北曰洁水湖，中曰广明湖。湖中积土石为山，构亭殿，曲屈、环绕、澄碧，皆穷极人间华丽。又凿北海，周环四十里。中有三山，效蓬莱、方丈、瀛洲，上皆台榭回廊，水深数丈。开沟通五湖、北海。"〔1〕在隋炀帝的脑海中，他面前的西苑就是一个部分地融汇"天下"景观于一苑的人间乐园。

隋炀帝修建的西苑虽早已无存，但与上述表现较为相似的视觉形式却能够在唐都城长安大明宫遗迹中探寻出一些踪迹。据考古发掘表明，在唐长安城大明宫北部也开凿了具有一定象征意义的太液池和蓬莱山。虽然以上所述的文献、出土遗存并不太完整，其所表达意图也不太清晰，但它们似乎也与那一时代的帝王借此展现对域外世界的想象息息相关〔2〕。而这些文献、出土遗存中所示，中古时期的皇家苑池虽然在具体的表现形式上并不相同，但其"缩微天下于一苑"的设计意图，却能够在秦皇汉武时期修建的兰池、上林苑之昆明池、建章宫太液池中找到其最初

〔1〕 ［宋］佚名：《炀帝海山记》，明·景明刻本·历代小史卷六，上海涵芬楼景印版本。

〔2〕 参阅中国社会科学院考古研究所、日本独立行政法人文化财研究所奈良文化财研究所：《唐长安城大明宫太液池遗址考古新收获》，《考古》2003 年第 11 期。中国社会科学院考古研究所、日本独立行政法人文化财研究所奈良文化财研究所：《唐长安城大明宫太液池遗址发掘简报》，《考古》2003 年第 11 期。中国社会科学院考古研究所、日本独立行政法人文化财研究所奈良文化财研究所：《西安大明宫太液池南岸遗址发型大型廊院建筑遗存》，《考古》2004 年第 9 期。中国社会科学院考古研究所、日本独立行政法人文化财研究所奈良文化财研究所：《西安市唐长安城大明宫太液池遗址》，《考古》2005 年第 7 期。中国社会科学院考古研究所、日本独立行政法人文化财研究所奈良文化财研究所：《西安唐长安城大明宫太液池遗址的新发现》，《考古》2005 年第 12 期。中国社会科学院考古研究所：《唐大明宫遗址考古发现与研究》，文物出版社，2007 年。

的视觉母本。

而这种表现样式的集大成者，则又以清代历经康、雍、乾、嘉、道诸帝兴建的皇家苑林——圆明园为最佳范式。作为汇集供帝王处理朝政、接见外宾、读书怡情、享乐休憩等多种功能于一身的清代大型皇家苑林，除了像正大光明、勤政殿、九州清晏、前后湖等这些具有严谨的中轴线设计特征的宫室、苑池建筑外，圆明园内营造的另一些视觉场景如九州清晏、坦坦荡荡、平湖秋月、武陵春色、坐石临流、方壶胜境、蓬莱瑶台、狮子林等"景观"的设计意图，也显示出将帝国各地甚至来自异国边域中的景观以缩微化的形式移动、复制到这个万园之园中的设计意图（图6–3、6–4）[1]。

当然我们还应注意到，在中国中古以后的历史演进中，还有一些更加新颖的、在某种程度上也反映了"天下"观念的视觉艺术被创作出来。严格地说，以下的这些作品与秦皇汉武时代对此观念的视觉塑造样式并无直接的关联。但它们却反映出在新的政治、社会结构变迁与视觉趣味面前，统治者借此种新形式展示其对统治"天下"正当性进行思考与理解的新方式。如在魏晋以后的卷轴画中，可以看到一些表现域外国家使臣形象的画作如《职贡图》也反映出这一时期帝王对域外、华夷等

〔1〕 参阅程演生：《圆明园考》，上海中华书局，1928年。刘敦桢：《同治重修圆明园史料》，《圆明园学刊》1980年第1期。[日]冈大路：《中国宫苑园林史考》，瀛生翻译，学苑出版社，2008年，第156~168页。中国圆明园学会：《圆明园》，中国建筑工业出版社，2007年。[清]唐岱、沈源：《圆明园四十景图咏》，中国建筑工业出版社，2008年。郭黛姮：《远逝的辉煌：圆明园建筑园林研究与保护》，上海科学技术出版社，2009年。圆明园管理处：《圆明园百景图志》，中国大百科全书出版社，2010年。学苑地图编辑组：《圆明园原貌图》，学苑出版社，2010年。焦雄绘制、撰文，粟显德整理：《圆明园史迹图考》，学苑出版社，2011年。张超：《家国天下：圆明园的景观、政治与文化》，中西书局，2012年。

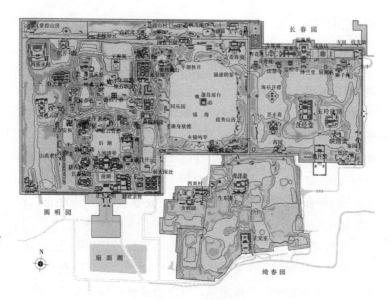

图6-3　清代乾隆中期圆明园的建筑布局平面图

（采自郭黛姮：《远逝的辉煌：圆明园建筑园林研究与保护》，上海科学技术出版社，2009年，第23页，图2-3-3）

图6-4　[清]唐岱、沈源：《五陵春色》、《平湖秋月》，
绢本设色，法国巴黎国家图书馆藏

（采自[清]唐岱、沈源：《圆明园四十景图咏》，中国建筑工业出版社，2008年，第36页、70页）

"天下"观的新思考，它似乎也反应出作者希冀万国来朝的某种政治观念[1]。复如，唐初设置于昭陵陵北宣武门内祭坛中的十四国君长像，以及乾陵陵园朱雀门前御道两侧的61躯王宾（蕃臣）形象，似乎也与皇帝希冀营造所谓"胡汉和睦、天下一家"式的政治思想息息相关[2]。此外，武则天于执政与称帝时期依次建构与铸造的明堂、天枢、九鼎等材料，其实也与构建天下中心、显示其皇权正当性的观念联系密切。如果说，明堂与九鼎属于一种旧有的展现"天下"观念的题材在此时被重新塑造的话，那么，武则天在延载二年（695年）前后于都城洛阳建造的"大周万国颂德天枢"建筑，因其对应天极的中心观念、宣示"万国颂德"的政治意图，以及该建筑本身所具有的独特形式表现也应该值得特别注意。对此，有关学者已经做了初步分析[3]。

限于本书研究主题、历史时段和体例结构的限制，对以上这些重要的视觉材料、事件、文化现象的深入分析，还有待于在另外一些专题研究论文中再详加探讨。这里仅通过举例和提出问题的方式附带言及而不再具体深研，毕竟该论文的选题、论述、结构所呈现的"开放性"特征也寓示有关的深入研讨将在其后的较长时间内继续进行。

---

〔1〕 参阅金维诺：《"职贡图"的时代与作者——读图札记》，《文物》，1960年第7期。

〔2〕 参阅贺梓城、王仁波：《乾陵》，《文物》1982年第3期。刘庆柱、李毓芳：《陕西唐陵调查报告》，《考古学集刊》1987年第5期。有关研究参阅王子云：《中国雕塑艺术史》，人民美术出版社，1988年，第265～276页。陈少丰：《中国雕塑史》，岭南美术出版社，1993年，第340～346页。陈安利：《唐十八陵》，中国青年出版社，2001年，第41～61页。沈睿文：《唐陵的布局：空间与秩序》，北京大学出版社，2009年，第227～246页。

〔3〕 参阅李松：《天枢——我国古代一种纪念碑样式》，《美术》1985年第4期。

结　语

在东周至秦汉这一从"王国时代"到"帝国时代"政治与社会结构转型的历史大背景下，秦始皇至汉武帝时代无疑是其中最值得关注的历史焦点所在。这一方面是由于这一时代正是中国早期皇帝制度初步形成与重要建构的关键时刻；另一方面，也是基于它也是中国古代历史上大一统政治疆域形态初步形成的重要时期[1]。它相对于此前的夏商周时代，无论就其政治制度、统治结构、祭祀典礼、思想文化还是视觉艺术上都具有明显区别。对此，葛兆光的看法可谓一语中的："和欧洲不同，中国的政治疆域和文化空间是从中心向边缘弥散开来的，即使不说三代，从秦汉时代起，'车同轨，书同文，行同伦'语言文字、伦理风俗和政治制度就开始把民族在这个空间中逐渐固定下来，这与欧洲认为'民族原本就是人类历史上晚近的新现象不同'。"[2]换言之，无论是华夏中心观意识，还是像邢义田所说相对稳定但又富有弹性原则的"天下"空间观念，抑或是许倬云所言所谓的"中国"其实是"一个不断变化的复杂共同

---

〔1〕　参阅王子今：《秦汉边疆与民族问题》，中国人民大学出版社，2011年，第391~405、406~420页。

〔2〕　葛兆光：《宅兹中国：重建有关"中国"的历史论述》，中华书局，2011年，第28页。

体"[1]。这些观念在东周晚期至秦汉时期即已渐次成型，并深刻影响到中国古代乃至现当代的政治话语与文化思维理念当中。

那么在这一政治、社会结构呈剧烈转型的历史进程中，对"天下"这一具有强烈皇权建构思维理念的认知、建构与呈现，也成为了那一时代的皇帝们所必然要面对的核心课题之一。与魏晋以后更加具有独立创作意识与思想表现的士大夫画家群体相比，这一时期的皇家美术创作，虽然其具体表现是由工匠在相关官僚的设计、监督下完成，皇帝本身不参与这些视觉图像的制作与建造，但它最终反映出的却是一种展现与维系皇权观念的意识形态，并由皇帝们的政治欲望、意志、趣味直接推动而显现的视觉文化现象[2]。亦即，此时代一部分皇家美术作品所表现出的"天下"观念，实际上是以帝王意志与欲望的展现为核心，借由他们的政治意志、观念趣味直接推动，并有机融入了官僚、工匠的思想观念作为其形式表现特征。而这种建构当然可以通过多种形式的手段来塑造与实现。但在这其中，通过视觉艺术的形式对这种观念进行的诠释也值得特别关注。本书也正是基于这种认识而缘起。

综合而论，可初步对全书做一个必要小结：

第一，在这一政治与社会结构呈现剧烈转型的时段内，秦始皇与汉武帝各自执政的时期应该是其中最为重要的、运用视觉艺术建构或呈现"天下"观念的时代。汉初诸帝虽对该问题有过

---

〔1〕 许倬云：《说中国：一个不断变化的复杂共同体》，广西师范大学出版社，2015年。

〔2〕 阎崇东已通过梳理《汉书·百官公卿表》、《汉官六种》、《东观汉记》、《后汉书》、《西汉会要》等文献，确认除皇帝直接任命外，秦汉时代的宫室、宗庙、陵墓主要由将作少府（将作大匠）、东园匠等官员在皇帝的意志、趣味推动下完成。参阅阎崇东：《西汉帝陵》，中国青年出版社，2007年，第21~25页。

思考，并曾以视觉艺术的形式对此加以一定展现，但比秦始皇与汉武帝时代其实就略显低调一些。而秦始皇与汉武帝这两个时代各自对"天下"的视觉表现与理解还是有所不同的。秦始皇二十八年（公元前219年）琅邪台刻石曾揭示出两种不同的"天下"观：第一种"天下"观侧重于对帝国实际疆域的占有与控驭："西涉流沙，南尽北户，东有大海，北过大夏。"第二种"天下"观则侧重于对秦始皇建构理想帝国的想象，认为始皇的帝国是所谓"日月所照，舟舆所载"的"普天之下"。然而，在实际的操作中，秦始皇还是相对更偏重于通过营造都城呈现天地"中心"，并通过出巡立石、碣石宫、直道、驰道、长城等人工"景观"来表达对帝国实际疆域的控制欲望。这在秦始皇时代制作的铜诏版上镌刻所谓"廿六年，皇帝尽并兼天下诸侯，黔首大安，立号为皇帝"中就可得到清晰印证[1]。然而到了汉武帝时代，在他的观念、意志推动下，对"天下"观念的视觉艺术表达就更加富于野心与想象化。譬如通过上林苑昆明池、建章宫太液池的营建，他可以借"缩微景观"的处理方式将来自帝国境内、边域，甚至是仙界、天上世界的题材全部纳入到都城长安的苑林中。在他看来，上林苑其实就是一种对"普天之下"观念的缩微化呈现，同时也是一个可供他随意把玩、欣赏的私人物件。这当然也与作为"太平天子"的汉武帝相对于秦始皇更加富于视觉幻想息息相关。相对于秦始皇，他更侧重于表现所谓"王者无外"、"天下一家"、"普天之下"式的观念。

第二，无论是秦始皇时代，还是汉初至武帝时代，都存在着借视觉艺术的形式对天下"中心"观进行表现的意味。除了秦始皇时代对都城的营造以使其与天宫直接对应，由此展现天、地

---

〔1〕 中国美术全集编辑委员会：《中国美术全集·书法篆刻编1·商周秦汉书法》，人民美术出版社，1987年，第50页。

轴心意识外，在西汉初期，长乐宫、未央宫的兴建也可以看做是对天下"中心"的重新建构。通过在长乐宫举行象征皇权威仪的朝会，以及将来自秦宫咸阳、象征控驭天下的十二金人移动至长乐宫，该宫室也在某种程度上呈现出"汉并天下"的观念。而高祖时期兴建的未央宫则因其营造的位置，以及所呈现的空间特征而延续了这一天下"中心"观。至于陕西南郑地区西汉早期宫室遗址出土的所谓"佳汉三年，大并天下"、"当王天命"的瓦当材料，则如实地反映了西汉初年一统"天下"之思想。武帝时期在都城西部对上林苑和建章宫的营造，一方面可以看做是对"普天之下"世界的缩微化表达，但另一方面，由于有了上林苑东北之建章宫这一在武帝时期的政治生活中具有重要作用的宫室建筑，上林苑及周边在当时俨然也成为另一个天下"中心"。因此，我们并不能仅仅将上林苑看做是武帝出于游玩而建造的离宫别苑，它所呈现的缩微"天下"与中心观念也值得我们注意。此外，武帝在甘泉宫祭祀"太一"，以及其后在该宫修建的"通天台"，则可看做是他借此建构沟通天、地的祭祀中心之企图。这一点则又与秦始皇借咸阳宫、阿房宫的营造展现"天、地轴心"观念有些相似。因此我们看到，武帝时代对"天下"的思考与视觉表现实际上也具有多重性的特征。

第三，由此，也可以看出这一时代对"天下"观进行视觉呈现过程中所蕴含的多元化与立体化特征。比如秦始皇时期通过营造都城使其和天宫直接对应以作为天地之轴心，在帝国边界放置立石、营造行宫、长城以框定"天下"的边界，修建直道与驰道以控驭帝国，在皇陵陪葬坑内营造部分地模拟帝国统治疆域的"下具地理"景观；汉初对长乐宫与未央宫的兴建及其显示的对展现帝王威仪、形塑天下"中心"的关注；汉武帝时代在都城附近营造上林苑以展现所谓"缩微性的天下"；汉武帝时期在甘泉宫祭祀"太一"并营造具有沟通天地功能的通天台，以及在泰山及周边祭祀"太一"、"后土"时人为堆积的展现统治"天下"正当性的"祥瑞景观"。种种视觉表现形式都说明初次开创皇帝制度的帝王为展现其对"天下"的控驭与想象，所运用的视觉艺术并不拘泥于固定的格套，而是多有变化。它实际上也映衬出这些帝王对秦、汉帝国这一新式国家形象的全方位展示。此外要格外注意，由于这一时期与"天下"观念密切相关的多种视觉形式，其制作者固然是由皇帝委派的官僚、工匠制作完成，但最终呈现出的视觉图像却是直接为帝王的生前、身后的欲望服务的。因此，它们也带有较为强烈的皇家美术烙印，呈现出以展现帝王意志与欲望为主体，并有机地融入了官僚、工匠思想的多元化特征。

而这种多元化还具体表现在秦汉帝国疆域在不断变化、扩张过程中所显现的不稳定特征，从而具有对"天下"进行视觉展现的地域性特色。比如，在秦末至汉武帝初年中央帝国尚未完全控制的岭南地区，当地的汉族统治者——南越赵氏王族也会利用一些特殊的视觉、文字形式，来隐晦地反映对独立国家、天下的思考或觊觎。虽然目前遗留下来的材料相对较少。但它们对于思考南越王国诸王的政治思想观念，还是提供了一个可以继续研讨的路径。当然，随着在未来南越第一代国王武帝赵佗墓的勘查与发掘，对有关问题的研讨或许可以更为清晰一些。

第四，还应当注意到某些原先属于表现天、地四方等宇宙观思想的祭祀行为与视觉图像也会被该时期的帝王利用，并借以展现其对"天下"统治合法性的问题。比如，在秦皇汉武时期被这些帝王多次祭祀的"八主"、"太一"等带有视觉图像的祭祀仪式就属于这类情况。虽然这些带有大量视觉图像的祭祀活动最早是来自于地方，并未和皇帝直接发生联系，但伴随着这些帝王们的出巡与国家祭祀活动的展开，这些原本属于地方性的祭祀与图像系统就被转化为彰显控驭"天下"，并维护皇权统治秩序正当性的重要视觉媒介。尤其是，在武帝时期最终被确立为中央天帝神灵的"太一"、"后土"祭祀系统，在某些具体的场合（如泰山封禅）中甚至会被融汇入"祥瑞景观"的特质，从而显现出帝王统治"天下"的正当性。因此，在具体的场合和仪式空间中，皇帝也可以借带有天地、四方、阴阳等宇宙方位观念的祭祀仪式、视觉图像，来表达对统治"天下"的合法性与有效性确认。

第五，可以进而归纳这一时代对"天下"观念进行视觉表现的几种主要的表现"格套"。1. 通过营造都城或祭天建筑来展现政治或文化秩序上的"天下"中心；2. 通过出巡立石、行宫、直道、驰道、长城以呈现对整个"天下"空间的控驭；3. 在皇帝陵墓或皇家苑林中营造具有"缩微"表现特征的"景观"来部分或全部地模拟"天下"世界；4. 通过举行带有大量视觉图像的祭祀天地、四方的活动，以及人为塑造的"祥瑞图像"以便展现皇帝统治"天下"的合法性与道德性；5. 通过制作帝玺、帝印或移动的"宝器"来展现对控驭"天下"的认知与觊觎。以上的这些视觉表现"格套"尽管在制作与呈现方式上多有不同。但却都能够在其后的皇权政治权谋与皇家美术营造中得到不断"传移模写"，成为后世诸多富有强烈政治欲望的君主与权谋家们，借此呈现、控驭与形塑"天下"观念过程中的视觉模本与"心法"。

第六，学术界对"天下"概念的认识主要还是看到了它所显现的政治与文化秩序观念的一个方面。如从事"天下"观研究的学者反复研讨的诸如：中心、四方、内外、五服与九服等问题其实都属于这一认识线索。但通过本书的探讨，如从美术史的视角来看，所谓的"天下"概念除了具备政治性色彩外，我们也不能够排除一些显现了宇宙观、神仙观念的视觉形式在某种特定的场合、空间中会被统治者整合进彰显"天下"意识的视觉塑造过程中。正如吕思勉所言秦汉时期的社会"固仍一鬼神术数世界也"[1]。换言之，那个时期的人类对所谓"天下"的理解并非今人一样那么明晰。在当时一些统治者如汉武帝的脑海中，既然类似蓬莱、昆仑仙界离他们并不遥远，他们也常常会委派方士去追寻这一并不遥远的"域外"世界。那么以视觉艺术形式将他们认为的这些域外世界加以塑造。并移动、复制到都城的附近，以展现对这些"世界"的有机占有与控驭。其实也是一种可以实际操控的行为或方案。如武帝时代营造的上林苑就是一个反映了此种观念的重要视觉场景。而同样是在这一时代，武帝借在泰山祭祀"太一、后土"之机，在泰山附近堆积"祥瑞景观"这一重要的行为其实也是一种对控制"天下"合法性的视觉表达。这一点也促使我们检讨如何从视觉艺术史的角度去丰富秦汉时代"天下"概念的内涵。换言之，秦汉时代所理解的"天下"在狭义上讲当然是指中央政权能够有效控制的疆域。但从广义上讲，则指一种理想化的包含了帝国全境、域外、仙界等普天之下的"世界"。对此，游逸飞就注意到在一些汉代铜镜铭文中，即有所谓"见日之光，天下大明"、"尚方作镜真大好，上有仙人不知老。渴饮玉泉饥食枣，浮游天下遨四海"、"顺天下，宜阴阳"等之类将"天下"的概念大而化之的趋势[2]。从这一点上我们就很好理解为什么这一时代的某些帝王，会将来自于域外、仙界等一些远离自己国土的题材都以"缩微化"的形式移动、复制到都城附近，以展现其对"普天之下"观念的思考。

总体来说，我初步认为在秦始皇至汉武帝时代前后，视觉图

---

〔1〕 吕思勉：《秦汉史》，上海古籍出版社，2005年，第729页。

〔2〕 游逸飞：《四方、天下、郡国——周、秦、汉天下观的变革与发展》，台湾大学文学院历史学系硕士学位论文，2009年。

像以它特有的形式表现特性，在它们的制作者与使用者的手中，从各个不同的层面形塑了"天下"这个在那一时代处于华夏意识与皇权建构话语中心位置的思维形态。而这种思维也是从中国历史文化内部衍生出的重要概念并一直延续到当下。正如郑岩所言："像文字一样，图像也是历史的载体，它不仅能够印证文献的记载，同时也为我们观察历史提供了新的媒介与新的角度。"[1]视觉艺术在"形塑"某种思想文化观念过程中也有其自身的一套表现模式与逻辑性。比如通过对都城的建构所展现的对"中心"威仪观念的强调；通过出巡立石、直道、驰道、长城等对帝国疆域的控制与边界的框定；通过营造宫苑"景观"来展现缩微性的"天下"世界；通过在一定时间和空间场域内营造"祥瑞图景"来展现统治"天下"合法性等等。而这些表现各异的视觉形式，与文本叙述中的诸如：中心、四方、五服、九服、华夷等天下观理论建构颇有联系，但并不相同。换言之，视觉艺术对某种观念的建构与呈现并非与文本刻板的对应。所以从这个角度上讲，我们对那个时代"天下"观念的理解不能仅从文本的层面分析，而是应当综合考虑到视觉艺术在呈现观念、思想过程中的差别性。因此我认为历史学家在考虑中国古代的"天下"问题时，似乎也可以密切注意各个历史时期的视觉图像在其中显现的功能与价值。但这两者之间也绝非存在刻板的互证关系。这也是视觉艺术形式本身所具有的"形塑"观念的价值与意义。王玉冬认为："倘若历史阐释（包括艺术史阐释）要确立自身的尊严，超越哲学和艺术，历史必须要与哲学和艺术对话。"[2]他的观点也值得再次注意。

---

〔1〕 郑岩：《魏晋南北朝壁画墓研究》，文物出版社，2002年，第288页。

〔2〕 王玉冬：《现代学术与中国艺术史——评李清泉〈宣化辽墓——墓葬艺术与辽代社会〉》，《美术研究》2010年第1期。

　　我们同样可以看到，此后在漫长的中国古代历史进程中，视觉图像都曾在中国各个历史时期的皇权构建、政权更迭中，扮演着属于自身价值特性与功能的关键"角色"。这也进一步引导我们去细致思考古代中国的视觉艺术与政治、宗教、思想信仰之间的交相互动。这就需要我们在熟悉材料、文献的基础上，从对学术史的回顾与检讨开始，以更为开放的视角，运用稳健而有效的分析方法去进一步论析。因而，我也并未将本书当做某种盖棺定论式的"档案"，事实上它仅是一个有待于学界继续思考、开拓的认知空间。它本身具有的开放性特征，以及希冀借此对"早期中国美术史写作"进行有意识的探索与尝试，都将促使我努力将其形塑成为一座供学界进行更深入探研的中途"驿站"。

参考文献

一　古籍

[汉] 班固：《汉书》，[唐] 颜师古注，中华书局，1962 年。

[清] 毕沅：《关中胜迹图志》，张沛校点，三秦出版社，2004 年。

[晋] 常璩撰、任乃强校注：《华阳国志校补图注》，上海古籍出版社，1987 年。

[宋] 程大昌：《雍录》，黄永年点校，中华书局，2002 年。

[清] 陈立：《白虎通疏证》，吴则虞点校，中华书局，1994 年。

陈荆和编校：《大越史记全书（中文版）》，日本东京大学东洋文化研究所，东洋学文献刊行委员会发行，1984 年。

程俊英、蒋见元：《诗经注析》，中华书局，1991 年。

[唐] 杜佑：《通典》，王文锦、王永兴、刘俊文、徐庭云、谢方等点校，中华书局，1988 年。

[唐] 封演：《封氏闻见记》，赵贞信校注，中华书局，2005 年。

[晋] 葛洪：《西京杂记》，周天游校注，三秦出版社，2006 年。

[清] 顾炎武：《历代宅京记》，中华书局，1984 年。

黄怀信、张懋镕、田旭东：《逸周书汇校集注》，黄怀信修订、李学勤审定，上海古籍出版社，2007 年。

何清谷：《三辅黄图校释》，中华书局，2005 年。

[汉] 贾谊：《新书》，阎振益、钟夏校注，中华书局，2000 年。

[汉] 刘向集录：《战国策》，上海古籍出版社，1985 年。

［汉］陆贾：《新语》，王利器校注，中华书局，1986 年。

［日］泷川资言：《史记会注考证》，新世界出版社，2009 年。

卢元骏：《新序今注今译》，天津古籍出版社，1987 年。

［元］李好文：《长安志图（影印本）》，《文渊阁四库全书》，第 587 册，台湾商务印书馆，1986 年。

刘文典：《淮南鸿烈集解》，冯逸、乔华点校，中华书局，1989 年。

逯钦立辑校：《先秦汉魏晋南北朝诗》，中华书局，1983 年。

［汉］毛亨传、［汉］郑玄笺、［唐］孔颖达疏：《毛诗正义》，北京大学出版社，2000 年。

［清］钱大昕：《廿二史考异》，陈文和、张连生、曹明生点校，（江苏）凤凰出版社，2008 年。

［清］阮元：《十三经注疏》，中华书局，1980 年。

［汉］司马迁：《史记》，［南朝·宋］裴骃集解，［唐］司马贞索隐，［唐］张守节正义，中华书局，1959 年。

［汉］宋衷注：《世本》，［清］秦嘉谟辑录，商务印书馆，1957 年。

［宋］宋敏求：《长安志》，［清］毕沅校证，台北成文出版社有限公司印行，1970 年（据民国二十年铅印版本）。

［清］孙诒让：《周礼正义》，王文锦、陈玉霞点校，中华书局，1987 年。

［清］孙希旦：《礼记集解》，沈啸寰、王星贤点校，中华书局，1989 年。

［清］孙星衍：《汉官六种》，周天游点校，中华书局，1990 年。

［清］孙星衍：《尚书今古文注疏》，陈抗、盛冬铃点校，中华书局，1986 年。

上海古籍出版社：《汉魏六朝笔记小说大观》，上海古籍出版社，1999 年。

苏兴：《春秋繁露义证》，钟哲点校，中华书局，1992 年。

台北新文丰出版公司编辑部：《石刻史料新编（影印本）》，第一辑（共三十册），台北新文丰出版公司，1977 年。

［汉］王褒等撰：《关中佚志》，陈晓捷辑注，三秦出版社，2006 年。

［汉］王符：《潜夫论》，［清］汪继培笺、彭铎校正，中华书局，

1985 年。

[汉] 王充：《论衡》，黄晖校释，中华书局，1990 年。

[宋] 王应麟：《汉制考·汉艺文志考证》，张三夕、杨毅点校，中华书局，2011 年。

[清] 王鸣盛：《十七史商榷》，上海书店出版社，2005 年。

[清] 汪文台辑、周天游补辑：《八家后汉书辑注》，上海古籍出版社，1986 年。

[清] 王先谦：《汉书补注》，中华书局，1983 年。

[清] 王先谦：《诗三家义集疏》，吴格点校，中华书局，1987 年。

[清] 王昶：《金石萃编》，中华书局，1985 年。

王云五：《丛书集成初编·汉礼器制度、汉官旧仪、汉旧仪、伏侯古今注、独断、汉仪》，商务印书馆，1939 年。

王文锦：《礼记译解》，中华书局，2001 年。

王利器：《盐铁论校注》，中华书局，1992 年。

[汉] 荀悦、[晋] 袁宏著：《两汉纪》，张烈点校，中华书局，2002 年。

[南朝·梁] 萧统：《文选》，[唐] 李善注，上海古籍出版社，1986 年。

[宋] 徐天麟：《西汉会要》，上海人民出版社，1977 年。

徐元诰：《国语集解》，中华书局，2002 年。

许维遹：《吕氏春秋集释》，中国书店，1985 年。

[汉] 应邵：《风俗通议》，王利器校注，中华书局，1981 年。

[晋] 佚名：《三辅故事》，[清] 张澍辑，陈晓捷注，三秦出版社，2006 年。

[晋] 佚名：《三辅旧事》，[清] 张澍辑，陈晓捷注，三秦出版社，2006 年。

佚名：《三秦记》，刘庆柱辑注，三秦出版社，2006 年。

佚名：《关中记》，刘庆柱辑注，三秦出版社，2006 年。

[清] 严可均校辑：《全上古三代秦汉三国六朝文》，中华书局，1958 年。

[清] 叶昌炽撰、柯昌泗评：《语石·语石异同评》，陈公柔、张明善点校，中华书局，1994 年。

杨伯峻：《春秋左传注》，中华书局，1981 年。

袁珂校注：《山海经》，上海古籍出版社，1980 年

　　［汉］郑玄注、［唐］贾公彦疏：《仪礼》，彭林整理，王文锦审定，北京大学出版社，1999 年。

　　［汉］郑玄注、［唐］贾公彦疏：《周礼》，上海古籍出版社，2010 年。

　　［汉］赵岐等撰：《三辅决录》，［清］张澍辑、陈晓捷注，三秦出版社，2006 年。

　　［宋］赵明诚：《金石録》，金文明校正，广西师范大学出版社，2005 年。

　　［宋］郑樵：《通志》，中华书局，1987 年。

　　［宋］郑樵：《通志·二十略》，王树民点校，中华书局，1995 年。

　　［清］赵翼：《廿二史札记》，王树民校证，中华书局，1984 年。

二　考古发掘简报、报告与图录

皇陵遗址：

汉阳陵考古陈列馆：《汉阳陵考古陈列馆》，文物出版社，2004 年。

汉阳陵博物苑：《汉阳陵博物苑》，文物出版社，2006 年。

汉阳陵博物馆：《汉阳陵博物馆》，文物出版社，2007 年。

　　焦南峰、王保平、马永赢、李岗、杨武站、曹龙、赵西晨、刘君幸：《汉阳陵帝陵东侧 11～21 号外藏坑发掘简报》，《考古与文物》2008 年第 3 期。

　　焦南峰、王保平、马永赢、李岗：《汉景帝阳陵发现陪葬墓园》，《中国文物报》1999 年 11 月 4 日。《汉阳陵园内发现大批陪葬坑出土大量珍贵文物》1999 年 11 月 28 日。

　　秦始皇秦俑坑考古发掘队：《临潼县秦俑坑试掘第一号简报》，《文物》1975 年第 11 期。

　　秦始皇秦俑坑考古发掘队：《秦始皇陵东侧第二号兵马俑坑试掘简报》，《文物》1978 年第 5 期。

　　秦俑坑考古队：《秦始皇陵东侧第三号兵马俑清理简报》，《文物》1979 年第 12 期。

秦俑坑考古队：《秦始皇陵园陪葬坑钻探清理简报》，《考古与文物》1982 年第 1 期。

秦俑考古队：《秦始皇陵二号铜车马清理简报》，《文物》1983 年第 7 期。

秦始皇兵马俑博物馆、陕西省考古研究所：《秦始皇陵铜车马发掘报告》，文物出版社，1998 年。

秦始皇陵考古队：《秦始皇陵园 K9901 试掘简报》，《考古》2001 年第 1 期。

秦始皇陵考古队：《秦始皇陵园 K0006 陪葬坑第一次发掘简报》，《文物》2002 年第 3 期。

秦始皇帝陵博物院：《秦始皇帝陵园考古报告（2009～2010）》，科学出版社，2012 年。

秦始皇帝陵博物院兵马俑坑考古队：《秦始皇帝陵一号兵马俑陪葬坑 2009～2011 年发掘报告》，《文物》2015 年第 9 期。

始皇陵秦俑坑考古发掘队：《陕西临潼鱼池遗址调查简报》，《考古与文物》1983 年第 4 期。

陕西省文物管理会：《秦始皇陵调查简报》，《考古》1962 年第 8 期。

陕西省考古研究所、始皇陵秦俑坑考古发掘队：《秦始皇陵兵马俑坑一号坑发掘报告（1974～1984 年）》，文物出版社，1988 年。

陕西省考古研究所、秦始皇兵马俑博物馆：《秦始皇陵园 2000 年度勘探简报》，《考古与文物》2002 年第 2 期。

陕西省考古研究所、秦始皇兵马俑博物馆：《秦始皇陵园 K0007 陪葬坑发掘简报》，《文物》2005 年第 6 期。

陕西省考古研究所、秦始皇兵马俑博物馆：《秦始皇帝陵园考古报告（1999）》，科学出版社，2000 年。

陕西省考古研究所、秦始皇兵马俑博物馆：《秦始皇帝陵园考古报告（2000）》，文物出版社，2006 年。

陕西省考古研究所、秦始皇兵马俑博物馆：《秦始皇帝陵园考古报告（2001～2003）》，文物出版社，2007 年。

陕西省考古研究院：《2009 年度秦始皇帝陵园考古勘探简报》，《考古与文物》2010 年第 5 期。

陕西省考古研究院：《2010 年度秦始皇帝陵园礼制建筑遗址考古勘探简报》，《考古与文物》2011 年第 2 期。

陕西省考古研究所、汉陵考古队：《汉景帝阳陵南区从葬坑发掘第一号简报》，《文物》1992 年第 4 期。

陕西省考古研究所、汉陵考古队：《汉景帝阳陵南区从葬坑发掘第二号简报》，《文物》1994 年第 6 期。

陕西省考古研究所阳陵考古队：《汉景帝阳陵考古新发现（1996～1998年)》，《文博》1999 年第 6 期。

陕西省考古研究所：《汉阳陵》，重庆出版社，2001 年。

王望生：《秦始皇陵青石铠甲坑考古试掘》，《文博》1999 年第 6 期。

王丕忠、张子波、孙德润等：《汉景帝阳陵调查简报》，《考古与文物》1980 年第 1 期。

咸阳市文物研究所：《西汉帝陵钻探调查报告》，文物出版社，2010 年。

赵康民：《秦始皇陵北二、三、四号建筑遗迹》，《文物》1979 年第12 期。

张占民：《秦陵铠甲坑发现记》，《文博》1999 年第 5 期。

都城与苑林遗址：

胡谦盈：《汉昆明池及有关遗存踏查记》，《考古与文物》1980 年创刊号。

秦都咸阳考古工作站：《秦都咸阳第一号宫殿建筑遗址简报》，《文物》1976 年第 11 期。

秦都咸阳考古工作队：《秦咸阳宫第二号建筑遗址发掘简报》，《考古与文物》1986 年第 4 期。

秦建明、张在明、杨政：《陕西发现以汉长安城为中心的西汉南北向超长建筑基线》，《文物》1995 年第 3 期。

刘庆柱：《汉长安城》，《中国考古学年鉴（1986 年)》，文物出版社，1988 年。

刘庆柱：《西安市汉未央宫 3 号遗址》，《中国考古学年鉴（1987 年)》，文物出版社，1988 年。

陕西省社会科学院考古研究所渭水队：《秦都咸阳故城遗址的调查和试掘》，《考古》1962 年第 6 期。

陕西省博物馆、文管会勘察小组：《秦都咸阳故城遗址发现的窑址和铜器》，《考古》1974 年第 1 期。

陕西省考古研究所：《秦都咸阳考古报告》，科学出版社，2004 年。

王仲殊：《汉长安城考古工作的初步收获》，《考古通讯》1957 年第 5 期。

王仲殊：《汉长安城考古工作的收获续记——宣平门的发掘》，《考古通讯》1958 年第 4 期。

咸阳市文管会、咸阳市博物馆、咸阳地区文管区：《秦都咸阳第三号宫殿建筑遗址简报》。

中国科学院考古研究所资料室：《中国科学院考古研究所一九六一年田野工作的主要收获》，《考古》1962 年第 5 期。

中国社会科学院考古研究所汉长安城工作队：《汉长安城北宫的勘探及其南面砖瓦窑的发掘》，《考古》1996 年第 10 期。

中国社会科学院考古研究所：《汉长安城未央宫：1980～1989 年考古发掘报告》，中国大百科全书出版社，1996 年。

中国社会科学院考古研究所汉长安城工作队：《汉长安城长乐宫二号建筑遗址发掘报告》，《考古学报》2004 年第 1 期。

中国社会科学院考古研究所、西安市文物考古研究所、阿房宫考古工作队：《阿房宫前殿遗址的考古勘探与发掘》，《考古学报》2005 年第 2 期。

中国社会科学院考古研究所汉长安城工作队：《汉长安城长乐宫发现凌室遗址》，《考古》2005 年第 9 期。

中国社会科学院考古研究所汉长安城工作队：《西安市长安城长乐宫四号建筑遗址》，《考古》2006 年第 10 期。

中国社会科学院考古研究所：《汉长安城武库》，文物出版社，2005 年。

中国社会科学院考古研究所汉长安城工作队、西安市汉长安城遗址保管所编：《汉长安城遗址研究（上册）》，科学出版社，2006 年。

中国社会科学院考古研究所、日本奈良国立文化财研究所中日联合考古队：《汉长安城桂宫二号建筑遗址发掘简报》，《考古》1999 年第 1 期。

中国社会科学院考古研究所、日本奈良国立文化财研究所中日联合考古队：《汉长安城桂宫二号建筑遗址 B 区发掘简报》，《考古》2000 年第 1 期。

中国社会科学院考古研究所、日本奈良国立文化财研究所中日联合考古队：《汉长安城桂宫三号建筑遗址发掘简报》，《考古》2001年第1期。

中国社会科学院考古研究所、日本奈良国立文化财研究所中日联合考古队：《汉长安城桂宫四号建筑遗址发掘简报》，《考古》2002年第1期。

中国社会科学院考古研究所、日本奈良国立文化财研究所：《汉长安城桂宫1996~2001年考古发掘报告》，文物出版社，2007年。

中国社会科学院考古研究所汉长安城工作队：《西安市汉长安城长乐宫六号建筑遗址》，《考古》2011年第6期。

中国社会科学院考古研究所、西安市文物保护考古研究院、西安市秦阿房宫遗址保管所：《阿房宫考古发现与研究》，文物出版社，2014年。

中国社会科学院考古研究所汉长安城工作队：《西安市汉唐昆明池遗址的钻探与试掘简报》，《考古》2006年第10期。

中国社会科学院考古研究所、西安市文物保护考古所阿房宫考古工作队：《西安市上林苑遗址一号、二号建筑发掘简报》，《考古》2006年第2期。

中国社会科学院考古研究所、西安市文物保护考古所阿房宫考古队：《上林苑四号建筑遗址的勘探和发掘》，《考古学报》2007年第3期。

中国社会科学院考古研究所、西安市文物保护考古所阿房宫考古工作队：《西安市上林苑遗址六号建筑的勘探和试掘》，《考古》2007年第11期。

中国社会科学院考古研究所、西安市文物保护考古所阿房宫考古工作队：《西安市上林苑遗址三号建筑及五号建筑排水管道遗迹的发掘》，《考古》2007年第3期。

其它考古发掘报告与图录：

杜金鹏、张良仁：《偃师商城发现商早期帝王池苑》，《中国文物报》1999年6月9日。

淳化县文化馆、姚生民：《汉甘泉宫遗址勘察记》，《考古与文物》1980年第2期。

广州象岗汉墓发掘队：《西汉南越王墓发掘初步报告》，《考古》1984年第3期。

广州市文物考古研究所、南越王宫博物馆筹建办公室：《广州南越国宫署遗址1995~1997年发掘简报》，《文物》2000年第9期。

广州市文物管理委员会、中国社会科学院考古研究所、广东省博物馆：

《西汉南越王墓》，文物出版社，1991 年。

广州市文物考古研究所、中国社会科学院考古研究所、南越王宫博物馆筹建处：《南越国宫署遗址出土木简》，广州市文物考古研究所：《羊城考古发现与研究（一）》，文物出版社，2005 年。

广州市文物考古研究所、中国社会科学院考古研究所、南越王宫博物馆筹建处：《广州市南越国宫署遗址西汉木简发掘简报》，《考古》2006 年第 3 期。

考古研究所汉城考古队：《汉长安城南郊礼制建筑遗址群发掘简报》，《考古》1960 年第 7 期。

《考古》杂志部：《广州发现西汉南越王墓》，《考古》1983 年第 12 期。

辽宁省文物考古研究所：《辽宁绥中县"姜女坟"秦汉建筑遗址发掘简报》，《文物》1986 年第 8 期。

辽宁省文物考古研究所姜女石工作站：《辽宁绥中县"姜女石"秦汉宫城遗址 1993～1995 年发掘简报》，《考古》1997 年第 10 期。

辽宁省文物考古研究所：《姜女石：秦行宫遗址发掘报告》，文物出版社，2010 年。

南越王宫博物馆筹建处、广州市文物考古研究所：《南越宫苑遗址：1995、1997 年考古发掘报告》，文物出版社，2008 年。

南越王宫博物馆：《南越国宫署遗址：岭南两千年中心地》，广东省出版集团、广东人民出版社，2010 年。

俞伟超：《汉长安城西北部勘察记》，《考古通讯》1956 年第 5 期。

烟台市博物馆：《烟台市芝罘岛发现一批文物》，《文物》1976 年第 8 期。

早期秦文化联合考察队：《2004 年甘肃礼县鸾亭山遗址发掘主要收获》，《中国历史文物》2005 年第 5 期。

中国社会科学院考古研究所：《西汉礼制建筑遗址》，文物出版社，2003 年。

中国社会科学院考古研究所河南第二工作队：《河南偃师商城宫城池苑遗址》，《考古》2006 年第 6 期。

郑洪春、姚生民：《汉甘泉宫遗址调查》，《人文杂志》1980 年第 1 期。

三　近人著作与论文

安作璋、熊铁基：《秦汉官制史稿》，齐鲁书社，2007 年。

［美］艾兰、汪涛、范毓周：《中国古代思维模式与阴阳五行说探源》，江苏古籍出版社，1998 年。

［美］艾兰（Sarah Allan）：《早期中国历史、思想与文化》，杨民等译，商务印书馆，2011 年。

［美］艾兰（Sarah Allan）：《龟之谜——商代神话、祭祀、艺术和宇宙观研究》，汪涛译，商务印书馆，2011 年。

［美］艾兰（Sarah Allan）：《水之道与德之端——中国早期哲学思想的本喻》，张海晏等译，商务印书馆，2010 年。

白钢：《中国皇帝》，天津人民出版社，1993 年。

曹建墩：《先秦礼制探赜》，天津人民出版社，2010 年。

［英］崔瑞德（Denis Twitchett）、鲁惟一（Michael Loewe）：《剑桥中国秦汉史——公元前 221～公元 220 年》，杨品泉等译，张书生、杨品泉校，中国社会科学出版社，1992 年。

陈正祥：《中国地图学史》，商务印书馆香港分馆，1979 年。

陈直：《史记新证》，中华书局，2006 年。

陈直：《汉书新证》，中华书局，1959 年。

陈直：《关中秦汉陶录》，中华书局，2006 年。

陈戍国：《先秦礼制研究》，湖南教育出版社，1991 年。

陈戍国：《秦汉礼制研究》，湖南教育出版社，1993 年。

陈苏镇：《汉代政治与〈春秋学〉》，中国广播电视出版社，2001 年。

陈苏镇：《中国古代政治文化研究》，北京大学出版社，2009 年。

陈苏镇：《〈春秋〉与汉道——两汉政治与政治文化研究〉》，中华书局，2011 年。

陈苏镇：《两汉魏晋南北朝探幽》，北京大学出版社，2013 年。

陈来：《古代思想文化的世界——春秋时代的宗教、伦理与社会思想》，生活·读书·新知三联书店，2009 年。

陈来：《古代宗教与伦理——儒家思想的根源》，生活·读书·新知三联书店，2009年。

陈平原、王德威、陈学超：《西安：都市想象与文化记忆》，北京大学出版社，2009年。

杜正胜：《古代社会与国家》，台北允晨文化实业股份有限公司，1992年。

杜正胜：《编户齐民——传统政治社会结构之形成》，台北联经出版事业公司，1990年。

《东方早报·上海书评》编辑部：《殊方未远：古代中国的疆域、民族与认同》，中华书局，2016年。

段清波：《秦始皇帝陵园研究》，北京大学出版社，2011年。

［日］渡辺信一郎：《中国古代的王权与天下秩序——从日中比较史的视角出发》，徐冲译，中华书局，2008年。

［美］狄宇宙：《古代中国与其强邻：东亚历史上游牧力量的兴起》，贺严、高书文译，中国社会科学出版社，2010年。

冯时：《星汉流年——中国考古天文录》，四川教育出版社，1996年。

冯时：《中国天文考古学》，社会科学文献出版社，2001年。

冯时：《中国古代的天文与人文》，中国社会科学出版社，2006年。

《法国汉学》丛书编辑委员会编著：《法国汉学（第十四辑：古罗马和秦汉中国——风马牛不相及乎）》，中华书局，2011年。

韩建业：《早期中国：中国文化圈的形成和发展》，上海古籍出版社，2015年。

韩昇：《东亚世界形成史论》，中国方正出版社，2015年。

高明士：《天下秩序与文化圈的探索——以东亚古代的政治与教育为中心》，上海古籍出版社，2008年。

甘怀真：《皇权、礼仪与经典诠释——中国古代政治史研究》，台北财团法人喜玛拉雅研究发展基金会，2003年。

甘怀真：《东亚历史上的天下与中国概念》，台湾大学出版中心，2009年。

葛兆光：《中国思想史》，复旦大学出版社，2001年。

葛兆光：《古代中国的历史、思想与宗教》，北京师范大学出版社，

2006 年。

　　葛兆光：《宅兹中国——重建有关〈中国〉的历史论述》，中华书局，2011 年。

　　[日] 冈大路：《中国宫苑园林史考》，瀛生译，学苑出版社，2008 年。

　　[日] 工藤元男：《睡虎地简研究——秦代国家与社会》，[日] 广濑熏雄、曹峰译，上海古籍出版社，2010 年。

　　[日] 谷中信一：《先秦秦汉思想史研究》，孙佩霞译，上海古籍出版社，2015 年。

　　顾颉刚：《史林杂识初编》，中华书局，1963 年。

　　顾颉刚：《秦汉的方士与儒生》，上海古籍出版社，2005 年。

　　顾颉刚、史念海：《中国疆域沿革史》，商务印书馆，1999 年。

　　贺云翱、郭怡：《古代陵寝》，文物出版社，2008 年。

　　黄晓芬：《汉墓的考古学研究》，岳麓书社，2003 年。

　　黄展岳：《先秦两汉考古论丛》，科学出版社，2008 年。

　　黄清连：《台湾学者中国史研究论丛·制度与国家》，中国大百科全书出版社，2005 年。

　　蒋祖缘、方志钦：《简明广东史》，广东人民出版社，2008 年。

　　翦伯赞：《秦汉史》，北京大学出版社，1983 年。

　　金维诺、罗世平：《中国宗教美术史》，江西美术出版社，1995 年。

　　景爱：《长城》，学苑出版社，2008 年。

　　[美] 柯马丁：《秦始皇石刻：早期中国的文本与仪式》，刘倩译，杨治宜、梅丽校，上海古籍出版社，2015 年。

　　梁启超：《先秦政治思想史》，东方出版社，1996 年。

　　吕思勉：《先秦史》，上海古籍出版社，2005 年。

　　吕思勉：《秦汉史》，上海古籍出版社，2005 年。

　　林剑鸣：《秦史稿》，上海人民出版社，1981 年。

　　林剑鸣：《秦汉史》，上海人民出版社，2003 年。

　　林通雁：《西都汉长安城美术史迹的发现与研究》，陕西人民美术出版社，2012 年。

　　李令福：《秦都咸阳》，西安出版社，2010 年。

　　李学勤：《东周与秦代文明》，上海人民出版社，2007 年。

逯耀东：《抑郁与超越——司马迁与汉武帝时代》，生活·读书·新知三联书店，2008 年。

［美］陆威仪：《早期中华帝国：秦与汉》，王兴亮译，中信出版社，2016 年。

李零：《长沙子弹库战国楚帛书研究》，中华书局，1985 年。

李零：《中国方术正考》，中华书局，2006 年。

李零：《中国方术续考》，中华书局，2006 年。

李零：《简帛古书与学术源流》，生活·读书·新知三联书店，2004 年。

李零：《入山与出塞》，文物出版社，2004 年。

李零：《兰台万卷——读〈汉书·艺文志〉》，生活·读书·新知三联书店，2011 年。

李零：《我们的中国》，生活·读书·新知三联书店，2016 年。

李开元：《汉帝国的建立与刘邦集团：军功收益阶层研究》，生活·读书·新知三联书店，2000 年。

李扬帆：《涌动的天下——中国世界观变迁史论（1500～1911）》，知识产权出版社，2012 年。

李公明：《广东美术史》，广东人民出版社，1993 年。

［日］林巳奈夫：《中国古玉研究》，杨美莉译，台北艺术图书公司印行，1997 年。

刘敦桢：《中国古代建筑史》，中国建筑工业出版社，1984 年。

刘俊文：《日本学者研究中国史论著选译（第一卷：通论）》，黄约瑟译，中华书局，1993 年。

刘俊文：《日本学者研究中国史论著选译（第二卷：专论）》，高明士、邱添生、夏日新等译，中华书局，1993 年。

刘俊文：《日本学者研究中国史论著选译（第三卷：上古秦汉）》，黄金山、孔繁敏等译，中华书局，1993 年。

刘俊文：《日本学者研究中国史论著选译（第七卷：思想宗教）》，许洋主等译，中华书局，1993 年。

刘岱：《中国文化新论·根源篇·永恒的巨流》，生活·读书·新知三联书店，1991 年。

刘泽华：《中国的王权主义——传统社会与思想特点考察》，上海人民出版社，2000年。

刘宗迪：《失落的天书——〈山海经〉与古代华夏世界观》，商务印书馆，2006年。

刘敦愿：《美术考古与古代文明》，人民美术出版社，2007年。

刘敦愿：《刘敦愿文集》，科学出版社，2012年。

刘庆柱、李毓芳：《西汉十一陵》，陕西人民出版社，1987年。

刘庆柱：《古代都城与帝陵考古学研究》，科学出版社，2000年。

刘庆柱、李毓芳：《汉长安城》，文物出版社，2003年。

刘瑞、刘涛：《西汉诸侯王陵墓制度研究》，中国社会科学出版社，2010年。

刘瑞：《汉长安城的朝向、轴线与南郊礼制建筑》，中国社会科学出版社，2011年。

梁二平：《谁在世界的中央——古代中国的天下观》，花城出版社，2010年。

梁思成：《中国建筑史》，百花文艺出版社，2005年。

［英］罗森（Jessica Rawson）：《中国古代的艺术与文化》，孙心菲等译，范毓周、孙华、韦正、梅建军审定，北京大学出版社，2002年。

［英］罗森（JessicaRawson）：《祖先与永恒：杰西卡·罗森中国考古艺术文集》，邓菲、黄洋、吴晓筠等译，生活·读书·新知三联书店，2011年。

林梅村：《汉唐西域与中国文明》，文物出版社，1998年。

林梅村：《古道西风——考古新发现所见中西文化交流》，生活·读书·新知三联书店，2000年。

雷戈：《秦汉之际的政治思想与皇权主义》，上海古籍出版社，2006年。

雷戈：《道术为天子合——后战国思想史论》，河北大学出版社，2008年。

吕宗力：《汉代的谣言》，浙江大学出版社，2011年。

马非百：《秦集史》，中华书局，1982年。

麦英豪、黄淼章、谭庆芝：《广州南越王墓》，生活·读书·新知三联书店，2005年。

蒙文通：《古学甄微》，巴蜀书社，1999年。

蒙文通：《古地甄微》，巴蜀书社，1998年。

孟祥才：《中国政治制度史》第三卷：秦汉，人民出版社，1993 年。

卜宪群：《秦汉官僚制度》，社会科学文献出版社，2002 年。

蒲慕州：《墓葬与生死——中国古代宗教之省思》，联经出版事业公司，1993 年。

蒲慕州：《追寻一己之福——中国古代的信仰世界》，上海古籍出版社，2007 年。

钱穆：《中国文化史导论》，商务印书馆，1994 年。

钱穆：《晚学盲言》，广西师范大学出版社，2004 年。

曲英杰：《先秦都城复原研究》，黑龙江人民出版社，1991 年。

曲英杰：《古代城市》，文物出版社，2003 年。

秦始皇帝陵博物院：《秦始皇帝陵博物院院刊》（总第一辑），三秦出版社，2011 年。

秦始皇兵马俑博物馆《论丛》编委会、吴永琪：《秦文化论丛》，第十二辑，三秦出版社，2005 年。

秦始皇兵马俑博物馆《论丛》编委会、吴永琪：《秦文化论丛》，第十四辑，三秦出版社，2005 年。

庆祝苏秉琦考古五十五年论文集编辑组：《庆祝苏秉琦考古五十五年论文集》，文物出版社，1989 年。

容庚：《秦汉金文录》，中华书局，2012 年。

孙机：《仰观集：古文物的欣赏与鉴别》，文物出版社，2012 年。

孙庆伟：《周代用玉制度研究》，上海古籍出版社，2008 年。

上海博物馆：《周秦汉唐文明研究论集》，上海古籍出版社，2008 年。

申云艳：《中国古代瓦当研究》，文物出版社，2006 年。

史念海：《中国古都和文化》，中华书局，1998 年。

宿白：《汉唐宋元考古——中国考古学（下）》，文物出版社，2010 年。

苏秉琦：《中国文明起源新探》，生活·读书·新知三联书店，1999 年。

童书业：《春秋史》，上海古籍出版社，2003 年。

童书业：《童书业历史地理论集》，中华书局，2008 年。

童书业：《春秋左传研究》，中华书局，2008 年。

田余庆：《秦汉魏晋史探微》，中华书局，2004 年。

田天：《秦汉国家祭祀史稿》，生活·读书·新知三联书店，2015 年。

唐晓峰：《从混沌到秩序——中国上古地理思想史述论》，中华书局，2010 年。

王国维：《观堂集林》，河北教育出版社，2001 年。

王蘧常：《秦史》，上海古籍出版社，2000 年。

王亚男：《中国官僚制度研究》，中国社会科学出版社，2005 年。

王社教：《汉长安城》，西安出版社，2009 年。

王健文：《台湾学者中国史研究论丛·政治与权力》，中国大百科全书出版社，2005 年。

王健文：《奉天承运——古代中国的"国家"概念及其正当性基础》，台北东大图书公司，1995 年。

王明珂：《华夏边缘——历史记忆与族群认同》，浙江人民出版社，2013 年。

王柯：《民族与国家——中国多民族统一国家思想的系谱》，中国社会科学出版社，2001 年。

王子今：《秦汉边疆与民族问题》，中国人民大学出版社，2011 年。

王柏中：《神灵世界：秩序的构建与仪式的象征——两汉国家祭祀制度研究》，民族出版社，2005 年。

王爱和：《中国古代宇宙观与政治文化》，［美］金蕾、徐峰译，徐峰校，上海古籍出版社，2011 年。

王仁波：《秦汉文化》，学林出版社、上海科技教育出版社，2001 年。

王仲殊：《汉代考古学概说》，中华书局，1984 年。

王学理：《秦物质文化史》，三秦出版社，1994 年。

王子云：《汉代陵墓图考》，太白文艺出版社，2007 年。

王学理：《秦俑专题研究》，三秦出版社，1994 年。

汪菊渊：《中国古代园林史》，中国建筑工业出版社，2012 年。

汪涛：《颜色与祭祀：中国古代文化中颜色涵义探幽》，郅晓娜译，上海古籍出版社，2013 年。

武伯纶：《古城集》，三秦出版社，1987 年。

［美］巫鸿：《礼仪中的美术——巫鸿中国古代美术史文编》，郑岩、王睿等编译，生活·读书·新知三联书店，2005 年。

［美］巫鸿：《武梁祠——中国古代画像艺术的思想性》，柳扬、岑河

译，生活·读书·新知三联书店，2006 年。

　　［美］巫鸿：《中国古代艺术与建筑中的纪念碑性》，上海人民出版社，李清泉、郑岩等译，2009 年。

　　［美］巫鸿：《黄泉下的美术——宏观中国古代墓葬》，生活·读书·新知三联书店，2010 年。

　　［美］巫鸿：《废墟的故事——中国美术和视觉文化中的"在场"与"缺席"》，肖铁译，巫鸿校，上海人民出版社，2012 年。

　　巫鸿、郑岩：《古代墓葬美术研究》（第一辑），文物出版社，2011 年。

　　［美］巫鸿：《空间的美术史》，上海人民出版社，2018 年。

　　萧公权：《中国政治思想史》，辽宁教育出版社，1998 年。

　　夏鼐：《考古学论文集》，河北教育出版社，2000 年。

　　夏应元选编、监译：《内藤湖南博士中国史学著作选译》，社会科学文献出版社，2004 年。

　　徐中舒：《徐中舒论先秦史》，上海科学技术出版社，2008 年。

　　徐中舒：《先秦史讲义》，天津古籍出版社，2008 年。

　　徐中舒：《先秦史十讲》，中华书局，2009 年。

　　徐卫民：《秦公帝王陵》，中国青年出版社，2002 年。

　　徐连达、朱子彦：《中国皇帝制度》，广东教育出版社，1996 年。

　　徐复观：《两汉思想史》，华东师范大学出版社，2001 年。

　　许倬云：《说中国：一个不断变化的复杂共同体》，广西师范大学出版社，2015 年。

　　许宏：《最早的中国》，科学出版社，2009 年。

　　许宏：《何以中国：公元前 2000 年的中原图景》，生活·读书·新知三联书店，2014 年。

　　［日］西嶋定生：《中国古代帝国的形成与结构——二十等爵制研究》，武尚清译，国际文化出版公司，1992 年。

　　夏鼐：《中国文明的起源》，中华书局，2009 年。

　　邢义田：《秦汉史论稿》，台北东大图书股份有限公司，1987 年。

　　邢义田：《天下一家——皇帝、官僚与社会》，中华书局，2011 年。

　　徐龙国：《秦汉城邑考古学研究》，中国社会科学出版社，2013 年。

　　杨宽：《战国史》，上海人民出版社，1955 年。

杨宽：《中国古代陵寝制度史研究》，上海人民出版社，1985年。

杨宽：《中国古代都城制度史》，上海人民出版社，1993年。

杨联陞：《国史探微》，新星出版社，2005年。

杨泓：《中国古兵与美术考古论集》，文物出版社，2007年。

杨泓：《逝去的风韵——杨泓谈文物》，中华书局，2007年。

杨鸿勋：《宫殿考古通论》，紫禁城出版社，2009年。

杨鸿勋：《建筑考古学论文集》，清华大学出版社，2008年。

杨生民：《汉武帝传》，人民出版社，2002年。

杨永俊：《禅让政治研究》，学苑出版社，2005年。

颜娟英：《台湾学者中国史研究论丛·美术与考古》，中国大百科全书出版社，2005年。

颜娟英：《中国史新论：美术考古分册》，中央研究院、联经出版事业股份有限公司，2010年。

袁仲一：《秦始皇陵兵马俑研究》，文物出版社，1990年。

袁仲一：《秦始皇陵的考古发现与研究》，陕西人民出版社，2002年。

俞伟超：《先秦两汉考古学论集》，文物出版社，1985年。

俞伟超：《古史的考古学探索》，文物出版社，2002年。

余英时：《汉代贸易与扩张》，邬文玲等译，上海古籍出版社，2005年。

余天炽、覃圣敏、蓝日勇、梁旭达、覃彩銮：《古南越国史》，广西人民出版社，1988年。

［美］余定国：《中国地图学史》，姜道章译，北京大学出版社，2006年。

阎步克：《服周之冕——〈周礼〉六冕礼制的兴衰变异》，中华书局，2009年。

阎步克：《从爵本位到官本位——秦汉官僚品位结构研究》，生活·读书·新知三联书店，2009年。

姚大力：《北方民族史十论》，广西师范大学出版社，2007年。

［美］拉铁摩尔（Owen Latti more）：《中国的亚洲内陆边疆》，唐晓峰译，江苏人民出版社，2005年。

阎崇东：《两汉帝陵》，中国青年出版社，2007年。

［以色列］尤锐：《展望永恒帝国：战国时代的中国政治思想》，孙英刚译，王宇校，上海古籍出版社，2013年。

余太山：《古代地中海和中国关系史研究》，商务印书馆，2012 年

余太山：《两汉魏晋南北朝正史西域传研究》，商务印书馆，2013 年。

詹鄞鑫：《神灵与祭祀——中国传统宗教综论》，江苏古籍出版社，1992 年。

张荣芳：《秦汉史论集》，中山大学出版社，1995 年。

张荣芳、黄淼章：《南越国史》，广东人民出版社，1995 年。

张分田：《秦始皇传》，人民出版社，2005 年。

张广达：《史家、史学与现代学术》，广西师范大学出版社，2008 年。

张占民：《秦陵之迷新探》，陕西人民出版社，1998 年。

张占民、张涛：《秦陵三大发现之迷》，陕西旅游出版社，1999 年。

张占民：《坟墓下的王国——始皇陵探秘》，西北大学出版社，2002 年。

张卫星：《礼仪与秩序：秦始皇帝陵研究》，科学出版社，2016 年。

周良霄：《皇帝与皇权》，上海古籍出版社，1999 年。

张光直：《李济文集》，第四卷，上海人民出版社，2006 年。

郑岩：《从考古学到美术史——郑岩自选集》，上海人民出版社，2012 年。

郑岩：《逝者的面具——汉唐墓葬艺术研究》，北京大学出版社，2013 年。

中国社会科学院考古研究所：《中国考古学·两周卷》，中国社会科学出版社，2010 年。

中国社会科学院考古研究所：《中国考古学·秦汉卷》，中国社会科学出版社，2010 年。

中国社会科学院考古研究所汉长安城工作队、西安市汉长安城遗址保管所编：《汉长安城遗址研究（下册）》，科学出版社，2006 年。

中国社会科学院考古研究所、陕西省考古研究院、西安市文物保护考古所：《汉长安城考古与汉文化——汉长安城与汉文化：纪念汉长安城考古五十周年国际学术研讨会论文集》，科学出版社，2008 年。

中国社会科学院考古研究所、河南省文物考古研究所编：《汉代城市和聚落与汉文化》，科学出版社，2012 年。

［日］佐竹靖彦：《殷周秦汉史学的基本问题》，中华书局，2008 年。

［日］足立喜六：《长安史迹研究》，王双怀、淡懿诚、贾云译，三秦出版社，2003 年。

中国秦汉史研究会、中山大学历史系西汉南越王博物馆：《南越国史迹

研讨会论文选集》，文物出版社，2005 年。

中国社会科学院考古研究所、广州市文物考古研究所：《西汉南越国考古与汉文化》，科学出版社，2010 年。

步履：《汉代的长安》，《人文杂志》1979 年第 1 期。

陈昌文：《汉代城市规划及城市内部结构》，《史学月刊》1999 年第 3 期。

陈喜波：《法天象地原则与古城规划》，《文博》2000 年第 4 期。

陈喜波、韩国辉：《汉长安城"斗城"规划探析》，《考古与文物》2007 年第 1 期。

杜正胜：《从眉寿到长生——中国古代生命观念的转变》，《"中央研究院"历史语言研究所集刊》，第 66 本，第二分，1995 年 6 月。

段清波：《秦始皇帝陵园 K0006 陪葬性质刍议》，《中国历史文物》2002 年第 2 期。

段清波、张颖岚：《秦始皇帝陵的外藏椁系统》，《考古》2003 年第 11 期。

傅斯年：《夷夏东西说》，国立中央研究院：《庆祝蔡元培先生六十五岁论文集》（历史语言研究所集刊外编第一种），下册，1933 年。

葛兆光：《众妙之门：北极与太一、太极》，《中国文化》1991 年第 3 期。

［美］顾立雅：《释天》，《燕京学报》，第 18 期，1935 年。

郭沫若：《畿服》，收录郭沫若：《金文丛考》，人民出版社，1954 年。

甘怀真：《秦汉的"天下"政体：以郊祀礼改革作为中心》，（台北）《新史学》第 16 卷第 4 期，2005 年。

甘怀真：《"天下"概念成立的再探索》，北京大学中国古文献研究中心：《北京大学中国古文献研究中心集刊》2010 年第 9 辑。

胡厚宣：《论五方观念及"中国"称谓之起源》，胡厚宣：《甲骨学商史丛初集（第 2 册）》，齐鲁大学国学研究所，1944 年。

韩国河、陈力：《试论秦汉都城规划模式的基本形成》，西北大学秦汉史研究室：《陈直先生纪念文集》，西北大学出版社，1992 年。

韩国河：《汉长安城规划思想辨析》，《郑州大学学报（哲学社会科学版）》2001 年第 5 期。

韩建业：《庙底沟时代与"早期中国"》，《考古》2012 年第 3 期。

韩伟：《罗经石乎？太社乎？——西汉阳陵"罗经石"性质探讨》，《考古与文物》2001 年第 2 期。

韩建华：《中国古代城阙的考古学观察》，《中原文物》2005 年第 1 期。

何驽：《"中"与"中国"的由来》，中国社会科学报，2010 年 5 月 18 日。

何驽：《陶寺文化：中华文明之"中正"观缘起》，中国社会科学报，2014 年 11 月 5 日。

何驽：《陶寺考古初显尧舜时代的天下观》，中国社会科学报，2015 年 6 月 5 日。

何驽：《陶寺圭尺"中"与"中国"概念由来新探》，《三代考古（四）》，2011 年 12 月。

何新华：《试析古代中国的天下观》，《东南亚研究》2006 年第 1 期。

贺忠辉：《汉长安城》，《文博》1986 年第 4 期。

华玉冰：《试论秦始皇东巡的"碣石"与"碣石宫"》，《考古》1997 年第 10 期。

黄展岳：《中国西安、洛阳汉唐陵墓的调查与发掘》，《考古》1981 年第 6 期。

黄展岳：《秦汉陵寝》，《文物》1998 年第 4 期。

［美］吉德炜：《考古学与思想状态——中国的创建》，《华夏考古》1993 年第 1 期。

金其桢：《秦始皇刻石探疑》，《北京大学学报》2001 年第 6 期。

焦南峰：《秦始皇陵园 K0007 陪葬坑性质蠡测》，《文物》2005 年第 12 期。

焦南峰：《汉阳陵从葬坑初探》，《文物》2006 年第 7 期。

焦南峰：《西汉帝陵田野考古工作的新进展》，《考古与文物》2011 年第 3 期。

李大龙：《"中国"与"天下"的重合：古代中国疆域形成的历史轨迹》，《中国边疆史地研究》第 17 卷第 3 期。

骊山学会：《秦东陵探察初议》，《考古与文物》1987 年第 4 期。

梁云：《对鸾亭山祭祀遗址的初步认识》，《中国历史文物》2005 年第

5 期。

罗志田：《先秦的五服制与古代的天下中国观》，《学人》，第 10 辑，1996 年。

刘敦愿：《天圆地方思想的起源及其艺术表现形式》，《台北故宫文物月刊》1994 年第 12 卷第 3 期。

刘敦桢：《两汉陵寝》，《中国营造学社汇刊》1932 年第 3 卷第 4 期。

刘敦桢：《大壮室笔记》，《中国营造学社汇刊》1932 年第 3 卷第 3 期。

刘卫鹏、岳起：《咸阳塬上"秦陵"的发现和确认》，《文物》2008 年第 4 期。

刘庆柱：《秦都咸阳几个问题的初探》，《文物》1976 年第 11 期。

刘庆柱：《〈谈秦兰池宫地理位置等问题〉几点质疑》，《人文杂志》1981 年第 2 期。

刘庆柱：《汉长安城布局结构辩析——与杨宽先生商榷》，《考古》1987 年第 10 期。

刘庆柱：《论咸阳城布局形制及相关问题》，《文博》1990 年第 5 期。

刘庆柱：《再论汉长安城布局结构及其相关问题——答杨宽先生》，《考古》1992 年第 7 期。

刘庆柱、李毓芳：《汉长安城的宫城和市里布局形制述论》，《考古学研究》编委会：《考古学研究——纪念陕西省考古研究所成立三十周年》，三秦出版社，1993 年。

刘庆柱：《汉长安城未央宫布局形制初论》，《考古》1995 年第 12 期。

刘庆柱：《汉长安城的考古发现及相关问题研究——纪念汉长安城考古工作四十年》，《考古》1996 年第 10 期。

刘庆柱：《汉长安城桂宫遗址的考古发现与研究》，中国社会科学院考古研究所汉长安城工作队、西安市汉长安城遗址保管所：《汉长安城遗址研究（下册）》，科学出版社，2006 年。

刘庆柱、李毓芳：《西汉诸陵调查与研究》，《文物资料丛刊（第六辑）》，1982 年。

刘炜：《西汉陵寝概谈》，《中原文物》1985 年第 2 期。

刘庆柱、李毓芳：《关于两汉帝陵形制诸多问题探讨》，《考古与文物》1985 年第 5 期。

刘振东：《西汉长安城的沿革与形制布局的变化》，中国社会科学院考古研究所、山东省文物考古研究所、济南市考古研究所：《汉代考古与汉文化国际学术研讨会论文集》，齐鲁书社，2006 年。

刘运勇：《再论西汉长安布局及形成原因》，《考古》1992 年第 7 期。

李遇春：《汉长安城的发掘与研究》，《汉唐与边疆考古研究（第一辑）》，科学出版社，1994 年。

李遇春：《汉长安城建章宫东阙及宫阙研究》，《中国文物报》2002 年 3 月 8 日。

李毓芳：《汉长安城的布局和结构》，《考古与文物》1997 年第 5 期。

李如森：《先秦古城演变和汉长安城模式确立》，《北方文物》1994 年第 1 期。

李小波、李强：《从天文到人文——汉唐长安城规划思想的演变》，《城市规划》2000 年第 9 期。

李小波：《从天文到人文——汉唐长安城规划思想的演变》，《北京大学学报（哲学社会科学版）》2000 年第 2 期。

李小波、陈喜波：《中国古代城市的天文学思想》，《文物世界》2001 年第 1 期。

李小波：《辞赋中的古都规划思想》，《文史杂志》2001 年第 1 期。

李小波、陈喜波：《汉长安城"斗城说"的再思考》，《考古与文物》2001 年第 4 期。

李小波：《古都形制及其规划思想流变》，《城市问题》2002 年第 3 期。

李零：《说汉阳陵"罗经石"遗址的建筑设计》，《考古与义物》2002 年第 6 期。

李新伟：《最初的"中国"之考古学认定》，《考古》2016 年第 3 期。

李新伟：《最初的中国：考古学证据及推想》，《读书》2016 年第 7 期。

刘士莪、马振智：《秦国陵寝布局对西汉帝陵的影响》，《文博》1990 年第 5 期。

刘占成：《秦陵新发现陪葬坑性质刍议》，《文博》2001 年第 4 期。

刘占成：《秦陵"七号坑"性质与意义刍论》，《文博》2002 年第 2 期。

刘信芳：《天水放马滩秦简综述质疑》，《文物》1990 年第 9 期。

罗明：《秦始皇陵园 K0007 陪葬坑弋射场景考》，《考古》2007 年第

1 期。

罗福颐：《汉栻盘小考》，《古文字研究（第 11 辑）》，中华书局，1985 年。

连劭名：《式盘中的四门与八卦》，《文物》1987 年第 9 期。

马正林：《汉长安城形状辩析》，《考古与文物》1992 年第 5 期。

马正林：《汉长安城总体布局的地理特征》，《陕西师范大学学报（哲学社会科学版）》1994 年第 4 期。

孟凡人：《汉长安城形制布局中的几个问题》，收录《汉唐与边疆考古研究（第一辑）》，科学出版社，1994 年。

马振智：《试论秦国陵寝制度的形成发展及其特点》，《考古与文物》1989 年第 5 期。

马永赢：《汉武帝茂陵陵园布局的几点认识》，《考古与文物》2011 年第 2 期。

欧燕：《始皇陵封土上建筑之探讨》，《考古》1991 年第 2 期。

秦鸣：《秦俑坑是始皇陵的陪葬坑》，《文博》1985 年第 1 期。

权东计：《论汉长安城规划营建思想》，《西北工业大学学报》2004 年第 4 期。

陕西省考古研究所、临潼县文管会：《秦东陵第一号陵园勘察记》，《考古与文物》1987 年第 4 期。

钱宝琮：《太一考》，《燕京学报》1932 年第 12 期。

容庚：《秦始皇刻石考》，《燕京学报》1935 年 6 月。

陕西省考古研究所、临潼县文物管理委员会：《秦东陵第二号陵园调查钻探简报》，《考古与文物》1990 年第 4 期。

陕西省考古研究所、临潼县文管会：《秦东陵第四号陵园勘察记》，《考古与文物》1990 年第 4 期。

尚志儒：《秦始皇陵园布局结构渊源浅谈》，《文博》1987 年第 1 期。

石兴邦：《秦代都城和陵墓的建制及其相关的历史意义》，《秦文化论丛·第一辑》，西北大学出版社，1993 年。

孙伟刚：《秦始皇帝陵北部西侧建筑遗址的性质及相关问题》，《考古》2012 年第 6 期。

孙伟刚、曹龙：《再议秦始皇陵墓方向与陵园方向——墓向与陵向二元结构并存的秦始皇帝陵园》，《考古与文物》2012 年第 4 期。

沈睿文：《西汉帝陵陵地秩序》，《文博》2001 年第 3 期。

王丕忠、李光军：《从长陵新出土的瓦当谈秦兰池宫地理位置等问题》，《人文杂志》1980 年第 1 期。

王树民：《畿服说考略》，《文史（第 44 辑）》中华书局，1998 年。

王健文：《帝国秩序与族群想象——帝制中国初期的华夏意识》，（台北）《新史学》第 16 卷第 4 期，2005 年。

王社教：《论汉长安城形制布局中的几个问题》，《中国历史地理论丛》1999 年第 2 期。

王社教：《汉长安城斗城来由再探》，《考古与文物》2001 年第 4 期。

王学理：《秦汉相承帝王同制——略论秦汉皇帝和汉诸侯王陵园制度的继承与演变》，《考古与文物》2000 年第 6 期。

王学理：《从秦咸阳到汉长安的城制重叠（上）》，《文博》2007 年第 5 期。

王学理：《从秦咸阳到汉长安的城制重叠（下）》，《文博》2007 年第 6 期。

王学理：《咸阳原上的汉帝王陵园陕西阳陵考古》，朱启新：《考古人手记（第二辑）》，生活·读书·新知三联书店，2002 年。

王学理：《西安任家坡汉陵从葬坑的发掘》，《考古》1976 年第 2 期。

王学理：《太社乎？陵庙乎？——对汉阳陵罗经石为"男性生殖器座"论驳议》，《文博》2001 年第 5 期。

王学理：《以讹传讹"咸阳宫"，一扫蒙尘显"冀阙"——对秦都咸阳一号宫殿遗址定性的匡正》，《文博》2011 年第 2 期。

王志友、刘春华：《秦始皇陵封土形式意义试探》，《秦文化论丛》第十辑，三秦出版社，2003 年。

王勇、叶晔：《秦始皇陵 K0006 陪葬坑性质蠡测》，《文博》2010 年第 5 期。

王子今：《霸陵薄葬辩疑》，《考古与文物》2002 年第 2 期。

王占奎：《试论汉阳陵"罗经石"遗址的祭祀性特征》，《考古与文物》2002 年第 6 期。

王仲殊：《中国古代墓葬概说》，《考古》1981 年第 5 期。

王睿：《"八主"祭祀研究》，北京大学中文系 2011 届博士学位论文。

王子今：《秦直道的历史文化参照》，《人文杂志》2005 年第 5 期。

王永波：《成山玉器与日主祭—兼论太阳神崇拜的有关问题》，《文物》1993 年第 1 期。

王振铎：《司南、指南针与罗经盘》，李济：《中国考古学报》第 3 册，1948 年。

夏鼐：《汉代的玉器——汉代玉器中传统的延续和变化》，《考古学报》1983 年第 2 期。

徐卫民：《论秦西汉都城的面向——兼与杨宽先生商榷》，《秦文化论丛（第 6 辑）》，1998 年。

徐卫民：《论秦都咸阳和汉都长安的关系》，《秦文化论丛（第 8 辑）》，2001 年。

徐卫民：《汉长安城形状形成原因新探》，《福建论坛》2008 年第 2 期。

徐卫民：《汉长安城对秦都咸阳的继承与创新》，《唐都学刊》2009 年第 1 期。

严文明：《中国史前文化的统一性与多样性》，《文物》1987 年第 3 期。

杨宽：《西汉长安布局结构的探讨》，《文博》1984 年第 1 期。

杨宽：《秦始皇陵园布局结构的探讨》，《文博》1984 年第 3 期。

杨宽：《西汉长安布局结构的再探讨》，《考古》1989 年第 4 期。

杨宽、刘根良、太田有子、高木智见：《秦汉陵墓考察》，《复旦学报》1982 年第 6 期。

杨东晨：《论汉都长安城对秦都咸阳的继承和发展》，《陕西历史博物馆馆刊（六）》，陕西人民出版社，1999 年。

杨武站：《关于汉阳陵帝陵陵园南门遗址的几点认识》，《考古与文物》2011 年第 5 期。

晏新志、刘宇生、闫华军：《汉景帝阳陵研究的回顾与展望》，《文博》2009 年第 1 期。

殷涤非：《西汉汝阴侯墓出土的占盘和天文仪器》，《考古》1978 年第 5 期。

游逸飞：《四方、天下、郡国——周、秦、汉天下观的变革与发展》，台湾大学文学院历史学系硕士学位论文，2009 年 7 月。

袁仲一：《秦始皇陵考古纪要》，《考古与文物》1988 年第 5、6 期。

袁仲一：《秦始皇陵与西汉帝陵异同的比较分析》，《秦文化论丛》第 8 辑，2001 年。

［日］佐原康夫：《汉长安城再考》，张宏彦译，《考古与文物》2001 年第 4 期。

赵化成：《秦始皇陵园布局结构的再认识》，《远望集——陕西省考古研究所华诞四十周年纪念文集》，陕西人民美术出版社，1998 年。

张文：《论古代中国的国家观与天下观——边境与边界形成的历史坐标》，《中国边疆史地研究》第 17 卷第 3 期，2007 年。

张占民：《秦始皇陵园渊源试探》，《文博》1990 年第 5 期。

张占民：《秦始皇北寝殿建筑群的发现和初步研究》，《考古文物研究——纪念西北大学考古专业成立四十周年文集》，三秦出版社，1996 年。

张占民：《秦始皇陵地宫探秘》，《文博》1999 年第 2 期。

张卫星：《试论秦始皇陵葬制的突破》，《考古与文物》2009 年第 5 期。

张卫星：《秦汉帝陵陵寝制度及其象征研究的思路探析》，《中原文物》2010 年第 3 期。

朱学文：《试论秦始皇陵园选址的相关问题》，《考古与文物》2010 年第 6 期。

外文论著：

Aihe, Wang, *Cosmology and Political Culture in Early China*, Cambridge, Cambridge University Press, 2000.

Lillian Lan – ying, Tseng, *Picturing Heaven in Early China*, Cambrige (Massachusetts) And London, Harvard University, 2011.

Lewis, Mark Edward, *Sanctioned Violence in Early China*, Albany, State University of New York Press, 1990.

Lewis, Mark Edward, *The Construction of Space In Early China*, Albany, State University of New York Press, 2006.

Lewis, Mark Edward, *The Early Chinese Empires*：*Qin And Han*, Cambridge, Massachusetts, London, England, The Belknap Press Of Harvard University Press, 2007.

Major, John, *Heaven and Earth in Early Han Thought Chapters Three, Four and Five of the Huainanzi.* Albany, State University of New York Press, 1993.

Powers, Martin J, *Art and Political Expression in Early China*, New Haven & London, Yale University Press, 1991.

Pines, Yuri. Changing views of tianxia in Pre – imperial discourse, *Oriens Extremus* 43 (2002)

Wu, Hung, *The Wu Liang Shrine: The Ideology of Early Chinese Pictorial Art*, Stanford, Stanford University Press, 1989.

Wu, Hung, *Monumentality in Early Chinese Art and Architecture*, Stanford, Stanford University Press, 1995.

Wu, Hung, *The Art of the Yellow Springs——Understanding Chinese Tombs*, Honolulu, University of Hawai'I Press, 2010.

Jie, Shi, Incorporating All For One: The First Emperor's Tomb Mound. *Early China*, October. 2014. pp. 1 – 33.

Eugene, Wang, Why Pictures in Tombs? Mawangdui Once More . *Orientations*, March, 2009. pp. 27 – 34.

Eugene, Wang, Ascend to Heaven or Stay in the Tomb? Paintings in Mawangdui Tomb 1 and the Virtual Ritual of Survival in Second – Century B. C. E. China, in Amy Olberding and Philip J. Ivanhoe eds. , *Mortality in Traditional Chinese Thought*, Albany, State University of New York, 2012.

后　记

　　本书写作是在中央美术学院郑岩教授的持续关心、教导下完成的。无论是郑老师的治学理念，还是他勤奋专一、细致严谨的学风都对我的研究产生了强烈影响，值得我永远学习。在此我要向郑老师致以最诚挚的谢意。另外，中央美术学院贺西林教授也对本书的完成与修改进行了重要指导与建议，在此谨表由衷的感谢。广州美术学院李公明、李行远两位教授在十八年前扶我走进美术史研究领域的殿堂，至今仍受益良多，在此谨表谢忱。

　　同时，我还陆续得到了中央美术学院金维诺先生、罗世平教授、尹吉男教授、李军教授、邱振中教授、张鹏教授，广州美术学院李清泉教授、王玉冬教授、李若晴教授、孙黎教授，美国斯坦福大学杨晓能教授，中国国家博物馆王睿研究员，中国文化遗产研究院葛承雍教授，北京服装学院邱忠鸣教授，四川大学熊文斌教授，台北艺术大学林章湖教授，深圳关山月美术馆庄程恒副研究员，纽约大学东亚研究系 Kevin Wilson 等人的帮助与鼓励。在此谨致谢忱。

　　我本人所在单位——广东第二师范学院美术学院陈渐教授、高蕴慧书记、曹伟业副教授、舒艳红副教授、程耀教授、卢小根教授、罗文勇副教授、钟香炜副教授、何盛书记、代亭老师、张东方老师等人曾给予我写作上的便利，在此谨致谢意。

　　学友刘婕、郑以墨、王伟、刘文炯、谢燕、董睿、刘加全、王哲、孙晓飞、李小旋、于薇、常存、莫阳、李思思、阮晶京、赵玉亮、郝斌、张翀、姜彦文、赵晶、辛培、焦琳、吴垠、徐胭胭、唐宇、胡译文、王磊、谭浩源、赵燕刚、杜世茹、李珊珊、张柏寒、李文蕾、苟欢、杨修红、蒋方亭、杨煦、杨树文、刘军平、崔雪冬、许凯明、刘向华、李林、谷赟、姜鹏、陈粟裕、陈思、萧妤伦、张涛、叶芃、刘洋、朱力、吴雪杉等人在与我进行学术交流中也曾对本书写作颇有收益，谨表感谢。

需要特别指出的是，我的父亲刘弘、母亲仝宪琴、姥姥张春玉三位长辈对我的生活、学术研究一直给予了最重要的物质与精神上的扶助。没有他们的全力支持，我也不可能如此安心顺畅的读书，也根本谈不上本书最终出版。妻子在平时生活中也对我进行了照料与关心。在此也要对他们致以最为诚挚的谢意与祝福。

最后，再次感谢文物出版社王戈、宋丹等多位老师在审阅、编辑、校对上的辛苦努力。没有他们，本书也不可能顺利出版，在此谨表谢忱。其实，我更倾向于将此书当做在以后的学术生涯中得以继续研学的入门之阶。这一认知也是我多年来从事秦汉美术史研究获得的重要收获。它也会鼓励我在以后的人生与治学道路上继续前行。

本书在完成时书稿有 26 万余字。由于版面限制，出版时做了删减压缩，敬请谅解。

刘晓达

2018 年 5 月 12 日记于广州